U0542502

革命的诗性：浪漫主义的话语风暴

瓦纳格姆《日常生活的革命》的构境论解读

张一兵 著

The Poetry of Revolution: The Discourse Storm of Romanticism

A Situating Interpretation of Raoul Vaneigem's *The Revolution of Everyday Life*

南京大学出版社

日常生活的革命，这并不是一个模糊的未来，而是由于资本主义的发展及其难以忍受的要求，而使日常生活的革命直接出现在了我们面前——另一种选择是现代奴隶制的加强——这场变革将标志着，任何被禁锢在商品形式中的单向的艺术表达形式的终结，同时也标志着所有专业化政治的终结。[1]

——居伊·德波

① Guy Debord, *Œuvres*, Paris, Gallimard, 2006. p. 582. 中译文参见刘冰菁译稿。

鲁尔·瓦纳格姆，2005 年

目　录

序

在情境主义国际①的先锋革命艺术运动中,有一位典型的诗人革命家——鲁尔·瓦纳格姆②。之所以史上留名,因

① 情境主义国际(Internationale Situationniste,IS,1957—1972):法国当代左翼先锋艺术运动。1957 年,由居伊·德波(Guy-Ernest Debord,1931—1994)发起,想象包豪斯运动、字母主义国际、伦敦心理地理学协会合并共同创建了情境主义国际。他们继承了达达主义和超现实主义那种以先锋派艺术的方式反抗或改造异化了的西方社会现实的传统,提出今天反对资本主义的革命不再是传统的政治斗争和反抗,而转换为将存在瞬间艺术化的"日常生活的革命";扬弃异化和反对拜物教变成了艺术家的"漂移"行走实验和心理学意义上的观念"异轨",这种文化革命的本质就是所谓建构积极本真的生存情境。其实,情境主义也正是由此得名。情境主义的主要代表人物除了德波,还有切奇格洛夫(常用名伊万[Ivan Chtcheglov])、伯恩施坦(Michèle Bernstein)、约恩(Asger Jorn)、瓦纳格姆(Raoul Vaneigem)等人。重要的理论文本有德波的《景观社会》(1967)和瓦纳格姆的《日常生活的革命》(1967)等。

② 鲁尔·瓦纳格姆(Raoul Vaneigem,1934—　):法国作家,情境主义国际成员。1934 年生于法国埃诺省的莱辛市。1952 年至 1956 年在布鲁塞尔自由大学修习罗曼语语文学,学士论文的研究对象为法国诗人洛特雷阿蒙(原名伊齐多尔·迪卡斯),随后在比利时尼伟勒当地学校教书至 1964 年。当他读了列斐伏尔的《总和与剩余》和《日常生活批判》等书

之于他写下了在巴黎红色“五月风暴”[①]中遭左翼学生热捧的《日常生活的革命》[②]一书。然而令人遗憾的是，此书的

之后，深受震动，于是写信给列斐伏尔，附上了自己关于诗意的零碎思考，由此结识列斐伏尔。1961年，经列斐伏尔介绍，与德波相识并参与了国际情境主义的活动，1970年11月14日退出。主要代表作为：《日常生活的革命》（法文原书为 *Traité de savoir-vivre à l'usage des jeunes générations*，1967，英译为 *The Revolution of Everday Life*）、《快乐之书》（*Le livre des plaisirs*，1979）和《关于死者统治生者及摆脱这种束缚给生者的致词》（*Adresse aux vivants sur la mort qui les gouverne et l'opportunité de s'en défaire*，1990）等。

① “五月风暴”（French Revolution of May），指发生于1968年由学生运动导引的法国巴黎所爆发的全国社会运动。整个过程由学生运动开始，继而演变成整个社会的危机，最后甚至导致政治危机。1968年3月22日，因与学校的矛盾，巴黎南特尔文学院（现为巴黎第十大学）学生占领了学校，骚动很快波及整个巴黎大学。5月3日，警察进驻巴黎大学，驱赶集会学生，封闭学校。5月6日，6000多名学生示威，与警察发生冲突，结果600多人受伤，422人被捕。外省城市也发生骚动。5月10日深夜，学生在拉丁区巴黎索邦大学与向街垒冲锋的警察又发生大规模冲突，360余人受伤，500多人被捕，100多辆汽车被焚毁。骚动很快波及外省城市。随着冲突的扩大，法国工会与左派政治人物（例如，后来的法国总统密特朗[Francois Maurice Marie Mitterrand]，法兰西第四共和国的总理皮埃尔·孟戴斯-弗朗斯[Pierre Mendès France]）开始声援并且加入学生运动，到5月13日就达到大约20万人。5月14日起，法国整个社会则陷入瘫痪状态，900万人响应罢工，并且占领工厂。至此，“五月风暴”已经演变为一场涉及全社会的政治危机。更重要的是，这场激进的学生运动迅速波及整个欧美地区，形成了特有的“革命的60年代”。

② Raoul Vaneigem, *Traité de savoir-vivre à l'usage des jeunes générations*, Paris, Gallimard, 1967.直译为《论几代青年运用的处世之道》，英译为 *The Revolution of Everyday Life*，即目前国际学界通常意译的《日常生活的革命》。中译本由张新木等译，书名沿用了国际上的通译，由南京大学出版社2008年出版。

中译本自2008年出版以来，竟然很少有人关注它。[1] 他的一句“让想象力夺权”(L'imagination prend le pouvoir)，成为那场“蔷薇花革命”的标志性口号之一。瓦纳格姆，是一位得到列斐伏尔[2]赏识的激进诗人，前者读到后者关于诗意瞬

---

① 此时(2019)，如果从百度上用中文搜索此书的研究性论文和瓦纳格姆，你会获得双重零值。

② 列斐伏尔(Henri Lefebvre，1901—1991)：法国著名马克思主义思想家。1919年在索邦大学学习，获哲学学士学位。1928年加入法国共产党(1958年被开除出党)。1948年加入法国国家科学研究中心(CNRS)从事研究工作。1954年获博士学位。先后在斯特拉斯堡大学(1961—1965，1962年成为斯特拉斯堡大学的社会学教授)、巴黎大学南特尔分校(1965—1971)、巴黎高等研究专科学校(1971—1973)等任教。代表作有：《辩证唯物主义》(*Matérialisme dialectique*，1939)；《日常生活批判第一卷：概论》(*Critique de la vie quotidienne I*，*Introduction*，1958)；《马克思主义的现实问题》(*Problèmes actuels du marxisme*，1958)；《日常生活批判第二卷：日常生活社会学基础》(*Critique de la vie quotidienne II*，*Fondements d'une sociologie de la quotidienneté*，1962)；《元哲学》(*Métaphilosophie*，1965)；《现代世界中的日常生活》(*Everyday Life in the Modern World*，1968)；《都市革命》(*La révolution urbaine*，1970)；《空间与政治》(*Espace et politique*)，即《城市权利》第二卷(*Henri Lefebvre*，*Le droit à la ville*，vol.2，1973)；《资本主义的幸存：生产关系的再生产》(*La survie du capitalisme*：*La reproduction des rapports de production*，1973)；《空间的生产》(*La production de l'espace*，1974)；《日常生活批判第三卷：从现代性到现代主义(关于日常生活的哲学)》(*Critique de la vie quotidienne*，*III*. *De la modernité au modernisme*［*Pour une métaphilosophie du quotidien*］，1981)等。

《日常生活批判》三卷本中文版已出，参见社会科学文献出版社，2018年6月第1版，为与译本统一，故改译。

间的论述后，直接上门自荐。列斐伏尔又将其推荐给德波[①]，使瓦纳格姆成为情境主义国际的一员。但真的不知道，当后来情境主义者指责列斐伏尔"剽窃"他们的思想时，瓦纳格姆站在哪边。[②]

---

① 德波(Guy-Ernest Debord，1931—1994)：当代法国著名思想家、实验主义电影艺术大师、当代西方激进文化思潮和组织——情境主义国际的创始人。德波出生于巴黎，幼年父亲早逝。1951 年加入字母主义运动，1953 年组建字母主义国际，创办《冬宴》杂志。1957 年组建情境主义国际，主编《情境主义国际》等杂志。主要代表作有：电影《赞成萨德的嚎叫》(1952)、《城市地理学批判导言》(1954)、《异轨使用手册》(与乌尔曼合作，1956)、《漂移的理论》(1956)、《关于情境建构和国际情境主义趋势的组织及活动的条件》(1957)、《文化革命提纲》(1958)、《定义一种整体革命计划的预备措施》(与康泽斯合作，1960)、《日常生活意识变更的一种视角》(1961)，《关于艺术的革命判断》(1961)，《关于巴黎公社的论纲》(与瓦纳格姆合作，1962)、《对阿尔及利亚及所有国家革命的演讲》(1965)、《景观商品经济的衰落——针对沃茨的种族暴乱》(1965)、《景观社会》(1967)。1973 年，德波根据自己的《景观社会》拍摄了同名电影。1988 年以后，德波写出了半自传体的著作《颂词》，并继续完成了《景观社会》的姊妹篇《关于景观社会的评论》(1988)，进一步完善了对当代资本主义社会的批判理论。1994 年，德波与布瑞吉特·考那曼合作，完成了自己最后一部电影《居伊·德波——他的艺术和时代》。影片完成之后，当年 11 月 30 日，德波在其隐居地自杀身亡，享年 63 岁。

② 1962 年 3 月，德波、瓦纳格姆和科塔尼(Attila Kot Anyi)在《情境主义国际》第 12 期上，联合署名发表了《论巴黎公社》，这篇文章的内容当然与纳瓦朗的研讨有关。在列斐伏尔那里，因为他自己也是参与研讨的，也自然拥有这些思想的原创性。所以，1962 年《争鸣》(*Arguments*)的第 27—28 期上，他也发表了《向着公社》(*Sur la commune*)一文。1965 年，列斐伏尔出版《公社的宣言》(*La proclamation de la Commune*) 一书。德波等人认为，列斐伏尔关于巴黎公社的观点，未经授权剽窃了属于他们的观点。这导致了双方最终的分手。在这里，德波等人是够小气的。而

从哲学学理上看，瓦纳格姆显然是一位有着典型的唯心主义唯我论者嫌疑的思想家。是的，你没有看错，瓦纳格姆是唯心主义者，因为他用以批判当代资产阶级世界和起来革命的理论支撑，竟然是个人自发的主体创造性和浪漫主义的诗意构序，这使得他有些像今天重生的那个尊崇"唯一者"的**诗化后的施蒂纳**①。这多少让他在场于当代欧洲左翼思想史那个特定的"红五月"断裂处时，显得有些滑稽可笑。很多年以前，马克思曾经嘲笑过那些成天盯着自己脚上鸡眼的唯我论者；而情境主义国际内部的同志们，也公开地嘲讽瓦纳格姆是一个盯着自己肚脐的唯我论者。可能，心大的瓦纳格姆是在诗人的另类性场境中平抚这种攻击的。不过，有趣的是，在瓦纳格姆的文本中，我们还不时看到一种从现实经济关系出发，深刻透视当代资产阶级

德波他们的说法是，"列斐伏尔，他从我们这里得到了很多启发，但并没有'剥削'或不择手段地利用我们的劳动。他只是在学术计划上有一点点粗俗，因为他在和我们一起进行的集体行动（真正的交流）前退却了"。参见 Guy Debord, *Œuvres*, Paris, Gallimard, 2006, p.635。中译文参见刘冰菁译稿。德波的做法，显然是与他们自己所鼓吹的"剽窃"式异轨观念格格不入的。

① 施蒂纳(Max Stirner, 1806—1856)：德国哲学家，1806 年 10 月出生于德国巴伐利亚。1826—1829 年，在柏林和埃尔兰根等地学习哲学和神学。1835 年，毕业于柏林大学哲学系。毕业论文《论教育法》没有通过。1839 年起，在柏林一所女子中学教书。1842 年，曾为青年马克思编辑的《莱茵报》写稿。1856 年 6 月，在柏林逝世。其重要论著有：《唯一者及其所有物》(1844)、《反动的历史》(1852)等。

世界日常生活本质的眼光，这也就是说，瓦纳格姆的思想构境中，也并不总是一个简单的“唯我论”狂人，有时候，我们也会遭遇一位冷静的西方马克思主义学者。换一种方式说，我认为，在瓦纳格姆的理论构境中客观地存在着两种逻辑构式：一是他自己公开标注的主观唯心主义个人唯我论，第一人称的“我”时常以诗人自己的感性体验直接在场，这通常出现在瓦纳格姆描述对资产阶级日常生活苟生的价值审判和革命主体性的场合；二是当他客观地分析当代资产阶级日常生活背后的资本主义生产进程新发展和商业交换关系时，却非常深刻地表现出接近历史唯物主义的关系场境论。这也就是说，瓦纳格姆的思想构式是内嵌着异质性的。这让我们在面对这一文本时，经常会觉得是在与两个完全不同的人对话。并且，瓦纳格姆对这种精神主体分裂和逻辑倒错竟然是无意识的。这是我们在进入瓦纳格姆的思想构境时，应该留心注意的。

可以说，瓦纳格姆的《日常生活的革命》，并不是一本严格意义上的科学学术著作。它的错误过于明显，所以，可能会被过于一本正经的学术界所轻视和否定。在整个西方马克思主义或后马克思思潮的思想史筑模进程中，它也并没有提供什么真正原创性的学术话语构式。这是大多数戴着知识论有色眼镜的读者失望地远离它的主要缘由。但在我看来，瓦纳格姆的这本书在对当代资产阶级消费社会和景观世界的批判中，的确生成了一些非常深刻的透视性**批判认识论**的观点，关键在于，这种批判通常是用**诗性的话语**塑形起来的，生动而奇特。我想，这也是这本书会与德波的《景观社会》(*La Société du Spectacle*，1967)[①]一起，成为透视**感性的**五月革命中那个难以理解的思想他者[②]的原因。[③]恐怕也正是这个原因，我会在众人轻看瓦纳格姆的地方，从逻辑指缝流下的遗弃瞬间，接住这本《日常生活的革

---

① Guy Debord，*La Société du Spectacle*，Paris，Buchet Chastel，1967.

② 这里的他者(*autre*)概念是拉康构境的重要批判性概念，这个他者从一开始就异质于海德格尔-萨特式的他人，也不同于列维纳斯的他者，拉康的他者概念的缘起是柯耶夫式的黑格尔镜像关系中的**另一个**(*other*)自我意识。拉康的他者概念是特指一种在我们之外的无形力量关系，我们却无思地将其认同为本真的本己性。拉康的他者关系有小、大他者之分：小他者(*autre*)是指孩子最初在镜像生成的影像自我和周边亲人反指性塑形关系，而大他者(*Autre*)则是由语言系统建构起来的整个社会教化符码关系。小他者建构了个人自我最初的存在构序意向和具体生存塑形，而大他者则为个人主体建构的本质，我们永远都是"欲望着大他者的欲望"。具体讨论可参见拙著：《不可能的存在之真——拉康哲学映像》(修订版)，上海人民出版社，2020年版。

③ 在《日常生活的革命》的第二版序言中，瓦纳格姆专门写下了这样一个注释："这本《日常生活的革命》成书于1963到1965年间。我曾经将手稿寄给十三家出版社，但都被退了稿。伽利玛出版社编委会是最后一个对该手稿进行评审的机构，当时只有雷蒙·格诺(Raymond Queneau)和路易-勒内·德·富莱(Louis-René des Forêts)支持我，结果稿子还是被退了回来，并附上了最终的退稿决定。正是这一天，《文学费加罗》杂志刊登了一篇谈论阿姆斯特丹闹事青年的文章，指责情境主义者的不良影响。就在这天晚上，格诺打电报让我把手稿寄过去。我将工人委员会的社会模式最后那一部分压缩成几页，第二版的'后记'中能看得

命》，以故事的构境方式打开它，让瓦纳格姆的革命诗意和久违的浪漫主义重新在场。

其实，从1968年法国巴黎的红色“五月风暴”到今天的奇奇怪怪的“黄背心运动”[①]，在观察欧洲当代激进文化批判和革命实践进程中，的确存在着一条传统国外马克思主义研究域无法直达的历史地下道，即马克思主义的先锋艺术思潮，恐怕这是在我们传统革命史话的宏大叙事构式中看不到的遮蔽之处。通过必要的“黑暗考古学”（福柯语）研究，让其在场于光亮的学术聚光灯下，应该不失为一种重要的补白式努力。当然，我提出要面对和思考德波和瓦纳格姆的情境主义国际的马克思主义先锋艺术实践，并非想以此代替批判资本主义生产方式的科学认识论，而只是希望在我们熟知的左翼认知型之外，看一眼绝弃资产阶级世界的诗人们的愤怒与青年人被压抑后的主观情绪世界。如同瓦纳格姆所说，“如果说我在写作，这并不像人们

出这一点。该书在1967年11月30日印刷出来，比后来被称为1968年‘五月革命’的事件早了六个月，书中最具创新思想的内容才刚刚体现出来。”[法] 瓦纳格姆：《日常生活的革命》，张新木等译，南京大学出版社2008年版，序言第2页。此前，瓦纳格姆曾经写下《日常生活的革命》的初稿《平庸根基》（*Banalités de base*）刊印于《情境主义国际》第7期和第8期上。之后，在这一文本的基础上，改写出《日常生活的革命》。

① “黄背心运动”（Mouvement des gilets jaunes），始于2018年11月17日，是法国巴黎50年来最大的社会骚乱，起因为抗议政府加征燃油税。首日逾28万人参与，并持续多日，重创法国经济。至今仍然在进行中。

所说的那样，是‘为了别人而写’，也不是为了使自己摆脱他们的幽灵！我将词语一个个连接起来，是为了爬出孤独的深井”①。孤独的深井，这正是今天都市化现代资产阶级景观世界中苟生的每一个人的悲惨境地。原来，我们会用井底之蛙来嘲讽那些看不见更大世界的目光短浅之人，可是，如果今天让我们从洞穴影像回望到的无比宏大和复杂的光亮世界，就是由无脸景观制造出来的奇妙幻象，跳出直接的井底，就是重新坠入那种数字化赋型（智能手机屏上的脸书[Facebook]和微信）的超真实取代现实存在时挖掘的无形深渊，知道《资本论》的我们，仍然是爬不出去的。今天，我们真的解释不了，自己坐在父母的身边，为什么会低头于智能手机中的刷屏异化；明明知道自己真实需要的人，为什么会沦为“双十一”疯狂的剁手族；受过高等教育的人，为什么会淹死在“抖音”网红视像之中。今天的世界，除了政治正确和科学理性，活在日常生活中的“我们”到底是由什么支配的？透彻一些说，“我思故我在”为什么敌不过“我羡慕故我在”（瓦纳格姆语）？而这一切，正是德波和瓦纳格姆等情境主义国际的革命艺术家们很早就开始思考和追问的事情。破境的钥匙为我们无法面对的事情，恰恰是因为我们无意识地迷失和深陷其中。

① [法] 鲁尔·瓦纳格姆：《日常生活的革命》，张新木等译，南京大学出版社 2008 年版，第 112 页。

作为诗人的瓦纳格姆的文字是有灵魂、有血性的。这是欧洲激进话语中并不多见的可贵生命本有。他对当代资产阶级景观世界中日常生活苟生者的愤怒，多半出自革命的浪漫主义激情。可以肯定地说，他并没有系统研读过马克思主义的经典文献，也不会深入地把握历史唯物主义的科学方法，甚至他成为列斐伏尔的粉丝，也并非因为马克思主义的信念，而是后者始终高举的**新人本主义**①旗帜，以及列斐伏尔中断平庸日常的诗意创制瞬间。作为情境主义国际的成员，瓦纳格姆手中的武器，不像德波还有一些具象实存的新浪潮电影或者其他情境主义革命者的先锋美术和另类建筑设计，而是完全空灵的诗境。他让远离现实的此-彼隐喻构式重回直接性的现实，洞穿我们今天遭遇的现代性都市焦虑，讲出所有人在麻木苟生中的莫名不快的缘由，我觉得，这是一件很了不起的功绩。很多年之前，列宁在"伯尔尼笔记"中曾经将唯心主义比作有着纤细根茎的娇艳花朵，片面而深刻。有时，我们可能真的需要一些工具理性之外的主观诗性觉识。恐怕，在诗境中，

① 新人本主义完全拒斥传统人本主义的**类**意识和**社会本位**，它主张个人当下生存的首要性；反对抽象的类本质，确证个人的直接生存可能性；否定非历史的理性概念，崇尚具体的感性。这种新人本主义以克尔凯郭尔和施蒂纳对类意识和人神的批判为源头，20 世纪初期逐渐在西方思想中获得发展。

我们才会直觉到自己是否活得像个人。**重新学会感动**，有时比观点正确更重要。

也是为了让读者能够顺利进入瓦纳格姆和《日常生活的革命》的特殊思想构境背景，我加写了一个引言。向读者介绍那个始终被遮蔽于艺术先锋思潮中的**转向马克思社会批判理论**的情境主义国际。在很多年以前，我第一次读到德波的《景观社会》和他那些令人恼怒的反电影的影片时，就被其极富冲击力的批判精神深深震撼。这些年，虽然我们在译介和研究上做了一些努力①，但缺少一些完整的历史分析和必要的方法论深究。特别是在国内外许多关于情境主义国际的评介中，一些人刻意遮蔽这一重要

---

① 对情境主义国际文献的译介工作包括[法]居伊·德波：《景观社会》，王昭风译，南京大学出版社 2005 年版；张新木译，2016 年版。[法]鲁尔·瓦格纳姆：《日常生活的革命》，张新木、戴秋霞等译，南京大学出版社 2008 年版。[法]米歇尔·德·塞托：《日常生活实践》(1—2 卷)，方琳琳、黄春柳译第 1 卷，冷碧莹译第 2 卷，南京大学出版社 2009 年版。[法]樊尚·考夫曼：《居伊·德波：诗歌革命》，史历平译，南京大学出版社 2009 年版。《情境主义国际文献》，载《社会理论批判纪事》第 7 辑，南京大学出版社 2017 年版。学术活动有 2015 年 9 月 19 日，南京大学马克思主义社会理论研究中心与南京大学出版社、法国驻华领事馆在南京共同举办了“遭遇景观——居伊·德波的电影空间与情境主义思潮”国际研讨会。此次研讨会是国内第一次系统讨论德波思想和情境主义运动的大型学术会议，不仅聚集了来自国内外研究德波的哲学理论、电影作品、情境主义国际的学者，而且先后在上海二十一世纪民生美术馆、南京先锋书店举办了德波电影展，希望借此把这位法国思想家的理论和作品介绍给中国读者。研究成果主要有张一兵、姚继斌：《“情境主

左翼艺术思潮的马克思主义色彩，现有的大量对德波等革命艺术家的讨论，肤浅得令人伤心。我想，地下的德波如果看到这些评论，依他的脾气，肯定会愤怒地爬起来对自己的脑袋再多开几枪的。特别是许多论者根本无法真正理解发生于那个时代中的“漂移”“异轨”“情境建构”等革命艺术实践的意义，更不要说进入景观拜物教批判和对当代资产阶级消费意识形态的深刻批判认识论透视中的马克思主义立场。

写这本小册子，真没有什么深思熟虑的逻辑构架，也没有任何先在的观念引导，在文本解读部分，只是跟着诗人的诗境一路下来。他在批判当代资产阶级消费社会和景观世界中表现出来的机智和深刻之处，我会敬佩；他对

义国际”评述》(《哲学动态》2003 年第 6 期)。张一兵:《景观意识形态及其颠覆——德波〈景观社会〉的文本学解读》(《学海》2005 年第 5 期)、《颠倒再颠倒的景观世界——德波〈景观社会〉的文本学解读》(《南京大学学报》2006 年第 1 期)、《虚假存在与景观时间——德波〈景观社会〉的文本学解读》(《江苏社会科学》2005 年第 6 期)、《孤离的神姿:阿甘本与德波的〈景观社会〉》(《马克思主义与现实》2013 年第 6 期)。王昭凤:《德波的景观概念》(博士论文,2006 年)、《影像消费的时间和时间消费的影像——试析德波的“景观时间”观》(《南京社会科学》2004 年第 4 期)、《居伊·德波的景观概念及其在西方批判理论史上的意义》(《南京社会科学》2008 年第 2 期)。仰海峰:《德波与景观社会批判》(《南京社会科学》2008 年第 10 期)。刘怀玉:《消费主义批判:从大众神话到景观社会——以巴尔特、列斐伏尔、德波为线索》(《江西社会科学》2009 年第 7 期)等。

平庸日常生活苟生者的深深同情和躲在感性词语下的哭泣，我会为之感动；他不同于所有传统批判话语的激进诗性词语游戏，我会惊叹；而对他孩子般的唯心主义的天真，我有时却不忍心下狠手锤打，只是淡淡地说一句“错啦”。

解读瓦纳格姆，只有一个想法，让更多的人看一眼我们这个被祛魅世界已经丢失很久的诗意构境，这可能会是一种我们逃出这个用知识理性和物性财富伪饰起来的虚假苟生的体知通道。

多一种不一样的同志，不是件坏事。在诗中骂败坏的世界，真的很好玩。

张一兵
2019 年春节于武昌红星大院
2019 年 7 月 10 日于南京龙江阳光广场
2020 年 1 月 28 日于仙林南大和园
2020 年 4 月 12 日于和园

引子
活着与苟生的批判辩证法

激进，就是停留在事物和存在的根本之中（Être radical, c'est rester à la racine des choses et des êtres）。

——瓦纳格姆

瓦纳格姆这本《日常生活的革命》，应该算是情境主义国际运动有限的学术文本中不多见的"大本本"之一。另一本，当然就是德波的《景观社会》。[①] 情境主义国际运动的主角，开始是一批有着丰富艺术实践的先锋艺术家，然后逐渐转型为有着自觉马克思主义信念的革命艺术工作者，而瓦纳格姆的长处却是只能动笔的诗文和写作，所以在情境主义国际中，他是后来者，开始只是一个地位并不

① 关于德波《景观社会》的具体讨论，可参见拙著：《文本的深度耕犁》第2卷，中国人民大学出版社2008年版，第2章。

显赫的配角。然而，相比之情境主义同志中的那些在先锋电影、前卫美术、革命建筑实践中的佼佼者，他却发挥了自己诗性文字的特长，并且逐步在情境主义国际发展的中后期成为德波的主要革命伙伴，也因为这本不同于德波讨论景观概念的《景观社会》的《日常生活的革命》，让欧洲激进思想史的历史之光照亮了他。

进入瓦纳格姆的诗性构境，对于我们这些长久坐在书房中的中国学人来说，的确不是一件易事。因为，他所属的那个火红的年代，已经逝去半个世纪；而他参与的那个疯狂的革命艺术先锋运动——情境主义国际，也早已为世人所淡忘。更准确地说，在中国，情境主义国际对大多数学者来说，还是一件鲜为人知的事情。所以，让那个陌生的社会文化场境，通过模糊的历史追述和复构再现出来，显然是我们今天重构瓦纳格姆革命浪漫主义场境的前提。

情境主义国际是20世纪中后期欧洲非常重要的一波先锋艺术思潮，不同于通常的前卫（avant-garde）艺术实践，它最显著的特点是绝不妥协的**左翼激进质性**。明确反对布尔乔亚的情境主义国际的《阿姆斯特丹宣言》第一条就宣告：“情境主义者在任何时刻反对落后的意识形态和力量(Idéologies et aux forces rétrogrades)。"[①]它既是直接影响欧洲现当代先锋艺术和后现代激进哲学话语的重要思想母体,也是《景观社会》和《日常生活的革命》等书的直接革命实践母体。在 1968 年法国的红色"五月风暴"中,作为一种批判当代资本主义的艺术观念,情境主义和西方马克思主义思潮一起在西方近现代历史进程中第一次成为所谓的新型"文化革命"的战斗旗帜。情境主义的主要代表人物,除了我们已经提到的德波和瓦纳格姆,还有切奇格洛夫(常用名伊万)(Ivan Chtcheglov)[②]、伯恩斯坦[③]

---

① *Textes et documents situationnistes*(*1957—1960*), Paris, Allia, 2004. p.82.中译文参见刘冰菁译稿。

② 伊万·切奇格洛夫(Ivan Chtcheglov,又名 Gilles Ivain,[吉尔·伊万]):法国政治理论家和诗人,字母主义国际的成员。其主要的贡献在于 1952—1953 年完成的《新都市主义宣言》(*Formulaire pour un urbanisme nouveau*)。虽然伊万在 1954 年就被字母主义国际开除了,但他在新都市主义方面提出的许多观点和实践活动成了情境主义国际建构情境的关键一环。因而,1958 年情境主义国际的期刊第一期中就收录了伊万的这篇文章,成为指导情境主义国际进行先锋实验的资源之一。

③ 米歇尔·伯恩斯坦(Michèle Bernstein):法国小说家,艺术家。1954 年与德波结婚,并加入字母主义国际,此后也是情景主义国际的成员。直到 1972 年情境主义解散,德波和伯恩斯坦也正式离婚。主要代表作:《国王所有的马》(小说,1960)、《夜》(小说,1961)等。

(Michèle Bernstein)、约恩(Asger Jorn)[①]和康斯坦特[②]等人。我发现,情境主义思潮其实深刻地影响了后来在国外马克思主义和激进话语中格外活跃的几个显要角色,除去

---

① 阿斯格·约恩(Asger Jorn,原名阿斯格·奥卢夫·约根森[Asger Oluf Jørgensen,1914—1973]):丹麦画家,“眼镜蛇”运动、想象包豪斯国际运动和情境主义国际的创始人之一。20 世纪重要的艺术革新家之一,曾是欧洲抽象表现主义的代表人物。他的创作涉及绘画、版画、雕塑、陶艺、拼贴、写作。他的画风大胆自由,颜色强烈,作品风格变换,有时抽象化,有时带有图形意象。约恩出生在丹麦西尔克堡(Silkeborg)一个传统的基督教家庭,16 岁时即展现出对艺术的兴趣和才华。1935 年大学毕业后,他骑着摩托车来到巴黎,1936 年成为康定斯基的学生。后来他又转投费尔南·莱热(Fernand Léger)门下,并开始专攻抽象绘画。1937—1942 年,他在哥本哈根艺术学院学习。在艺术观念上,约恩最早受蒙克和诺尔德的强烈影响,还有马克斯·恩斯特和保罗·克利,他从超现实主义那里学到了自动书写(ecriture automatique),北欧神话中那些神奇生物、神怪(gnome)故事,往往成为他整合梦想和现实的交叉点。二战期间,丹麦被德国占领,他参加抵抗运动,创办《地狱之马》(*Helhesten*),并发表重要的艺术理论文章。先后参与创建著名的“眼镜蛇”运动和想象包豪斯国际,并与德波一起成为情境主义国际的创始人。1963 年约恩获得了古根海姆奖(Guggenheim Fellowship),当时他回应说:“拒绝获奖,不参加你们的愚蠢游戏!”

② 康斯坦特·安东·纽文惠斯(Constant Anton Nieuwenhuys,1920—2005):通常人们简称康斯坦特,而非纽文惠斯,荷兰著名先锋艺术家、未来主义建筑大师。曾就读于工艺美术学校和荷兰国家美术学院(Rijksakademie voor Beeldende Kunst)。康斯坦特精通各种艺术,除了创作绘画雕塑作品,也涉足音乐。1948 年,康斯坦特组建了前卫艺术组织“荷兰实验团体”,又称“反射”;同时,作为阵地的同名杂志《反射》(*Reflex*)创刊。他认为,高等古典艺术是对自由的阻碍,应当被摧毁。所以,刊登在《反射》上的运动宣言里写道:“画不是由色彩和线条勾勒起来的结构,而是一种动物,一个夜晚,一个男人,或者是这所有的一切。”后来,反射运动整体加入约恩组织的“眼镜蛇”运动。1957 年,康斯坦特成为情境主义国际的成员,后被德波开除。他最著名的作品则是关于未来城市的“新巴比伦”建筑计划。

我们已经提及的与情境主义相互影响关系中的列斐伏尔，还有后来的鲍德里亚①和维利里奥②，后马克思思潮中的

---

① 鲍德里亚(Jean Baudrillard 1929—2007)：法国当代著名思想家，其代表性论著有：《物体系》(1968)、《消费社会》(1970)、《符号政治经济学批判》(1972)、《生产之镜》(1973)、《象征交换与死亡》(1976)、《拟真与拟像》(1978)、《论诱惑》(1979)、《美国》(1986)、《他者自述》(1987)、《酷回忆》(五卷，1986—1990)、《终结的幻想》(1991)、《罪恶的透明》(1993)、《完美的罪行》(1996)、《不可能的交换》(1999)等。关于我对鲍德里亚的研究，参见拙著：《反鲍德里亚——一个后现代学术神话的祛序》，商务印书馆 2009 年版。

② 维利里奥 (Paul Virilio，1932—　)：法国当代著名文化理论家和哲学家。曾在索邦大学参加弗拉基米尔·扬科列维奇(Vladimir Jankélévitch)、雷蒙·阿隆的课程，还有梅洛-庞蒂的现象学讲座。在法国艺术学院(École des métiers d'art)学习过绘制彩色玻璃的技术。之后曾与法国著名画家亨利·马蒂斯(Henri Matisse)在巴黎的教堂中工作，一起绘制彩色玻璃。此外，也与法国立体派画家乔治·布拉克(Georges Braque)一起工作。1968 年"五月风暴"运动之后，在巴黎建筑专业学院(École spéciale d'architecture，ESA)授课，并于 1973 年成为该院的研究主任，逐步从艺术转向都市主义、建筑和速度研究。1989 年，参与了德里达领导下的巴黎国际哲学研究院(College International de Philosophie)研究项目。代表作有：《地堡考古学：关于第二次世界大战欧洲军事空间的研究》(*Bunker Archéologie. étude sur l'espace militaire européen de la Seconde Guerre mondiale*，1975)、《政治与速度：论速度术》(*Vitesse et Politique：essai de dromologie*，1977)、《消失的美学：关于电影艺术》(*Esthétique de la disparition：essai sur le cinématisme*，1980)、《维度的危机：空间的再现和维度的观念》(*La crise des dimensions：la représentation de l'espace et la notion de dimension*，1983)、《视觉机器：再现的新技术》(*La Machine de vision：essai sur les nouvelles techniques de représentation*，1988)、《战争与电影 1：知觉的逻辑》(*Guerre et cinéma 1：Logique de la perception*，1991)、《解放的速度》(*La vitesse de libération*，1995)、《信息炸弹：关于信息发展的后果》(*La Bombe informatique：essai sur les conséquences du développement de l'informatique*，1998)、《巨大的加速器》(*Le Grand Accélérateur*，2010)等。

阿甘本[①],以及作为晚期马克思主义理论家的哈维[②]和凯尔纳[③]等人,可以说,情境主义也是当代资本主义消费社会批判理论、后现代思潮的关键性学术资源。我觉得,这是

---

① 吉奥乔·阿甘本(Giorgio Agamben,1942—):当代意大利著名思想家,欧洲后马克思思潮主要代表人物。现为欧洲研究生院(EGS)巴鲁赫·德·斯宾诺莎教授,意大利维罗拉大学美学教授,并于巴黎国际哲学学院教授哲学。1956年阿甘本毕业于意大利罗马大学,以西蒙娜·韦伊思想研究的论文获得博士学位。在博士后阶段,阿甘本于1966年和1968年参与了在普罗旺斯的勒托尔(Le Thor)举办的马丁·海德格尔主持的关于赫拉克利特和黑格尔的研讨会。1978年,阿甘本主持了瓦尔特·本雅明意大利译本的翻译工作。主要著作:《诗节:西方文化中的文字与幻觉》(1992)、《将来的共同体》(1993)、《神圣人》(1998)、《无目的的手段》(2000)、《奥斯维辛的残余:证词与档案》(2002)、《例外状态》(2003)、《亵渎》(2005)、《何谓部署》(2006)、《王国与荣耀》(2007)、《万物签名:论方法》(2008)、《何谓当代》(2008)和《裸体》(2009)等。

② 大卫·哈维(David Harvey,1935—):当代美国著名地理学家,晚期马克思主义学者。1935年出生于英国肯特郡(Kent)的吉林汉姆(Gillingham),1957年获剑桥大学地理系文学学士学位,1961年以《论肯特郡1800—1900年农业和乡村的变迁》一文获该校哲学博士学位。随后即赴瑞典乌普萨拉大学访问进修一年,回国后任布里斯托尔大学地理系讲师。1969年后移居美国,任约翰斯·霍普金斯大学地理学与环境工程系教授。1994—1995年任英国牛津大学地理学教授,现任美国纽约城市大学教授。代表作有《地理学解释》(1969)、《社会正义与城市》(1973)、《资本的限制》(1982)、《资本的都市化》(1985)、《后现代性状况》(1989)、《正义、自然与差异地理学》(1996)、《希望的空间》(2000)、《资本的空间》(2001)等。

③ 道格拉斯·凯尔纳(Douglas Kellner,1943—):美国加州大学洛杉矶分校(UCLA)教授,乔治·奈勒教育哲学讲座教授,马克思主义批判理论家。

我们在研究当代国外马克思主义思潮中不可缺失的重要逻辑线索。

文献显示，情境主义国际成立之初，沿袭了很深的文学和先锋派艺术传统。这些传统一直可以追溯到达达主义①、未来主义②和超现实主义③等欧洲先锋艺术运动，上述先锋派团体的思想，直接或间接地生发和赋型出情境主义国际的早期观念，一举奠定了情境主义国际的理论构序

① 达达主义(Dadaisme)艺术运动是欧洲1916年至1923年间出现的先锋艺术流派的一种。1916年，雨果·巴尔、艾米·翰宁斯、特里斯坦·查拉、汉斯·阿尔普、理查德·胡森贝克和苏菲·托伯等流亡苏黎世的艺术家在当地的“伏尔泰酒店”成立了一个文艺活动社团，他们通过讨论艺术话题和演出等方式来表达对战争，以及催生战争的价值观的厌恶。同年10月6日，这个组织正式取名为“达达”。达达主义是一种无政府主义的艺术运动，它试图通过废除传统的文化和美学形式发现真正的现实。

② 未来主义(Futurisme)是欧洲20世纪早期出现的先锋艺术运动。1909年由意大利的马里内蒂倡始，1911年至1915年广泛流行于意大利。第一次世界大战期间传布于欧洲各国。以尼采、柏格森哲学为根据，认为未来的艺术应具有“现代感觉”，并主张表现艺术家进行创作时的所谓“心境的并发性”。

③ 超现实主义(Surréalisme)是继达达主义之后欧洲出现的一个重要先锋艺术运动。1924年，布勒东发表第一篇《超现实主义宣言》。以布勒东为首，阿拉贡、艾吕雅、苏波等形成声势浩大的潮流，与达达主义不同，他们有理论、有奋斗目标、有比较成功的作品。同年在巴黎格勒奈尔街15号，建立了常设机构“超现实主义研究办公室”，提出以生活本身为原料，欢迎一切追求创新、与现实生活不和谐的人。同年，还创办了机关报《超现实主义革命》。1929年12月，布勒东发表《第二次超现实主义宣言》，“纯化超现实主义”。1969年，宣布解散。

基础和发展方向。1957年,情境主义国际在意大利宣告成立。这是已经存在多年的先锋艺术组织字母主义国际(Internationale lettriste, IL)、想象包豪斯运动国际(Bauhaus imaginiste, MIBI)和伦敦心理地理学协会(London Psychogeographical Association,LPA)合并的结果。在这里,我不得不先讨论这个看起来十分陌生又略显怪异的"国际"(Internationale)概念,因为在这里我们一下子看到好几个"国际",字母主义国际、想象包豪斯运动国际,以及情境主义国际。其实,这个"国际"就是我们非常熟悉的《国际歌》中的那个一定要实现的"英特纳雄耐尔"。它的缘起,是马克思、恩格斯在《共产党宣言》中所说的"全世界无产者联合起来",为了共同推翻资产阶级的世界统治所创立的工人运动的"第一国际"。这也就是说,"国际"是一个倾向于无产阶级革命世界联合的**左翼政治标签**。在这一点上,马可里尼意识到了,他说,"'国际'是为了暗示工人运动组织的革命计划"[①]。所以说,这是三个革命的"英特纳雄耐尔"的再联合和彻底重构。从此时算起,直到1972年宣布解散,情境主义国际的存在先后历时十五年。有着九年组织经历的瓦纳格姆,算是情境主义国际火红时期的主要见证者了。

① Patrick Marcolini, *Le Mouvement Situationniste: une histoire intellectuelle*, Montreuil, L'Échappée, 2012.p.27.中译文参见刘冰菁译稿。

首先，字母主义是欧洲 20 世纪 40 年代中期出现的一场**波希米亚**(bohème)[①]式的前卫艺术运动，巴黎是它的实践中心。放荡不羁的波希米亚艺术精神，是对资本主义日常生活中占主导地位的精致利己主义的小布尔乔亚精神的代替。字母主义运动，作为一种超越现实的艺术祛序反叛，它燃遍了诗歌、绘画、电影、政治理论等各个艺术文化领域。其创始人是伊索[②]和波美兰[③]。字母主义主张将总体性的话语和表象还原为断裂性的字母，建立以音素和字母为基础的造反艺术，他们吸收了超现实主义的激进文学传统以及达达主义的前卫发音方法，然而与达达派不同的是，字母主义者将注意力更多地放在字母、抽象符号和音节的无序拆解之中。其实，这是更早的**解构**。伊索还创作了大量字母主义的美术作品，这都是以字母解构的方式，

① 波希米亚(拉丁语，Bohemia)，中欧的地名，原是拉丁语、日耳曼语对捷克的称呼。原意指生活在捷克斯洛伐克的那个放荡不羁、以歌舞为生的吉卜赛民族，后来则开始转喻视世俗准则如粪土的前卫艺术家。在波希米亚崇尚自由的旗帜下，小布尔乔亚的理想——追逐财富和精致的利己主义，逐渐开始为先锋派所不耻。

② 伊西多尔·伊索(Isidore Isou，1925—2007)：罗马尼亚裔现代法国著名先锋艺术家。字母主义运动的创始人，也是一位多产的画家、诗人、理论家和剧作家。

③ 加布里埃尔·波美兰(Gabriel Pomerand，1926—1972)：他的真实姓氏是 Pomerans，法国现代先锋艺术家，诗人。波兰犹太难民，他在 1945 年遇到伊索，并成为字母主义早期前者的最忠实的助手。1956 年，他被字母主义运动开除，开始沉溺于鸦片，并于 1972 年自杀。

反对和拒绝总体表象构序的图绘塑形的奇特作品。字母主义运动的期刊《离子》(*Ion*)发表了大量这样的作品。在物理学中，离子是指原子或原子基团失去或得到一个或几个电子而形成的带电荷的粒子。伊索的作品真的是像带电的粒子。伊索还第一次在电影创作中引入雕琢手段，突现了所谓“雕琢电影”(film ciselant)的新浪潮。伊索较早地把都市青年人作为一个独特的阶级进行了分析。伊索在著名的《青年的崛起宣言》(*Les manifestes du soulèvement de la jeunesse*)中就认为，尚未被生产、交换、消费捆绑住的青年个体，是超越马克思提出的工人阶级革命的新方案。他认为，这个阶级尽管是被剥削的和未被充分重视和代表的，但因为尚未为家庭和工作所累，他们游离于市场之外，有幸免受资本主义市场的控制，因而享有相对超拔的自由。伊索的功绩在于第一个看到了这个非传统“阶级”的革命潜能。德波于 1952 年加入字母主义运动，参与《离子》杂志的编辑活动，后因“卓别林事件”①与伊索分裂，并创立字母主义国际。字母主义国际把业已由字母主义运动提出的建筑和行为理论付诸实践，并进一步阐

① 1952 年 10 月 29 日，德波和字母主义其他的左翼激进分子，在巴黎丽兹酒店(Ritz Hotel)举办的卓别林电影《舞台之光》(*Lime-light*)的新闻发布会上，为了反对战后美国大众文化的入侵，直接打断了发布会的进程，大声叫喊羞辱的语言，在现场散发抵制卓别林的宣传册子。伊索和其他字母主义者拒绝为这起“丑闻”负责，并且撰文公开向卓别林道歉。德波由此与伊索的字母主义运动彻底分离，创立字母主义国际。

释了“整体都市主义”(urbanisme unitaire)概念。这一概念的起点是如下一种理念:建筑会直接塑形居住在建筑之中的人的存在,并且这种影响远远超乎一般的想象。因此,关于建筑的批判性审视就成了生活批判的一条新途径。字母主义国际提出的另外一些概念,譬如 psychogéographie(心理地理学)、dérivé(漂移)和 détournement(异轨)等,也都在后来的情境主义国际有所发展和运用。字母主义国际从 1954 年 6 月开始出版杂志《冬宴》(*Potlatch*,1954—1957)。

其次,先锋艺术组织中的**想象包豪斯国际**。这一艺术团体是由约恩在 1955 年创立的。早在 1948 年 10 月 8 日,约恩吸引了包括来自丹麦的“奥斯特”团体,比利时的“革命超现实主义者”团体和荷兰“反射”团体,在巴黎共同发起了**“眼镜蛇”运动**(“眼镜蛇”——Cobra 正是这三个艺术团体所在的三个城市——哥本哈根、布鲁塞尔和阿姆斯特丹的第一个字母组成的缩写,COpenhague-BRuxelles-Amsterdam)。1951 年,“眼镜蛇”运动宣告解散。① 由约恩在 1955 年发起的包豪斯印象运动国际也宣称,反对战后不断在日常生活中扩张的理性主义、功能主义至上的科学潮流,认

① 约 1951 年,在约恩和多托蒙同时患上了结核病,不得不隐退之后,“眼镜蛇”运动内部产生了分歧和争吵,这导致了团体的分裂。

为这本质上是以形式主义的标准化规则，掏空了生活中真实的诗意存在。有必要利用所有的艺术和现代技术手段来建构一个完整的城市环境，并且认识到在“总体都市主义”与未来的生活方式之间将存在本质上的相互依赖关系。可见，以上各派别的思想存在很大的形似性，具体来说就是它们都提出变革当下社会现实的要求，并且各自的理论着力点大都在日常生活经验的批判上，同时也都积极要求建构人的具体生活情境（situations），以获得更加完善的生存状态。

理论上的共同之处和实践活动的需要，必然逻辑地牵引出1957年情境主义国际成立前夕由德波撰写的《关于情境的建构和国际情境主义趋势的组织及活动条件的报告》（*Rapport sur la construction des situations et sur les conditions de l'organisation et de l'action de la tendance situationniste internationale*）。这篇报告开门见山：这个世界必须被改变，情境主义就是要对这个束缚人的社会和生活进行彻底的解放和变革。德波在报告中简要论述了现代资本主义社会的文化及意识形态问题，梳理并总结了各先锋派艺术的历史，更重要的是整理和提出了较为明确完整的情境（situations）和景观（spectacle）的概念、情境主义的理论和实践目标，包括其时紧迫的现实任务。

在1957年至1960年期间，情境主义国际发展了在德国、比利时、丹麦、法国、荷兰、意大利的分部，加上他们与英语世界的广泛联系和对话，使得情境主义国际能够在并不长的时间里，以少数人的力量在艺术和左派领域都发挥了巨大的作用。根据情境主义国际思想发展及组织变化情况，情境主义国际1957—1972年这十五年的历史发展大致可以划分为三个阶段：第一个阶段为1957—1962年的“革命先锋派时期”。这一时期，情境主义国际致力于寻求先锋艺术和马克思主义社会批判之间某种新的结合。其间，他们创作了大量各色各样的艺术-政治作品，如杂志《情境主义国际》、各种小册子、剪贴簿、演讲录音、会议、展览、绘画、建筑的模型和规划、电影、联合抵制行为、对景观文化事件的破坏，等等。德波与约恩、康斯坦特、伊万、伯恩斯坦等一同践行了在各式各样的“让日常生活成为艺术”具体革命实验活动（漂移、顺风车、举办免费艺术展、心理地理学、新巴比伦等）。德波在1959年拍摄的影片《关于在短时间内的某几个人的经过》（*Sur le passage de quelques personnes à travers une assez courte unité de temps*），就十分具象地记载了这些革命活动。1960年，举行了情境主义国际第四次会议。会上一方面对情境主义国际的组织模式进行了调整，即由原来各国分部“联合”的形式改为“中央委员会”形式；另一方面，也是更主要的一个方面，即情境主义国际的理论及活动重心发生了第一次转移，会议将其基础纲要从原先的“整体都市主义”转换为“游戏的解放”。从 1958 年至 1962 年，情境主义国际曾多次重组，并屡次与一些艺术家和建筑师们决裂，先后开除了三十余人。康斯坦特在 1960 年离开，阿斯格·约恩在 1961 年离开。情境主义国际的核心现在是德波、伯恩斯坦、阿蒂拉·科塔尼(1961 年加入情境主义国际的一名匈牙利建筑师)和瓦纳格姆。而被开除的部分成员则另立山头，成立了所谓的“第二情境主义国际”。[1]

第二个阶段是 1962—1968 年的“理论建设与革命实践”时期。这段时间，国际将其研究重点由创作艺术-政治作品转向发展关于景观的批判理论。1966 年 6 月在巴黎举行的第七次会议上，国际的成员们讨论了一些革命议题，包括革命团体的组织问题、情境主义国际与当代革命力量之间关系的发展问题、革命和不发达经济等。情境主义国际还与法国的左派学生组织、“社会主义或野蛮”

① 这些原情境主义的成员在《情境主义时代》的 1962 年第 2 期上发表“成立声明”，宣告成立第二情境主义国际。此声明上的署名者包括：约恩、杰奎琳、延斯·尤根·索尔森(Jens Jørgen Thorsen)、戈登·法扎克利(Gordon Fazakerley)、哈代·史崔德(Hardy Strid)、斯忒芬·拉尔森(Stefan Larsson)、安斯加尔·埃尔德荷(Ansgar Elde)，以及帕特里克·奥布瑞恩(Patrick O'Brien)等。

(Socialisme ou Barbarie，SB)[①]及其分支“工人权力”(Pouvoir Ouvrier，PO)小组、西班牙的极左组织“共产主义行动”(Acción Comunista)、美国后来成立“工人反抗”(Rebel worker)组织的超现实主义和工会主义爱好者等保持着密切的合作关系。当年，情境主义国际与斯特拉斯堡大学的学生取得联系，并在斯特拉斯堡大学学生会的资助下出版了一本《关于大学生生活的贫困——对经济的、政治的、心理的、性别的特别是智力方面的关注及其补救的可行性提议》(*De la misère en milieu étudiant considérée sous ses aspects économique, politique, psychologique, sexuel et notamment intellectuel et de quelques moyens pour y remédier*)的小册子。起初，这个小册子的主要内容是关于学生现实生活的批判，后来渐渐扩展为对整个社会现实的批判，情境主义国际也由此在激进学生中名声大噪。[②] 1967 年，德波的《景观社会》和瓦纳格姆的《日常生活的革

① 社会主义或野蛮(Socialisme ou barbarie，1948—1965)：由托派(第四国际)左翼代表科内利乌斯·卡斯托里亚迪斯(Cornelius Castoriadis，1922—1997)二战后脱离法共成立的法国激进社会主义组织，德波、伯恩斯坦和瓦纳格姆都曾是该组织的成员，并参与“工人权力”的革命实践活动。

② 这本小册子署名为“情境主义国际成员和斯特拉斯堡学生”，实际执笔人为穆斯塔法·卡亚迪。一直到 1969 年夏天为止，小册子被不断地重印并翻译成 6 种语言，印刷总量达到 30 万份。小册子最初在 1966 年由 AFGES 出版，1976 年由热拉尔·勒博维西出版社再版。

命》几乎同时出版。我认为，这两本书在理论逻辑层面上将情境主义国际推向了学术巅峰。

第三个阶段是1968—1972年的“从革命到分裂”时期。红色“五月风暴”失败之后，来自情境主义国际内外的各种问题日益凸显和暴露，最终不可避免地走向了自身“体面”的解散。1972年，德波与桑圭内蒂①联合签署发布了小册子《情境主义国际的真实分裂》(*La véritable scission dans l'internationale*)，正式宣布情境主义国际解散。依他们的说明，现在出现了“情境主义运动意识形态化”的趋向，为了防止情境主义国际成为某种“景观展示的偶像、权威或革命符号”，避免让“情境主义国际运动成为革命的绊脚石”，必须终止情境主义国际的事业。这本小册子中有这么一段话，不再有任何“英特纳雄耐尔”(国际)的必要了，因为“情境主义者无处不在，他们的目标无处不在”。这是一个悲壮的历史告别。

到这里，我们已经完成了对情境主义国际的简要历史追溯。现在，我们再来看一下本书所解读文本的作者瓦纳格姆自己的说法。1956年，学文学评论的瓦纳格姆从布鲁塞尔自由大学毕业后，一直在比利时的一个小城市尼伟勒

---

① 詹弗兰科·桑圭内蒂(Gianfranco Sanguinetti)：情境主义国际意大利分部的成员。

(Nevele)的当地学校教书。1960年前后，瓦纳格姆自己感到在比利时没有发展前途，于是选择前往法国巴黎。也是在这时，他虽然并不懂马克思主义，但是当读到列斐伏尔的《总体和剩余》[①]和《日常生活批判》等书后，立即被列斐伏尔著作中的革命浪漫主义深深打动，并产生强烈共鸣。于是，他提笔写信给列斐伏尔，并附上了自己关于诗意的零碎思考[题为《诗意断片》(*Fragments pour une poétique*)]，像学生一样恭恭敬敬地向列斐伏尔征求意见。虽然这篇小文不长，但列斐伏尔直觉到瓦纳格姆的才气和激情，便

瓦纳格姆与德波在一起(1962)

① Henri Lefebvre, *La somme et le reste*. Paris, La Nef de Paris, 1959.

很快将他引荐给了此时还是自己朋友的德波。1961 年年初，瓦纳格姆与德波见面，不久，他就成为情境主义国际中的一员。一直到 1970 年退出，瓦纳格姆与情境主义国际的同志姻缘维持了整整九年。在此期间，瓦纳格姆始终是德波最亲密的战友。

后来在 2014 年出版的《一切尚未开始》(*Rien n'est fini, tout commence*)[①]中，瓦纳格姆谈了自己对情境主义国际的基本判断。首先，在诗人瓦纳格姆看来，情境主义国际的思想来源中有很深的马克思主义的印记，这一定性是基本准确的。这也是列斐伏尔最早吸引他的地方之一。当然，这绝非斯大林教条主义的马克思主义传统，而是西方马克思主义的逻辑构式。瓦纳格姆认为，在这一方面，情境主义国际对马克思主义当代发展的重要贡献是对意识形态的批判。准确地说，应该是对资产阶级新型景观意识形态的批判。也是在这里，他明确指认了这种批判的前期历史构式线索是青年卢卡奇的《历史与阶级意识》，加贝尔(Foseph Gabel)[②]意识形态理论中的“虚假意识”观点。

---

① Gérard Berréby, Raoul Vaneigem, *Rien n'est fini, tout commence*, Paris, Allia, 2014.这是瓦纳格姆与热拉尔・贝雷比(Gérard Berréby)的访谈录。

② 加贝尔(Foseph Gabel,1912—2004)匈牙利裔法国社会学家，著有《异化的社会学》(1971)、《意识形态》(1—2 卷,1974、1978)等。

前者的物化意识批判，也是开启整个西方马克思主义批判理论的构序基础。后者的理论观点显然要晚得多。并且，瓦纳格姆将青年马克思的《1844 年经济学哲学手稿》也看作情境主义国际的重要理论基石，他说，"这是马克思第一次进行对意识形态的批判，马克思的这本书极大地影响了我们思想的变化"①。以我的判断，这应该是人本主义诗人瓦纳格姆自己的观点，这是他与青年列斐伏尔相一致的地方。况且，马克思并不是在这本书中开始批判意识形态的，在历史唯物主义的立场上，科学地分析资产阶级意识形态的本质，是从 1845 年的《德意志意识形态》一书开始的。并且，从德波的基本理论构序进程来看，青年马克思的人本主义异化构式对其的影响是不深的，在后来的《景观社会》一书中，他用"分离"取代了"异化"，我以为，德波对当代资本主义的批判并不是建立在人本主义的价值悬设之上的，而多为现实社会关系的深层改变。这里，瓦纳格姆是用人本学的有色眼镜来看情境主义的。而且，当情境主义国际成员中的艺术家的个人主义和人学抽象逻辑构序开始内爆时，通常就成为德波开除的对象。

---

① Gérard Berréby，Raoul Vaneigem，*Rien n'est fini*，*tout commence*，Paris，Allia，2014.p.174.中译文参见刘冰菁译稿。瓦纳格姆也知道阿尔都塞及其弟子们对《1844 年经济学哲学手稿》的判断，但他显然是不赞成的。

瓦纳格姆说，“马克思的《关于费尔巴哈的提纲》‘在于改变世界’，这句话是情境主义国际的核心动力之一，也是最引人非议的元素之一。今天，仍是马克思中最关键的话语之一”①。这是对的。瓦纳格姆意识不到马克思《1844年经济学哲学手稿》与《关于费尔巴哈的提纲》之间的异质性，所以他会很轻易地从前者同质性地滑动到后者。从1953年的字母主义国际开始，德波就将马克思的这一重要表述，视作自己先锋艺术实践“超越艺术”，走向改变资产阶级现实世界的革命口号。在瓦纳格姆看来，在告别达达主义和超现实主义运动的纯粹艺术造反，走向现实的工人运动这一认识上，他与德波是完全一致的。他说，“我认为，情境主义国际根本的不同之处在于，它吸收了艺术运动，从中接受了激进性，并且意识到了需要把这种激进性更向前推进”②。但是，从理论构式深层上，他并没有意识到德波这种从先锋艺术的“向前推进”的理论基础不是非历史的抽象人本主义，而是从现实出发的历史唯物主义。

其次，在瓦纳格姆看来，情境主义国际不同于所有过

① Gérard Berréby, Raoul Vaneigem, *Rien n'est fini*, *tout commence*, Paris, Allia, 2014.p.175. 中译文参见刘冰菁译稿。

② Gérard Berréby, Raoul Vaneigem, *Rien n'est fini*, *tout commence*, Paris, Allia, 2014.p.178. 中译文参见刘冰菁译稿。

去的工人运动，它并不是直接从政治上对抗资产阶级，而是从前卫的艺术反叛实践中吸取了艺术方式的激进，并将这种革命的先锋性对象化到对资产阶级日常生活的现实改造上，这当然就是革命浪漫主义的诗意情境建构。显然，瓦纳格姆并不隐瞒自己对列斐伏尔《走向革命的浪漫主义》(*Vers un romantisme revolutionnaire*)一书①的肯定。他说，“我并不拒绝‘革命的浪漫主义’这一概念，虽然有历史性的争议。这曾经是‘时代精神’。这种精神指向了当时工人运动中自发的诗意性，他们支持节日性，在街道上滋生”②。说革命的浪漫主义是“时代精神”，这有些说大了。但在后来的“五月风暴”中，我们确实可以看到这种新型的诗意。

1961 年，瓦纳格姆在《情境主义国际》第 6 期上发表《对都市主义不利的评论》③一文。在这篇文章中，我们可以看到瓦纳格姆的这种诗意批判话语在走向现实日常生活改造后的一些真实想法。在他看来，当代资本主义社会

---

① 列斐伏尔 1957 年写过“一本宣言式的书《革命的浪漫主义》(*Le romantisme révolutionnaire*)”。Henri Lefebvre, *Le romantisme révolutionnaire*, La Nef de Paris, 1958. 在此书中，列斐伏尔褒扬了卡斯特罗的革命浪漫主义，以及世界各地发生的革命活动。

② Gérard Berréby, Raoul Vaneigem, *Rien n'est fini, tout commence*, Paris, Allia, 2014. p.178. 中译文参见刘冰菁译稿。

③ *Internationale situationniste* 6 (August 1961), p. 33-37.

中发生的奴役，并非马克思、恩格斯原来关注的雇佣制度中的经济盘剥和政治压迫，而是发生于日常生活细节中的异化。比如资产阶级城市现代化建设中出现的都市主义(urbanisme)观念，实际上是一场将“纳粹集中营转化成低收入的住宅建设”的噩梦，因为在这里，是在“将马基雅维里主义与强化的混凝土结合在一起，都市主义的道德心十分清楚。我们正在接近文雅治安的统治。有尊严的奴役”①。在瓦纳格姆诗性话语的背后，是指认每天生成人们生活氛围的建筑物、广场和道路等物性设施，发挥着过去封建君主的可见暴力的场境关系作用，只是这个无形的场境统治不再血腥，而是文雅治安的。这个认识是深刻的。“马基雅维里主义”是指资产阶级的统治，“强化的混凝土”是都市主义中对象化到建筑设施中的空间句法，他的一句“文雅治安的统治”是说到点子上的，这是说，都市主义主张的城市“栖居”改造和“幸福”规划，实质上是帮助资产阶级的景观意识形态进一步控制日常生活，只是让这种治安统治成为美好生活中的“有尊严的奴役”，这是一种隐藏得很深的**隐性奥斯维辛**。它的结果必然是“唾手可得的异

① [法] 鲁尔·瓦纳格姆：《对都市主义不利的评论》，方宸、付满译，载《社会理论批判纪事》，第 7 辑，南京大学出版社 2014 年版，第 118 页。

化:都市主义使异化切实可行”[①]。他说,资产阶级用以欺骗老百姓的“景观的主要吸引力是对幸福的规划”,而就像无脑的消费等于幸福生活,“你用喝可口可乐的必然性取代了喝水的必然性”一样,“栖居乃是都市主义的‘喝可口可乐’”[②]。能感觉得到,瓦纳格姆的分析总是隔着诗性的隐喻特征。可口可乐化的消费异化批判,是从弗罗姆开始的证伪。“因为广告上有漂亮的青年男女在喝可口可乐的照片,我们也就喝上一瓶,我们是在喝那幅照片。我们是在喝‘停一下,提提精神’的广告标语。我们在喝美国的习惯,我们所喝的东西不取决于我们的口味,当广告竞相杜撰出‘健康’肥皂和能治牙病之类的东西,并且支配着物品的消费时,这些情形就愈趋严重。”[③]依弗罗姆的看法,我们似乎在消费,但却是在虚假的幻想中消费;我们似乎自主选择消费品,但其实我们是在被支配和被操纵下进行选择。瓦纳格姆将这种话语分析挪移到对资产阶级都市主义的批判中来了。这种隐喻是说,都市主义鼓吹的幸福栖居,如同消费异化中可口可乐般的景观幻象。这里的景观

① [法]鲁尔·瓦纳格姆:《对都市主义不利的评论》,方宸、付满译,载《社会理论批判纪事》,第7辑,南京大学出版社2014年版,第118页。

② [法]鲁尔·瓦纳格姆:《对都市主义不利的评论》,方宸、付满译,载《社会理论批判纪事》,第7辑,南京大学出版社2014年版,第116页。

③ [美]弗罗姆:《健全的社会》,中国文联出版公司1983年版,第134页。

(Spectacle)概念，正是德波用来揭示今天资产阶级世界日常生活隐性奴役本质的决定性批判范式。面对当代资本主义社会中的新情况，德波将景观视作现代资产阶级日常生活交往中取代商品和金钱关系的隐性上帝，因为，它以虚幻的中介影像关系和“伪交往”场境取代了原先马克思已经揭露的**事物化颠倒**了的主体际的真实关系。这个用来指认整个当代资产阶级消费社会本质的 spectacle（景观）概念，缘起于布莱希特戏剧中的那个亚里士多德式的旧戏剧中的 Spielt（演出），而这里的 spectateur（观众），正是采取了传统戏剧中那个采取了不干涉态度的景观旁观者（Zuschauer），这个演出/景观的旁观者，通过被动地认同于表演中的英雄，而同质于演出/景观。德波的精妙之处，在于他将那个处于被动地位无思的剧场观众，隐喻式地挪移到今天资产阶级世界的日常生活中来，spectateur 正是入序于被资产阶级景观制造的虚假欲望，被动地迷入疯狂购买的消费者。我以为，德波的景观拜物教是对马克思拜物教批判理论构式的推进，并且具有深刻的**批判认识论**意蕴。

在瓦纳格姆看来，资产阶级的都市主义正在

> 将私人生活工业化：“把你的生活变成一桩生意”——这将会是一句新口号。建议每个人将其至

关重要的栖身场所像个小型工厂一样组织，像微型企业一样加以管理，有其替代的机器、假想的产品和诸如墙壁、家具一类的资产。①

人的日常生活被无形地转换成“一桩生意”，都市主义按照资本的构序逻辑将所有生活中的居室、街道和活动建筑都形塑成走向金钱的通道，这些关系到人的生命活动和空间存在的建筑像工厂一样被管理起来，资产阶级的权力则像毛细血管般渗透和赋型于日常生活细节中。应该注意，此处瓦纳格姆据说的毛细血管般的权力控制，并不是指建筑和家具一类物性实在，而人活动其中所生发出来的场境存在和氛围。应该承认，这里瓦纳格姆对资产阶级都市主义的批判，似乎是依循了历史唯物主义的方法，客观分析了资本主义生产方式在城市日常生活中的微观落地，在社会场境存在的深刻构境中，说明了物性建筑与人的活动关系氛围的隐秘关联。这是值得肯定的方面。

当然，瓦纳格姆的这些初步的想法，最后都集中体现在自己 1967 年出版的《日常生活的革命》之中。这也是我们下面主要讨论的文本对象。后来，在谈到这本书的主旨

---

① ［法］鲁尔·瓦纳格姆：《对都市主义不利的评论》，方宸、付满译，载《社会理论批判纪事》，第 7 辑，南京大学出版社 2014 年版，第 117 页。

时，瓦纳格姆说，此书“坚持分析了个人的解放，反对个人主义，反对异化的个体，呼吁所有的反抗行动应该发生在日常生活的领域中”①。这也就是说，瓦纳格姆在《日常生活的革命》中，力图用革命的诗意反对异化，在日常生活中真正实现马克思所说的个人的全面解放。当然，这只是瓦纳格姆的主观构境意向。他自己说，德波在读完他的《日常生活的革命》手稿之后，1965 年 3 月 8 日写信给他说，这本书“比‘平庸’(banalité)要好”，德波觉得，书中讨论了“从极端的主体到不再安详的理论，里面有尼采，有傅里叶，有哲学的遗产”②。德波显然不赞同瓦纳格姆唯心主义的“极端的主体”，但肯定瓦纳格姆通过尼采和空想共产主义的嫁接，造成资产阶级平庸日常生活的“不再安详”的努力。这对于刻薄的德波来说，已经算是一个不错的评价了。这里德波提到的“平庸”，指的就是瓦纳格姆于 1962 年完成的《平庸的基根》(*Banalités de Base*)③一文，依我的判断，这篇在《情境主义国际》杂志上连载的长文应该是

---

① Gérard Berréby，Raoul Vaneigem，*Rien n'est fini*，*tout commence*，Paris，Allia，2014.p.231. 中译文参见刘冰菁译稿。

② Guy Debord，Correspondance volume 3，Paris：Fayard，2003，p.19. 中译文参见刘冰菁译稿。

③ Raoul Vaneigem，*Banalités de Base*，*Internationale Situationniste*，No.7，Paris，1962；*Banalité de Base Ⅱ*，*Internationale Situationniste*，No. 8，Paris，1963.

《日常生活的革命》的研究大纲。这里，我们来看一下瓦纳格姆在这一文本中的构境意向。

在《平庸的基根》中，我们可以看到瓦纳格姆后来在《日常生活的革命》中使用的那个原创性的哲学关键词——**苟生**(survie)，以及这个概念的延伸，**苟生者**(survivant)和正发生的“**苟生着**”(动词，survivre)。仔细去想，瓦纳格姆这里发明的苟生概念，其实是对达达主义、超现实主义和字母主义等先锋艺术思潮所致力否定的那种**麻木现实生活**的概括和抽象，也是对列斐伏尔对资产阶级平庸的日常生活的诗化改写。*转换到海德格尔的话语，苟生即此在去在世后的沉沦，而苟生者则是那个无脸的***常人**。有所不同的是，苟生作为生存的异化状态，它的**未被异化的价值悬设**是人的真实生命的诗意涌动——“**活着**”(vivre)。这是诗人自己的发明了。这个活着，会接近上述德波已经察觉到的尼采“酒神精神”中的生命原欲，当然，也是情境主义国际那个革命的情境建构。在当代资本主义社会中，**应该像人一样活着**的人异化为**景观控制下的平庸的苟生者**，于是，**活着与苟生的辩证法**，这就是下面《日常生活的革命》中具有批判张力的人本学辩证法逻辑构境的主线了。

首先，是反对**作为本真生活异化的苟生**。在瓦纳格姆看来，马克思在《1844 年经济学哲学手稿》中，讨论了资本主义经济制度的劳动异化问题，由此断言了工人阶级在经济生活中的绝对贫困化，这只是一个“历史性的真理”。瓦纳格姆并不能区分，青年马克思的人本主义**异化史观**与后来马克思在经济学研究中使用的**科学异化概念**的异质性，所以他根本不可能正确理解马克思在狭义历史唯物主义构境中建立的经济拜物教批判。因为，今天资本主义的发展已经超越了原来的自由资本主义构式，构序生成了“官僚资本主义”的新形态。这个官僚资本主义，也是德波的用语。① 在列斐伏尔那里，则被表述为“**消费被控制的官僚社会**”(*société bureaucratique de consommation dirigée*)。他以此来定义当代资产阶级全新的日常生活本质。在这里，现代性的资本主义制度对社会现实生活进行了“全方位、全领域的组织化、分层化控制”，这就像韦伯所指认的资产阶级官僚制的政治结构，今天，现代资本主义社会的金字塔式等级结构恰恰建立在日常生活的基础上，而日常生活本身往往构成了这种奴役结构的最底层。在瓦纳格姆看来，这个新的资产阶级世界中，曾经爆裂于世的经济和政治异化在战后福利政策的掩护下，已经不再是主要的社会危机引爆点。瓦纳格姆说，在今天的官僚资本主义日常生活中，悲壮的异化本身被平庸化为不起眼的生活琐事

① Guy Debord, *Œuvres*, Paris, Gallimard, 2006.p,576.

了。用列斐伏尔的话来说，就是"小事情异化"。

> 官僚资本主义蕴含着异化的真理，它将异化铺展到了方方面面，超出了马克思的预期。它将异化平庸化，以致赤贫在减少，同时生存的平庸（la médiocrité de l'existence）却在扩散。贫困（paupérisme）深入地渗透到了生活方式之中，因为它化成了严格意义上的"苟生"（survie）。①

这是在解说日常生活**苟生的本质**。异化被平庸化，这是一个离奇的说法。在诗人的诗性构境中，异化本身是一个坏东西，但在价值悬设构式中，它显现为一种本真人性的悲壮沉沦，可是，在今天的官僚资本主义世界中，这种原先可以直观的血淋淋的贫困伤口，被福利政策下的"美好生活"的拉链缝合起来，于是异化失去了可以叹息的悲壮外观。在富足的日常生活中，异化被微不足道的小伤害平庸化。这是一个诗境，也是瓦纳格姆苟生概念的逻辑构境缘起。通俗一些说，苟生是马克思所说的劳动异化向日常生活隐性异化的转移，劳动者的现实生活中没有了

---

① Raoul Vaneigem, *Banalité de Base*, *Internationale Situationniste*, No. 7, Paris, 1962, p.32. 中译文参见刘冰菁译稿。

绝对意义的赤贫，却在景观支配的苟生中构式成新的**生存平庸**的贫困。在今天，“异化的功能就是在社会语境中构成‘苟生的条件’(condition de survie)”。或者倒过来说，苟生是日常生活中看不见的毛细血管式的异化，它不像马克思所揭露的资本家直接盘剥工人剩余价值的无偿占有，而是细水长流式的生活场境盘剥。通常，这种场境存在中的异化生活塑形是无痛感的。

其次，更加可怜的**作为景观奴役的苟生者**。瓦纳格姆认为，在今天的资产阶级世界中，的确没有了直接的经济强制和暴政，可是，沉浸于景观中的人们却不知道，

> 景观将其规范强加于生命(vecu)的同时靠生命维持自身。景观时间，使真正的生命空间成为“客观无力”(impuissance objective)的场所。客观无力是包含在私人占有条件下，使景观成为唯一虚拟的自由。①

这是说，苟生的存在是由景观构式和塑形的伪场境存在，人在日常生活的存在时空是景观赋型的虚幻时空，景观让你知道、看到和摸到，你所追逐的生活目标都是**景观**

---

① Raoul Vaneigem, *Banalité de Base* Ⅱ, *Internationale Situationniste*, No.8, Paris, 1963, p.44. 中译文参见刘冰菁译稿。

他者的欲望，一切的消费品疯狂购进和扔掉，都是景观中**时尚生死**的时间和空间，这必然构序出人在苟生伪境中的“客观无力”。所谓客观无力就是没有自己的真正选择，因为你自以为是的选择是被景观控制和无形赋形的。你看起来非常自由，但这种自由情境却是由景观巧妙背后构式的伪场境存在。所以，苟生者在日常生活中所有虚假的主观有力活动的本质都是**客观无力**的。由此，瓦纳格姆才说，“在景观机制下日常生活的客观实现，只不过是被权力操控的物的成功”，在景观的支配下，所有人都自愿地丧失自己的真实活着，而沦入苟生。

> 景观是这样的地方，所有强制的劳动转变成了自愿的牺牲（sacrifice consenti）。在一个劳动是在被苟活勒索的世界中，没什么比“所有人跟随自己的工作”这样的口号更值得怀疑了；在一个权力决定需要的世界中，不要说什么“跟随每个人自己的需要”。①

你的确在景观的支配下，产生了永远无法满足的欲望和无穷无尽的消费需要，可是，这些消费只是跟随众人为

① Raoul Vaneigem, *Banalité de Base Ⅱ*, *Internationale Situationniste*, No.8, Paris, 1963, p.40. 中译文参见刘冰菁译稿。

资本家流血出汗的牺牲，这是一种非直接的自愿被勒索，关键在于，“任何不属于实现日常生活的内容，都属于景观，在景观中苟活被冻结、被割裂切散。只有在客观现实、在同一性中，才能够实现真正的日常生活”①。这是说，只有自觉地拒绝景观，破境异化的苟生，才会在真正的日常生活中实现属于自己的生命同一性。

再次，**作为苟生条件的虚假拥有**。在瓦纳格姆看来，与马克思的时代不同，今天的日常生活异化不再表现为工人在经济条件上的可见物性缺失，而恰恰是在景观的隐性支配下，通过虚假的欲望制造和引诱，被迫地拥有根本不是真实需要的消费物。这种虚假的消费拥有，是一个填不满的黑洞，在资产阶级消费意识形态景观的控制下，人们无止境地购买冰箱、汽车和房子，这种被疯狂追逐的“异化物体既不是‘狡计’，也不是超验性的谜，它们处在其具体的贫困之中。如今的富有，意味着要占有最多的贫困物体”②。你被无形的景观伪境控制，每天无法抵制地购买大量并不需要的消费品。如同现在被制造出来的“双十一”和“双十二”，你想剁掉的双手神奇地摆脱自己的控制，疯

---

① Raoul Vaneigem, *Banalité de Base Ⅱ*, *Internationale Situationniste*, No.8, 1962, p.44. 中译文参见刘冰菁译稿。

② Raoul Vaneigem, *Banalité de Base*, *Internationale Situationniste*, No. 7, 1962, p.35. 中译文参见刘冰菁译稿。

狂地点击"立即购买"键，这就是景观伪境的神奇支配。我们不知道，在各种电子商务网站的购物车中不断自动增加的、象征富有的物品，既不是黑格尔"理性的狡计"，也不是康德式的"先天综合判断"的自动性，而象征着一种存在论上的真正贫困。所以，瓦纳格姆说，

> 如今强加给我们的福利国家，是通过方便舒服的技术形式（forme de techniques de confort）展开的（食品搅拌器、罐头、野鸭和莫扎特等），人们花费了大量力气走向大写的'苟生'（SURVIE），同时拒斥了任何通向大写活着（VIVRE）的可能性。①

在国家资本主义战后福利政策的景观引诱下，苟生的人购买了大量消费品，比如精制的食品搅拌器一类小玩意儿和工艺化的古典音乐唱片，看起来，日常生活被物所填满和塑形，可是，人们却失去了作为生命本身本真场境存在的**大写的活着**。苟生的人有物却没有活着，在瓦纳格姆看来，现在的革命意识是，"在消费的丰裕中发现自己的贫困"。

---

① Raoul Vaneigem, *Banalité de Base*, *Internationale Situationniste*, No. 7, 1962, p.35. 中译文参见刘冰菁译稿。

最后，**苟生与活着的辩证法**。瓦纳格姆似乎十分偏爱辩证法话语，这是他的《日常生活的革命》批判性诗境中最关键的构式中轴。瓦纳格姆明确指出，景观控制下的资产阶级日常生活中的苟生“具有两面性”，它是杀人不见血的隐性奴役，但它也可以激发革命。问题在于，“为了反抗这样的化约，是什么力量能够凸显出、构成所有人类日常生活的问题：苟生和活着的辩证法（la dialectique de la survie et de la vie）？”①在他看来，这只有两种选择：“要么是像情境主义国际那样的具体力量，通过在日常生活建构中、重新联合实践和空间，来超越这些限制；要么是生活和生存会锁在对立之中，直到最终的贫困来临。”②这就是情境主义国际所主张的**革命建构情境**。这就是要脱形于由资产阶级景观幻象所构序起来的这种日常生活中惯性的伪情境，使之转变为一种自觉革命集体的共有瞬间情境。这既是对达达主义和超现实主义拒斥麻木日常生活的继承，也是列斐伏尔“让日常生活成为艺术”口号的落地。与传统无产阶级革命理论有所不同的是，情境主义国际更加关注在打破景观幻象之后，通过革命的瞬间情境建构，创造全

---

① Raoul Vaneigem, *Banalité de Base II*, *Internationale Situationniste*, No.8, 1962, p.44. 中译文参见刘冰菁译稿。

② Raoul Vaneigem, *Banalité de Base II*, *Internationale Situationniste*, No.8, 1962, p.44. 中译文参见刘冰菁译稿。

新的行为条件并将它从艺术诗境推进到建筑、城市生活的实际改变活动中，实现对我们每天生活其中的资产阶级日常生活场境世界的诗意重新构序。在瓦纳格姆这里，他所通过的诗性的"日常生活的革命"构序努力，正是情境主义国际改变现实资产阶级日常生活和建构革命情境具体力量的表现。

现在，就让我们一起走进瓦纳格姆《日常生活的革命》的诗性构境。

第一章
物性的苟生与诗意的活着

在《日常生活的革命》中，作为革命的浪漫主义者瓦纳格姆信心满满地宣告，他的这本书“在当今逐步衰落的世界中，标示了一个全新纪元的突现（l'émergence）”，并且，“作为改变时代的一本书，它还能在未来变革的田地里布下变化的胚芽”①。在同年出版的《景观社会》中，德波也没有这样高调。这是诗人独有的自傲。这里，诗性话语中的“衰落的世界”，就是当代资本主义在景观支配下生成的人的物性苟生，而作为未来变革突现的新纪元，则是对革命情境构序和形塑起来的全新诗性日常生活生存场境的憧憬。说一本书将改变时代，这显然是诗人的夸张了，可应该承认，这本书所展现的“未来田地”中批判性的浪漫主义场境的确是异常深刻和令人震撼的。在此，我们先来看一

① ［法］鲁尔·瓦纳格姆：《日常生活的革命》，张新木等译，南京大学出版社2008年版，“序言”第1页。

下瓦纳格姆在此书第二版序言(1991)中的观念撮要。

1. 平庸日常生活中的非总体的人

在写于1965年的《日常生活的革命》中，瓦纳格姆自觉的理论出发点是**个人主观性**，即有着真实个人意志的“我”。这当然是一个唯心主义的逻辑构序起点。他明确说，“我对主观意志(volonté subjective)特别重视，我希望人们不要因此而指责我”①。我倒是觉得，这个个人主观性，从哲学上极为深刻地映射了从达达主义、超现实主义一直到情境主义国际那种先锋艺术家的精神状态。只是艺术家们都无暇做形而上学的概括。1991年9月，瓦纳格姆在《日常生活的革命》的第二版“序言”中，为自己的哲学立场做了辩护。他并不掩饰自己的准唯心主义观点，他坦诚，自己是自觉“选择了激进的立场(parti pris de radicalité)，突出了一个存在于这个世界但又不属于这个世界的‘我’(moi)”②。其实，瓦纳格姆的这种观点在情境主义国际中也是受到诟病的，人们常常戏称他为“肚脐凝视

---

① [法]鲁尔·瓦纳格姆:《日常生活的革命》，张新木等译，南京大学出版社2008年版，“引言”第2页。

② [法]鲁尔·瓦纳格姆:《日常生活的革命》，张新木等译，南京大学出版社2008年版，“序言”第1页。

者(以自我为中心的人)"①。这个作为**价值悬设**应该在场的本真性的"我",并没有在这个资产阶级的现实世界中出现,因为,在这里没有"我"可以在场的诗意的**活着**(*vivre*),而只有平庸日常生活中的**苟生**(*survivre*)。这倒是一个轮廓清晰的新人本主义逻辑构式:(1)应该在场的本真性的个人"活着"理想化生存状态;(2)这种应该在场的"活着"异化为平庸日常生活中的"苟生";(3)革命浪漫主义摒弃苟生复归"活着"的诗意救赎。还应该指认,瓦纳格姆这里的**诗意**(poésie)仍然停留在诗歌创作的主观意向层面,并没有转换到列斐伏尔的**诗性创制**(poiesis)上来。另外,我注意到,列斐伏尔在他著名的关于当代资本主义批判的论著中使用了与瓦纳格姆"苟生"(*survivre*)一语接近的"*La survie du capitalisme*"(资本主义的幸存)。② 我们应该知道,瓦纳格姆是一个诗人,所以在哲学家批判性地使用异化和物化的地方,他会使用**隐喻性的苟生**。这也是他与马克思主义者德波不同的地方。

首先,是作为瓦纳格姆浪漫主义构境起点的个人主体情境。在施蒂纳、克尔凯郭尔和尼采之后,直接让第一人

---

① [法]考夫曼:《居伊·德波——诗歌革命》,史利平译,南京大学出版社2014年版,第231页。

② Henri Lefebvre, *La survie du capitalisme: La reproduction des rapports de production*, Paris, Anthropos, 1973.

骑着毛驴的诗人瓦纳格姆

称“我”出场的学术文本并不多见。然而，瓦纳格姆却这样做了。在这本书的不少地方，“我”经常直接成为话语言说主体。比如，我们在此书第二章第十节的开头，可以清楚地看到这个以第一人称出场的“我”(me)：

> 在我(me)继续前进的过程中，我最终会在哪一个拐角处迷失自我(moi)呢？以保护我为名，将我与自身分隔开的又是怎样的屏障呢？在组成我的碎片(émiettement)中，又如何重新找回自我呢？我正在迈

> 向一个我未知的地方,一个永远不能把握自我的不确定的地方。所有事情的发生就像是我的脚步走在我的前面,好像思想与情感正在想象着创造一种心理景致(paysage mental),而心理景致实际上又塑造着思想和情感,这样,思想和情感正好贴合心理景致的轮廓。一种荒谬的力量——由于它符合世界的合理性(rationalité du monde),并且看上去无可争辩,所以就更加荒谬——迫使我不断跳跃,以落到我的双脚从未离开过的地面。在这种无用的朝向自我的跳跃中,我的在场(présent)被人偷走了;我常常与现在的我错位地生活着,按死亡的时间节奏(rythme du temps mort)生活着。①

显然,瓦纳格姆在挪用弗洛伊德的个人主体心理结构的观点,但又不想简单照搬,可是被他挪用和异轨后的心理结构造成了自己构序线索上的混乱。这里,可以迷失的"自我"(moi)相当于弗洛伊德的"本我"(*Es*),而"超我"(*Über-Ich*)则具体化为"屏障""碎片""世界的合理性""错

---

① [法]鲁尔·瓦纳格姆:《日常生活的革命》,张新木等译,南京大学出版社 2008 年版,第 92—93 页。中译文有改动,参见 Raoul Vaneigem, *Traité de savoir-vivre à l'usage des jeunes générations*, Paris, Gallimard, 1992.p.121-122。

位”和“死亡的时间节奏”，而没有了本真性在场的伪“我”则顶替了弗洛伊德关系性的“自我”（*Ich*）。在瓦纳格姆这里的理论构境中，存在着一个新人本主义的逻辑预设，即应该真实在场的、诗意活着的“自我”与落入平庸日常生活中、“按死亡的时间节奏”苟生的伪“我”的对立。在诗的构境中，出现了这样一幅**苟生人**的日常生活情境：“伪我”的双脚走在“自我”的前面，我以为不断跳跃的双脚在走向自我，可是这种无用的跳跃却偷走了“自我”的真实在场，一种错位的心理景致中，“伪我”在场则自我缺席。这就是苟生的秘密。诗学的此-彼构式，往往是难懂的。瓦纳格姆说，用易懂的语言来表达，即他的思考焦点是：这种本应在场的真实个人主体意志如何落入日常生活的**平庸性**（banales）苟生的。一是，需要留心瓦纳格姆此处使用的心理景致（paysage）一词，paysage 的法文原意为风景，但心理风景并非外部的景色，而是在主观心理场境中出现的特定可感情境，其实也就是我所说的**精神构境**，它是由一定的情感和思想构式突现出来的精神场境，反过来又塑形情感和思想。二是，这种主观肿大起来的精神个体，也正是达达主义和超现实主义批判认识论逻辑的起点。在一定的意义上，也是情境主义国际的思想倾向。对此，马克里尼曾这样评论道：“情境主义国际对尼采和克尔凯郭尔的阅读，将他们推向了比卢卡奇的‘主-客体’马克思主义更远的地方——就是直接把个体的主体放在革命计划的中心。这种大胆的理论,激励了很多当时的哲学年轻人,鲍德里亚说'所有的人都热情奔向他们的激进的主体性的概念!'"①马克里尼的分析是深刻的。他不仅准确指认了青年卢卡奇隐性主体哲学的"主-客辩证法",而且透视了情境主义国际通过尼采和克尔凯郭尔而突显的个人主体为本的新人本主义构式。

其次,就是对这种资产阶级平庸日常生活的诗性超越。瓦纳格姆认为,关于这种存在论意义上的日常生活平庸性的解构,"自从有人类生活的时代起,自从人们阅读洛特雷阿蒙(Lautréamont)②时起,该说的都说了"③。洛特雷阿蒙有些像是现代诗歌中的尼采,他的《马尔多罗之歌》

---

① Patrick Marcolini, *Le Mouvement Situationniste: une histoire intellectuelle*, Montreuil, L'Échappée, 2012. p. 238-239. 中译文参见刘冰菁译稿。

② 洛特雷阿蒙(Lautréamont,1846—1870):原名伊齐多尔·吕西安·迪卡斯(Isidore Lucien Ducasse),法国诗人。洛特雷阿蒙出生于乌拉圭首都蒙得维的亚,他的童年是在处于战乱之中的乌拉圭度过的,他的父母都是法国移民。1859 年他被送回法国读书,1863 年进入波城中学(Lycée Louis Barthou),在校成绩优异。1867 年年底赴巴黎开始在科尔理工学院学习,一年后放弃。不久,在巴黎圣母院附近的一家旅馆创作《马尔多罗之歌》等作品。1870 年,年仅 24 岁的洛特雷阿蒙去世。代表作品:《马尔多罗之歌》(*Les Chants de Maldoror*,1869)、残篇《诗》(Ⅰ-Ⅱ)(*Poésies Ⅰ-Ⅱ*)等。他的思想极大地影响了超现实主义和情境主义国际。

③ [法]鲁尔·瓦纳格姆:《日常生活的革命》,张新木等译,南京大学出版社 2008 年版,"引言"第 1 页。

以前所未有的渎神的反叛，打破了传统人们认知所依托的固有本体论关联构架，一句对少年美如“像一台缝纫机和一把雨伞在解剖台上相遇”的指证①，让毫无关联的三件物品来形容不可能的断裂式的美，击穿了平庸象征的隐喻映射链。洛特雷阿蒙与德波就读于同一所中学（Lycée Louis Barthou），前者对超现实主义和情境主义国际的影响巨大。德波等人在讨论异轨时，多次援引洛特雷阿蒙。福柯在《词与物》一书中，也引述了这一奇异性的诗境。② 在瓦纳格姆看来，“人们只有在摆弄平庸、驾驭平庸、将平庸打入幻想、将平庸推向主体快乐的过程中才能摆脱平庸”③。显然，个人主体的诗性快乐是可以透视平庸、驾驭平庸和摆脱平庸的根本，而不快乐的人就是处于平庸而不知平庸的苟生中的人。然而，问题在于这个可以超越平庸的快乐的

---

① 洛特雷阿蒙原诗：“他美得像猛禽爪子的收缩，还像后颈部软组织伤口中隐隐约约的肌肉运动，更像那总是由被捉的动物重新张开，可以独自不停地夹住啮齿动物，甚至藏在麦秸里也能运转的永恒捕鼠器，尤其像一台缝纫机和一把雨伞在解剖台上相遇！”[法] 洛特雷阿蒙：《马尔多罗之歌》，车槿山译，四川文艺出版社 2018 年版。说实话，洛特雷阿蒙这里对美的表征是令人震惊的构境，这是一种功能性的青春撕裂和张牙舞爪的欲望在场，伤口的带血肌肉运动，夹住动物的捕鼠器张合，我们无法想象诗人的这种此-彼象征链。

② [法] 福柯：《词与物——人文科学考古学》，莫伟民译，上海三联书店 2001 年版，“前言”第 3 页。

③ [法] 鲁尔·瓦纳格姆：《日常生活的革命》，张新木等译，南京大学出版社 2008 年版，“引言”第 2 页。

人，在现实中当然是不存在的，因为这只是瓦纳格姆对洛特雷阿蒙诗境革命的主观想象。一个在雇佣关系中被盘剥的劳动者，即便是他特别想快乐，这也是不可能的；即便出现了“幸福的快乐”，那也只会是景观设置的**应该笑的商业机关**。

其三，苟生中的人是**非总体存在**的人。这又是一个价值批判。在瓦纳格姆看来，“苟生的人，就是被等级权力机制（mécanismes du pouvoir hiérarchisé）撕成碎片的人，被互相影响的结合物（combinaison d'interférences）束缚着的人，被压迫技术（techniques oppressives）的混乱弄晕了的人”①。可以看出，列斐伏尔那个**总体性的人**②是这里瓦纳格姆快乐的人的逻辑模板，而这个所谓本真性的总体人在三个层面上被肢解：一是资产阶级虽然推翻了封建专制的

---

① [法] 鲁尔·瓦纳格姆：《日常生活的革命》，张新木等译，南京大学出版社 2008 年版，“引言”第 2 页。中译文有改动，参见 Raoul Vaneigem, *Traité de savoir-vivre à l'usage des jeunes générations*, Paris, Gallimard, 1992.p.20。

② 列斐伏尔在《辩证唯物主义》(1938)中，将马克思《1844 年经济学哲学手稿》是“人对自己的本质的全面占有”重构为一种超越了经济人的总体的人。列斐伏尔认为，“总体的人是有生命的主体-客体，是起初被弄得支离破碎，后来又被禁锢在必然和抽象之中的主体-客体。总体的人经历了这种支离破碎走向自由，它变成自然界，但这是自由的自然界。它像自然界一样成为一个总体，但又驾驭着自然界。总体的人是‘消除了异化的人’”。参见[法] 列斐伏尔：《辩证唯物主义》，乔桂云译，载《西方学者论〈1844 年经济学哲学手稿〉》，复旦大学出版社 1983 年版，第 197 页。

等级，但又以资本所构序的市场中自然发生的经济等级权力再一次将苟生人撕成雇佣关系中的碎片；二是人虽然从土地上解放出来成为自由的原子化法人主体，却仍然臣服于通过市场交换关系建立起来的“相互影响”中介，具体到这里，应该是消费意识形态控制下的相互引诱和攀比的苟生人；三是中世纪的直接压迫消失了，但是成为隐性工具理性的新型压迫却让苟生人陷入混乱。这一分析是具有透视感的。

那么，从什么地方去透视这种非总体性人的平庸苟生呢？瓦纳格姆的答案是：不同于马克思所关注的宏大社会政治-经济领域的**日常生活**（vie quotidienne）。这同样是列斐伏尔和德波共同关注的领域。他说，今天生活在日常生活中的庸人就像“动画片中的某些角色（personnages），一阵疯狂的奔跑突然将他们带到虚无之上，而他们自己却毫无感觉，结果是他们想象的力量让他们在这般高度上飘荡，然而等他们有朝一日意识到这一点时，他们就会立刻坠落到平地”①。诗人的长处在于感性，十分深刻的道理，他总会找到生动形象的例子来隐喻和旁证。这里瓦纳格姆的喻境讲的是迪士尼动画片

① ［法］鲁尔·瓦纳格姆：《日常生活的革命》，张新木等译，南京大学出版社 2008 年版，第 3 页。

《猫和老鼠》(*Tom and Jerry*)[①]，汤姆经常会在追逐杰瑞的过程中，从已经冲出屋顶或悬崖上的空中继续奔跑很久，发现自己悬在空中时才在格式塔心理场断裂中突然掉下。齐泽克和哈维都用过这个例子来形容美国次贷危机(subprime crisis)中的虚无之上的金融资本，这是极为深的批判性隐喻构境。

《猫和老鼠》中汤姆在断崖空中的飞奔

---

① 《猫和老鼠》(*Tom and Jerry*)是美国米高梅电影公司于1939年开始制作的一部系列动画片。该片由威廉·汉纳、约瑟夫·巴伯拉编写，弗雷德·昆比制作，剧集《甜蜜的家》于1940年2月10日在美国首播。《猫和老鼠》以闹剧为特色，描绘了一对水火不容的冤家：汤姆和杰瑞猫鼠之间的战争，片中的汤姆经常使用狡诈的诡计来对付杰瑞，而杰瑞则时常利用汤姆诡计中的漏洞逃脱他的追逐并给予报复。

苟生中的庸人，在日常生活中就像汤姆在断崖虚空之上的痛苦挣扎，只是他们并不知道自己苟生之下是随时会掉入的虚无深渊，可悲的是，庸人们还会将平庸的深渊当作天堂。瓦纳格姆说，人类原本生活在上帝的废墟（ruines de Dieu）上，这时也坠入了他自身现实的废墟（ruines de sa réalité）之中。上帝的废墟，指的是费尔巴哈所说的人的类本质的异化，当资产阶级打倒上帝之后，人在上帝的废墟上将自己的正身放置到神的空位上，可是，人并不知道，当他杀死上帝的时候也杀死了自己，他看不到资产阶级的世界本质是一种存在的废墟。"现实的废墟"，正是指资产阶级日常生活本身的异化深渊，只是庸人们将苟生视作幸福。这种"幸福生活"，正是资产阶级新型社会治理（police）的牧领要诀。如同列斐伏尔所指认的那样，熟知的日常生活的本质恰恰是身在其中的我们所不能透视的。[①] 令人遗憾的是，今天在资产阶级世界中苟生的庸人不知道日常生活脚下的深渊，更不知道日常生活本应呈现的活着的本质。不仅如此，今天的哲学家们同样以蔑视的眼光拒斥日常生

---

① 列斐伏尔多次引述黑格尔的说法，"熟知非真知"（Was ist bekannt ist nicht erkannt）。他认为，在资本主义社会中，往往是日常生活中"熟悉的东西遮蔽了人的存在"（la familiarité voilent les êtres humains），对于人的存在，我们每天熟悉的也只是遮蔽了真相的"面具"（masque）。［法］列斐伏尔：《日常生活批判》（第 1 卷），叶齐茂等译，社会科学文献出版社 2018 年版，第 13 页。

活，他们不能理解，“在一个人二十四小时的生活中显示出的真理，要比所有哲学中显示的还要多”[①]。为什么？

从表面上看，由启蒙开启的资产阶级释放人欲的日常生活是建立在封建专制的废墟（“上帝的废墟”）之上的，似乎它是自由、平等、博爱的革命成果。然而，在诗人瓦纳格姆眼里，这一切却成了新的牢狱（“现实的废墟”）。

> 从爆裂了的古老神话中产生的细小碎片（fragments）在慢慢坠落，向四周布撒着神圣物的灰尘，布撒着令活着的（vivre）精神和意志硅化（silicose）的灰尘。对人的束缚变得不再隐秘，更为粗俗，不再有威力，但数量繁多。那种俯首听命不再出自教士的魔术，而是产生于众多的小型催眠术（petites hypnoses）：新闻、文化、都市主义（urbanisme）、广告等，都是一些服务于现有秩序和未来秩序的导向性暗示（suggestions conditionnantes）。[②]

---

① ［法］鲁尔·瓦纳格姆：《日常生活的革命》，张新木等译，南京大学出版社 2008 年版，第 4 页。

② ［法］鲁尔·瓦纳格姆：《日常生活的革命》，张新木等译，南京大学出版社 2008 年版，第 5 页。中译文有改动，参见 Raoul Vaneigem，*Traité de savoir-vivre à l'usage des jeunes générations*，Paris，Gallimard，1992. pp.27-28。

这还是浪漫主义的诗境。古老的神性图景背后的外部强暴性专制的确被炸碎了，可是资产阶级在天赋人权的神圣幌子之下，却再一次通过毛细血管般的微观支配（微观权力的"神圣物的灰尘"），让人应该具有的真实生存（"活着"）的精神和意志硅化，甚至这种对人的支配不再是"教士的魔术"布展的上帝的不可见力量，而变得日常和粗俗，所有看起来高大上的新闻、文化、都市主义和广告，都是让人在追逐"幸福生活"中中毒的欲望催眠术，其真实的目的是让人臣服于现实资产阶级统治世界今天、明天、后天构序的暗示。当然，这还只是一个总括性的概述。

2. 资产阶级世界多重断裂重塑日常生活苟生

一方面，日常生活**被布尔乔亚的商品逻辑赋型为苟生**。我觉得，这是一个基于马克思的历史性分析。瓦纳格姆告诉我们，虽然日常生活每天都在重复，但是，"那些在日常生活中被快乐和痛苦随意折腾的人，他们对生活了解得并不那么清楚"①。日常生活是离我们最近的和熟知的东西，可它恰恰是"身在此山中"的我们无法透视的。这种

① ［法］鲁尔・瓦纳格姆：《日常生活的革命》，张新木等译，南京大学出版社 2008 年版，"序言"第 7 页。

看法,显然受到了列斐伏尔《日常生活批判》的直接影响。当然,瓦纳格姆此处所说的日常生活并不是抽象的,而特指由商品-市场经济赋型并进一步塑形起来的资产阶级世界中的日常生活。在他看来,从禁欲的中世纪黑暗中挣脱出来的人,的确自由地释放出所有的感性欲望,“各种欲望(désirs)在回归到日常琐事后,哪一个也从来没有像今天这样有如此大的威力,它正在打破那些让它颠倒(inverse)的东西,否认它的东西,并物化成商品对象(réifie en objets marchands)”①。历史地看,在反对中世纪封建专制的革命中,资产阶级在商品经济中的确创造了一种脱离了土地不动产的自由生存,卢梭歌颂的肉身欲望成为物性生活的构序支撑,并重新颠倒了神性对现实关系的倒置,可是,这种颠倒本身却又是以物化作商品对象为前提的。人们并不知道,打倒上帝的**人-神颠倒关系**,正是以一种新的**人-物颠倒关系**为代价的。依瓦纳格姆的分析:

> 商品体制(système marchand)的历史表明,从早期城邦国家诞生的土地结构到征服全球性的自由市场,都要经历一个从封闭性经济到开放性经济的持续

---

① [法]鲁尔·瓦纳格姆:《日常生活的革命》,张新木等译,南京大学出版社2008年版,“序言”第7—8页。

> 过渡，经历从贸易保护主义堡垒到商品自由流通的过渡。商品的每一次进步都会孕育一些形式的自由(libertés formelles)，使人们觉得在这种形式自由中，有一种无法估量的特权，让人们在个性中体现自身，与欲望的运动息息相关。①

这是挺有模有样的一段历史性分析。瓦纳格姆认为，资本主义的商品生产和交换系统，客观地破解了凝固性的土地束缚，在开放性的全球交换市场中，塑形了商品自由流通的空间，这也造成了一种资产阶级日常生活中的假象，即所有人的个性在实现自己的物性欲望中得到了自由释放。但是，人们并不知道，“在古老形式的枷锁下，经济在商业自由的感召下用自由砸碎了束缚它的枷锁，在利润法则的内在束缚下形成一种新的专制统治(nouvelles tyrannies)”②。这是对的。并且，相对于可见的皮鞭，这种自由追逐利润过程中构序起来的新的专制和剥夺是隐而不见的。用德波的话来说，就是“所有人都生活在这个景观的和真实的商品消费中，生活在基础的贫困中，这是因

① [法]鲁尔·瓦纳格姆:《日常生活的革命》，张新木等译，南京大学出版社2008年版，“序言”第5页。

② [法]鲁尔·瓦纳格姆:《日常生活的革命》，张新木等译，南京大学出版社2008年版，“序言”第4页。

为‘这不是剥夺，而是更富裕地剥夺’”[①]。在商品生产和交换市场中，从表面上看，所有人都是自由的，资本家组织商品生产，劳动者自愿出售自己的劳动，然后是公平的市场之神用看不见的手掷骰子来显示平等，可真相却是，“在日常行为中，在每时每刻中，在人们时时审视自己的行为中，每次都会发现骰子已经被做了手脚，人们一如既往地被人玩弄”[②]。如果说，马克思发现了资本家正是在这种看不见的骰子游戏中拿走了无偿劳动创造的剩余价值，那么今天的瓦纳格姆，则是发现了资产阶级日常生活中发生的掷骰子骗局：景观操纵了消费品流通的掷骰子。更重要的方面，人们并不知道，自己的日常生活也在这种商品-市场交易中变成了表面上活着，实质上却已经死去的苟生，“现今的生活（vie）已经被商品的循环（cycle de la marchandise）变成了苟生（survie），而人类在生产商品的同时，又按照商品的形象在复制（reproduisant）自身”[③]。这是瓦纳格姆对苟生概念最重要的说明之一。苟生不是达达主义和超现

---

① Guy Debord, *Œuvres*, Paris, Gallimard, 2006.p.928.

② ［法］鲁尔·瓦纳格姆：《日常生活的革命》，张新木等译，南京大学出版社 2008 年版，“序言”第 5 页。

③ ［法］鲁尔·瓦纳格姆：《日常生活的革命》，张新木等译，南京大学出版社 2008 年版，“序言”第 7 页。中译文有改动，参见 Raoul Vaneigem, *Traité de savoir-vivre à l'usage des jeunes générations*, Paris, Gallimard, 1992.p.16。

实主义所反对的一般生活的抽象麻木惯性，而是商品法则构序和塑形日常生活的结果，日常生活场境在自动复制商品赋型法则。比如社会的"麦当劳化"(McDonaldization，里茨尔语)。[①] 这是马克思撰写《资本论》时所面对的自由资本主义，以及"剥夺者将被剥夺"的共产主义宣言的背景，只是瓦纳格姆更关注商品逻辑对日常生活本身的赋型。我不得不说，瓦纳格姆的上述分析是令人吃惊的。对一个诗人而言，理论逻辑基本正确，且不乏深刻的透视感。并且，瓦纳格姆并没有意识到，他作为理论出发点的个人主体性的"我"，也正是由上述经济关系构式和塑形的。他宣称的"唯我论"，恰恰是会碰碎在这种资产阶级商业赋型起来的冰冷现实上的。

另一方面，当代资本主义发展中的**多重断裂性转折**，这是宏观历史分析了。在瓦纳格姆看来，"当今世界三十年中所经历的动荡要比过去数千年中经历的还要多"[②]，当代的资本主义已经大大不同于马克思当年在《资本论》中批判的那个自由资本主义。这个口气与写作《景观社会》的德波如出一辙。他们总是标榜自己面对资本主义社会

---

① [美] 里茨尔:《社会的麦当劳化》，顾建光译，上海译文出版社 1999 年版。

② [法] 鲁尔·瓦纳格姆:《日常生活的革命》，张新木等译，南京大学出版社 2008 年版，"序言"第 4 页。

发展中新问题的理论姿态。他认为，今天资产阶级世界中出现了多重断裂性的转折：

> 商品经济体系主要是从普及的消费（consommation généralisée）中谋取更大的利益，而不是从生产中获益，它加快了从专制政治到市场诱惑（séduction de marché）的过渡，从储蓄走向浪费（gaspillage），从清教主义变成享乐主义，从对土地和人力的绝育性开发转向对环境的盈利性重建（reconstruction lucrative），从重资本轻人力转向把人力看作最珍贵的资本。①

如果我们缺失了20世纪战后欧洲资本主义社会的具体现实背景构境，这就会是一段很难理解的批判性文字。依我的理解，其新的理论构境中有这样几个重要断言：一是资产阶级对剩余价值的盘剥，已经从传统马克思关注的生产领域中的劳动抽象转向消费中的大众“多买”，通俗地说，如果马克思原来在《资本论》中集中讨论了资本家对绝对剩余价值和相对剩余价值的生产，那么，今天资产阶级的经济策略则是转向福特主义之后膨胀性消费中“让工人

① ［法］鲁尔·瓦纳格姆：《日常生活的革命》，张新木等译，南京大学出版社2008年版，“序言”第4页。

买得起汽车”。这也是德国大众汽车品牌的缘起。[①] 这里，当然暗喻着上面他所提出的**生产与消费关系的逻辑倒置**。这与鲍德里亚在《消费社会》中的观点是同质的。如果说，生产是客观的，那消费则与主体的选择相关。这也是瓦纳格姆指认资产阶级的掷骰子骗局再一次从生产领域回转到消费活动中来的构序意向。在这一点上，我当然会有不同意见。固然，当代资产阶级是通过控制欲望拉动消费，以维持生产的规模和持续，但这并不意味着资本家对劳动者剩余价值的盘剥会从生产领域回转到流通过程。消费绝不会直接创造财富。二是资产阶级在统治方式上，由传统的“专制政治”向**市场诱惑**转变，这一点与第一点相关联，通过制造欲望，虚假地扩大内需以鼓励人们更多地消费，这使得人们的主体选择成为**伪需要**，当人们更多的注意力为疯狂的购买所吸引时，就实现了今天资产阶级最重要的**去政治化**的统治方式。这一点是深刻的。三是在今天的资本主义生活方式中，出现了“从储蓄走向浪费，从清教主义变成享乐主义”[②]的转换，吝啬、节省和存钱已经成

① 大众汽车，德语为 Volkswagen，“Volks”在德语中意为“国民”，“Wagen”在德语中意为“汽车”，全名意即“国民的汽车”，故又常简称为“VW”。大众汽车公司 1938 年创建于德国的沃尔斯堡，希特勒提出，要让每一个德国人都拥有一辆自己的车。

② [法] 鲁尔・瓦纳格姆：《日常生活的革命》，张新木等译，南京大学出版社 2008 年版，“序言”第 4 页。

为被耻笑的对象，根本的改变是在迅速死亡的商品的无穷浪费中，“经济完成了它自身从顶峰到消亡的循环。它抛弃了生产的专制清教主义，倒向以个体满足和盈利为目的的市场”①，维持市场的良好胃口，这就使韦伯表彰的资本主义清教伦理被醉生梦死的苟生式的**享乐主义**击穿。四是从目光短浅地对自然与人的破坏性的掠夺——“绝育性开发”转向**再生式的生态赢利**，即瓦纳格姆所指认的“生态的新资本主义投资”(investit le néo-capitalisme écologique)。他新的追问是：“生意的生态性转换”怎样通过金钱线编织的谎言羞羞答答地促进着对生者的保护，并且禁止个体的人们重新共同创造他们的欲望和环境？五是人力资本高于物性资本，可是，马克思曾经诅咒过的这个与风车和马力并置**物性人力**恰恰是苟生中的非我。人为什么成为非主体性的客体人力资本，他们的生命存在样式就是物化的苟生，依瓦纳格姆的看法，这正是由于“福利国家(welfare state)通过众多和苦涩的安慰曾经向他们掩盖了这种苟生状态”②。福利国家，是 20 世纪二战之后发达资本主义国

---

① ［法］鲁尔·瓦纳格姆：《日常生活的革命》，张新木等译，南京大学出版社 2008 年版，“序言”第 6 页。

② ［法］瓦纳格姆：《日常生活的革命》，张新木等译，南京大学出版社 2008 年版，“序言”第 3 页。中译文有改动，参见 Raoul Vaneigem, *Traité de savoir-vivre à l'usage des jeunes générations*, Paris, Gallimard, 1992. p.11-12。

家普遍采用的新型社会支配方式,较高工资、大量社会保障和服务系统,使资产阶级的奴役增添了多重甜蜜的外壳。说实话,看到瓦纳格姆上述这些观点,真的不太相信自己的眼睛,因为我似乎看到是深刻的哈维和奈格里在言说,但这的确是主观唯心主义者的瓦纳格姆的精神分裂式的话语。他上述关于当代资本主义最新发展的讨论,完全是接近历史唯物主义的客观历史分析。这也是我被他迷住的原因之一。情境主义国际的重要成员约恩曾经在1960年出版一本《政治经济学批判》(*Critique de la politique économique*)①的著作,其中,他不自量力地全面批评马克思的政治经济学"过时了"。可他自己提出的观点却是违反经济学学识的,根本不值得反驳。瓦纳格姆这里的分析,与约恩的肤浅形成生动的对比。

3. 消费意识形态的脑浆搅拌与景观万花筒

资产阶级之所以能够将人的日常生活构式为苟生,很

---

① *Textes et Documents Situationnistes*(*1957－1960*), Paris, Allia, 2004. pp.156-189.约恩的这部作品先在比利时出版,封面第3页写着"这是'情境主义国际报告'系列的第二步"。意思是,约恩是在德波的《关于情境构建以及情境主义国际倾向的组织和行动之条件的报告》之后的第二个重要报告。

关键的一个方面，是新型消费意识形态装置和景观的塑形作用。首先，是当代资本主义社会中**消费意识形态的脑浆搅拌**。瓦纳格姆认为，资产阶级贩卖的自由主义从一开始就是一种骗局。因为，所有"**主义**的世界(Le monde des *ismes*)，不管它涵盖整个人类还是每个特定的个体，从来都是一个抽掉了现实的世界(monde vidé de sa réalité)，是一种实实在在但又可怕的诱惑谎言(mensonge)"①。"抽掉了现实的世界"这一观点，也是偏离了瓦纳格姆"唯我论"的逻辑。应该专门指认，这里在瓦纳格姆思想构境中反复出现的唯心主义构式与从现实出发的唯物主义线索，不同于青年马克思《1844年经济学哲学手稿》中的显隐"双重逻辑"，在那里，主人话语的人本主义异化史观与正在生成的从现实出发客观逻辑构式处在一个相互消长的无意识对置之中。而在瓦纳格姆这里，新人本主义的主观唯心主义构式与同时出现的唯物主义逻辑，却是同体分立的，然而，瓦纳格姆对这种精神分裂式话语并置却毫无痛感。资产阶级总是伪饰自己的意识形态是普世价值，但其实不过是一个以空无为基础的谎言。并且，这种诱惑到了"后来的消费社会(société de consommation)又贩卖了千千万万种

---

① [法]鲁尔·瓦纳格姆:《日常生活的革命》，张新木等译，南京大学出版社2008年版，第7页。参见Raoul Vaneigem, *Traité de savoir-vivre à l'usage des jeunes générations*, Paris, Gallimard, 1992.p.30。

碎片式意识形态(milliers d'idéologies parcellaires),那都是一些便携式脑浆搅拌机(machines à décerveler portatives)"①。这里的"便携式",对应于瓦纳格姆的日常生活苟生碎片。这种微观的意识形态装置,显然不同于之后阿尔都塞在《论再生产》(*Sur la reproduction*)②一书中讨论的家庭、教会和学校那样一些"国家意识形态装置"(*Appareils Idéologiques d'Etat*)。这是说,在资产阶级新生成的消费社会中,单一的"自由主义"被碎片化为千千万万种意识形态的碎片,这些不是宏大叙事的小故事,不过是新型的**脑浆搅拌机**。这其实已经昭示了后来的所谓后现代思潮。这里,"脑浆搅拌机"这样具象和生动的形容词,恐怕只有诗人才能想得出来,而消费社会则是一个全新的重要概念,这是瓦纳格姆对资本主义社会的重新定位,它与

---

① [法]鲁尔·瓦纳格姆:《日常生活的革命》,张新木等译,南京大学出版社 2008 年版,第 8 页。中译文有改动,参见 Raoul Vaneigem, *Traité de savoir-vivre à l'usage des jeunes générations*, Paris, Gallimard, 1992. p.30。

② 1969 年 3—4 月,阿尔都塞计划写一部两卷本的理论著作,第一卷探讨资本主义生产关系的再生产,第二卷探讨资本主义社会形态中的阶级斗争。其中,《论再生产》是该计划的第一卷(计划中的第二卷并没有完成)。《论再生产》作为阿尔都塞最重要的遗稿之一,由雅克·比岱(Jacques Bidet)根据保存于当代出版纪念研究所的两份手稿整理而编辑成书,1995 年 10 月由法国大学出版社首次出版,2011 年 10 月被收入"今日马克思:交锋"丛书再版。此书的中译本由吴子枫翻译,西北大学出版社 2019 年出版。

德波的"景观社会"一同成为资产阶级社会定在[①]**新的本质规定**。不久，鲍德里亚就写下了著名的《消费社会》(*La société de consommation*，1970)，并在《符号政治经济学批判》(*Pour une critique de l'économie politique du signe*，1972)中将德波的**景观拜物教**升级为**符码拜物教**。[②]

在瓦纳格姆看来，消费社会中出现的这种碎片式的脑浆搅拌，其现实基础就是已经重新构序了资产阶级日常生活的消费意识形态的物性践行：

> 经济在不停地促进更多的消费，而不停地消费，就是以更快的节奏(rythme accéléré)去改变幻觉，去渐渐分解变化的幻觉。人人处于孤独之中，没有任何变化，封冻在空洞之中，这种空洞产生于瀑布般涌来

---

① 历史唯物主义的基本原则是社会定在决定意识，并非传统教科书解释框架中所言的"社会存在决定社会意识"。马克思在德文原文中使用定在(Dasein)、社会定在(Gesellschaftliches Dasein)和定在方式(Daseinsweise)这三个关键概念，在从德文转译为俄文，再从俄文转译为中文中全部翻成了存在、社会存在和存在形式，这种误译隐藏了历史唯物主义思想与思想史上一些至关重要的资源的关联，更遮蔽了马克思关于"社会定在决定意识"这个重要的历史唯物主义的深层构境。参见拙文：《马克思：历史唯物主义中的社会定在概念》，《哲学研究》2019 年第 6 期；《定在概念：马克思早期思想构境的历史线索》，《中国社会科学》2019 年第 9 期。

② 关于鲍德里亚的《消费社会》和《符号政治经济学批判》的讨论，可参见拙著：《反鲍德里亚——一个后现代学术神话的祛序》，商务印书馆 2009 年版，第 1 章。

的**小玩意**(*gadgets*)、大众汽车和**袖珍书**(*pocket books*)。①

今天,资产阶级新型的社会控制方式是大量地鼓励消费,传统的自由、平等、博爱的意识形态幻觉,被更快节奏的“买、买、买”的变易生存中的消费意识形态幻觉所分解,在这种不断翻新和改变的小玩意和快餐式商品的购买中,苟生人在追逐“幸福生活”的无尽买进—扔掉的虚无苟生中,无意识地臣服于资本。同时,他们相遇却不相识,只是在同一品牌的流行商品抢购和炫耀性消费中构序出苟生的共在,仍然处于相互的隔膜和孤独的新型生命政治的治安认同之中。还需要辨识的是,这里瓦纳格姆多处使用的节奏(rythme)概念,是他从列斐伏尔处获得的重要范畴②,德波也曾经用“永不工作”(Ne travaillez jamais!)来拒绝资产阶级劳作时间的奴役性生存节奏。在此,瓦纳格姆用时尚消费品的**快速赴死节奏**来深化德波的劳作节奏批判。

---

① [法]鲁尔·瓦纳格姆:《日常生活的革命》,张新木等译,南京大学出版社 2008 年版,第 8 页。中译文有改动,参见 Raoul Vaneigem, *Traité de savoir-vivre à l'usage des jeunes générations*, Paris, Gallimard, 1992. p.30。

② 1991 年列斐伏尔去世后,他的最后书稿《节奏分析要素:节奏知识导论》出版。Henri Lefebvre, *Éléments de rythmanalyse: Introduction à la connaissance des rythmes*, preface by René Lorau, Paris, Ed. Syllepse, 1991.

其次,**景观拼接和塑形起来的幻觉万花筒**。瓦纳格姆认为,资产阶级的消费社会同时也是一个以景观建构起来的虚幻世界。依德波的描述,即"在景观中,所有的社会生活和人为的革命的再现都被写在权力充满谎言的语言中,被机器所过滤。景观是宗教在尘世中的继承者,是在商品的'丰腴社会'的资本主义鸦片,是在'消费社会'中被实实在在消费的虚拟"[①]。在一定的意义上,景观正是消费意识形态的内部生成机制。用虚假欲望满足所生成的商品的消费世界驱动力,实质上是一种景观图像和信息的拼接万花筒。瓦纳格姆说,今天的资本主义

> 物质富裕的国家是一个观淫癖(voyeurisme)的国家。每个人都可以用他的万花筒(kaléidoscope)去看;只需手指轻轻转动,图像(image)就起了变化。人们干什么都能获益:两台冰箱、多菲纳轿车[②]、电视机、职业升迁、休闲时间等。然后是千篇一律的看过的图像占据上风,与激发它们的单调动作相一致,在拇指和食指轻轻地转动中,万花筒重复着这些图像。[③]

---

① Guy Debord, *Œuvres*, Paris, Gallimard, 2006. p. 688. 中译文参见刘冰菁译稿。

② 多菲纳轿车(la Dauphine),法国雷诺汽车公司在 20 世纪 50 年代推出,60 年代盛行的一款轿车。

③ [法] 鲁尔·瓦纳格姆:《日常生活的革命》,张新木等译,南京大学出版社 2008 年版,第 8—9 页。

其实,瓦纳格姆在20世纪90年代初的这一表述,在当时,景观万花筒主要还是指资产阶级利用平面媒体、广播电视和电影建构起来的景观世界。这里的发生机制根本不用解释,我们甚至也不需要使用“观淫癖”这样难听的话,只是将此处的万花筒直接换成今天的智能手机,人们在“脸书”和“推特”上的“拇指和食指轻轻地转动”中,就会遭遇**远程登录的数字化资本主义景观万花筒**。当然,这里已经不仅仅是冰箱、电视、轿车和职业升迁的诱惑,而是名牌、豪车、独幢别墅和CEO的景观幻象滚动。瓦纳格姆告诉我们,这种由无尽的虚假图像和信息群建构起来的景观社会,

> 渐渐形成一种幻觉(illusion),而这种失去吸引力的幻觉每天都越发令人作呕。这种动作由于充满了耀眼的想象性补偿(compensations imaginaires)而变得微不足道和平淡无奇,又因为充满了高级的炒作(hautes spéculations)而成为意义贫乏的动作,它们像什么都能做的奴才,以“粗俗”和“平淡”的委曲身份出现,是如今已经解放了的但已经很虚弱的动作,时时都有重新迷失的可能,或在虚弱的重力下死去。①

① [法]鲁尔·瓦纳格姆:《日常生活的革命》,张新木等译,南京大学出版社2008年版,第9页。

在消费意识形态建构起来的景观图像群中，无处无时不在的广告铺天盖地的在场，这种根本不是针对人的主体意识的伪欲望引诱，以明星艺人和运动健将的耀眼出场为想象性补偿，将幻觉建构在人的无意识结构之中。今天，我们可以看到一群一线影视明星和体育健将为可乐产品站台，我们喜爱的歌手和“大哥”为数码相机吆喝，一旦这种炒作变得令人厌烦时，新的幻觉总是即时换角，可怜的明星“像什么都能做的奴才，以‘粗俗’和‘平淡的委曲身份出现”，为马桶、瓷砖甚至卫生巾代言，以维持这些消费幻觉的更新换代。我们在众多建材市场大门口的巨型广告上，时常可以看到他(她)们厚着脸要钱的身影。瓦纳格姆提高嗓门说：“再也没有什么令人惊奇的东西了，这就是悲剧!”①

4. 红色“五月风暴”：走向诗意生活的革命

瓦纳格姆认为，如果说马克思原来的“‘消灭剥削者’的古老口号不再在城市中回响，那是因为另一种呐喊已经取代了它，这是来自童年的呐喊，发自更为纯朴的热情的呐喊，并且表现出它的坚强毅力：‘生活高于一切物(La vie

① [法]鲁尔·瓦纳格姆：《日常生活的革命》，张新木等译，南京大学出版社2008年版，第9页。

avant toutes choses)!'"[①]为什么是"童年的呐喊",我们后面再细说,此处可以先将其视作未被资产阶级景观教化的本真生活态。这里需要提醒,此处高于一切物的 vie 不是资产阶级的苟生,而是列斐伏尔、德波和瓦纳格姆所推举的"让日常生活成为艺术"的**诗意地活着**。

在写于 1991 年的"第二版序言"中,瓦纳格姆很强势地说,如果在《日常生活的革命》出版的时候,对"苟生概念进行活体解剖还是一种地下活动"[②],那么到了 1968 年的红色"五月革命"爆发时,传统马克思主义原先设定的资本主义社会定在基础的物质生产逐渐在失去它的基始性地位。在瓦纳格姆看来,"1968 年公开地突出了经济线(ligne économiquement)的断裂点(le point de fracture),这条经济线千百年来描绘着人类个体的命运"[③]。经济线的断裂,是宣称传统马克思主义那种关注物质生产和经济力量观点的破产,因为这种经济线断裂的实质,是今天资产阶级新的"消费经济吸收了生产经济(l'économie de consommation absorbant l'économie de production),对劳动力(force

---

① [法]鲁尔·瓦纳格姆:《日常生活的革命》,张新木等译,南京大学出版社 2008 年版,"序言"第 3 页。

② [法]鲁尔·瓦纳格姆:《日常生活的革命》,张新木等译,南京大学出版社 2008 年版,"序言"第 2 页。

③ [法]鲁尔·瓦纳格姆:《日常生活的革命》,张新木等译,南京大学出版社 2008 年版,"序言"第 3 页。

de travail)的剥削被包含在对日常创造性(créativité quotidienne)的剥削之中”[①]。在这个断言中,瓦纳格姆指证了一个重要的改变,即在当代资本主义的经济发展,**消费已经先在于并引导着生产**,这颠倒了马克思历史唯物主义中的关键性原则,同时,剩余价值的来源也**从体力劳动的活劳动转向了日常生活中的创造力**,这修正了马克思的政治经济学的核心。这的确是一种断裂,由此,资本主义走向了**消费社会**。在瓦纳格姆看来,“五月风暴”正是验证这种断裂的试金石。其实,这是一种幻象。固然当代资本主义社会的发展出现了大量新的现象,比如通过制造虚假的欲望引导无节制的疯狂消费,进而保证生产的规模和持续,这的确是资产阶级根据经济发展的需要对自身生产方式所进行的重要调整。但它并没有根本改变历史唯物主义的基本原则,因为资产阶级制造虚假消费的目的,还是要回落到物质生产过程中的劳动价值创造。真问题的入口,应该是日常生活中疯狂消费背后的新型劳动生产和剩余价值新来源的思考,因为消费和日常生活本身从来不会直接创造财富。

---

① [法]鲁尔·瓦纳格姆:《日常生活的革命》,张新木等译,南京大学出版社 2008 年版,第 10 页。中译文有改动,参见 Raoul Vaneigem, *Traité de savoir-vivre à l'usage des jeunes générations*, Paris, Gallimard, 1992.p.32。

NON AU COMMUNISME

SANDWICHS VARIES
TABAC
La Flamande

红色“五月风暴”

瓦纳格姆有些得意地说，“1968 年的五月革命最终澄清了革命的本质，即革命者对自身(eux-mêmes)进行着持久的革命，以实现生活的至高权威(souverainete)”①。他的意思是说，今天的革命本质，已经显然不同于十月革命的社会政治质变，新型革命的本质恰恰是要针对资产阶级景观控制和消费意识形态所殖民的日常生活苟生，重新铸就诗意活着的“至高权威”，让想象力夺权！

瓦纳格姆从“五月风暴”中看到，学生和工人们开始“面对现实，致力于让欲望细化的运动，关注生活的日常琐

① ［法］鲁尔·瓦纳格姆：《日常生活的革命》，张新木等译，南京大学出版社 2008 年版，“序言”第 4 页。

"让想象力夺权"

事,把生活从消耗它毁灭它的东西中解放出来"[①]。这的确是新的斗争方向和攻击点。新的革命者"在砸破玻璃橱窗的同时,反抗者表现出对商品的拒绝"[②],红色"五月风暴"的革命本质并不想从外部简单地推翻资本主义经济,而是要从革命者自身内部入手,即"学会活着绝不是学会苟生"(qu'apprendre à vivre n'est pas apprendre à survivre)。[③] 显而易见,这就是《日常生活的革命》的主旨。在瓦纳格姆

---

① [法]鲁尔·瓦纳格姆:《日常生活的革命》,张新木等译,南京大学出版社2008年版,"序言"第6页。

② [法]鲁尔·瓦纳格姆:《日常生活的革命》,张新木等译,南京大学出版社2008年版,"序言"第3页。

③ [法]鲁尔·瓦纳格姆:《日常生活的革命》,张新木等译,南京大学出版社2008年版,"序言"第1页。中译文有改动,参见Raoul Vaneigem, *Traité de savoir-vivre à l'usage des jeunes générations*, Paris: Gallimard, 1992.p.9。

开心的情境主义艺术家群像

看来，这里的非苟生地活着，也就是情境主义国际所推崇的**建构情境**（*construire des situations*）！它将是一种热忱，也就是要摘掉景观铸成的“负面的黑色眼镜”（lunettes noires du négatif），“我们每个人都按照自己生存状态的命运来体验”①。这就是瓦纳格姆那个唯心主义的“我”出场的历史必然。

我们可以在这本书中看到，瓦纳格姆常常拒斥理论概念构架，拒斥大写的作为类的“我们”，而以第一人称的“我”直接出场。特别是在他谈及新型的革命主体性时，这

① ［法］鲁尔·瓦纳格姆：《日常生活的革命》，张新木等译，南京大学出版社 2008 年版，“序言”第 3 页。

种带着“唯我论”色彩的个人主体就会挺身而出。所以，我们经常会看到这样的句式：“我情愿在欲望之上建立一种清醒，让它每时每刻都照亮着生者抵抗死亡的战斗，更加肯定地展现商品日渐衰落的逻辑。我要培养一种日趋高涨的热情，要从我的生活中除去那些妨碍它消耗它的东西。”①这与施蒂纳、克尔凯郭尔和尼采的**新人本主义**思想家的文本写作方式有着惊人的相似之处。孤立的“我”，只要站在清醒过来的本真欲望之上，就可以战胜资产阶级的商品逻辑构式，只要心中燃烧着“日趋高涨的热情”，就一定可以从日常生活中清除掉苟生的镣铐，重回诗意地活着。可五十年过去了，瓦纳格姆的诗境虽仍然美丽，但布尔乔亚的景观黑夜却依旧漫长。

① ［法］瓦纳格姆：《日常生活的革命》，张新木等译，南京大学出版社 2008 年版，“序言”第 7 页。

第二章

他者幸福：日常生活中的微观异化薄片

不同于马克思在宏大经济政治关系背后中揭示出来的"异化"，瓦纳格姆在《日常生活的革命》的开始，就将列斐伏尔在《日常生活批判》中已经提出的资产阶级日常生活的"小事情异化"，进一步再切割为更加细小的生存薄片。他发现，在资产阶级景观故意制造出来的各种他者欲望的无形诱惑和隐性操纵中，日常生活苟生中的人都在发疯一样追逐自己的"成功"和幸福生活，从而在孤独的平庸苟生中慢慢地流血、在甜蜜而麻木的窒息中死去。

1. 平庸的日常生活：瞬间发生的小事情异化薄片

德波说过："非批判的日常生活（La vie quotidienne non critiquée），意味着接受了当下腐败的文化和政治形式的延续。"①这恐怕是今天资产阶级世界中大多数普通人的

① Guy Debord, *Œuvres*, Paris, Gallimard, 2006. p. 574. 中译文参见刘冰菁译稿。

生存状况。我们都知道,对于现代资产阶级日常生活的批判性反思,肇始于列斐伏尔写于 1945 年的《日常生活批判》(*Critique de la vie quotidienne*)[①],在他那里,日常生活主要是指发生在普通个人生活中不起眼的**客观场境行为**,如一位妇女去超市购物,从推起购物车开始,到选择商品,再到最后付账的整个过程,然后,列斐伏尔去分析发生在这个**卑微的事件**(L'humble événement)中人们看不见、摸不到的消费关系异化,因为——妇女在伸手去取商品的时候,她绝不会拿广告宣传使其成为知名品牌之外的其他物品。列斐伏尔还专门界定说,"真实的劳动者的日常生活是一种用生命、活动和肌肉,以及一种他的主人们共同寻求让他减至最低限度或转到与世无争境地的意识——以不幸福的方式表现出来的商品生活"[②]。这是十分难懂的一段话,其意思是说,原先马克思关注的劳动生产过程之外,资本家仍然盘剥了劳动者的日常生活,社会关系深嵌于生活场境之中。显然,列斐伏尔的日常生活批判,是在将青年马克思在《1844 年经济学哲学手稿》中对资产阶级雇佣制度中劳动关系的异化批判,微观化为日常生活中的

① 此书出版于 1947 年。Henri Lefebvre, *Critique de la vie quotidienne*, Paris, L'Arche, 1947.

② [法] 列斐伏尔:《日常生活批判》(第 1 卷),叶齐茂等译,社会科学文献出版社 2018 年版,第 131 页。

琐碎客观事件的异化。在这里，并非是马克思声讨的资产阶级雇佣关系直接在发生作用，奴役人的“主人们”往往是无脸的商品构式。

可以看到，诗人瓦纳格姆正是从列斐伏尔这种日常生活琐事(trivialité quotidienne)异化开始自己的分析的。他先是类比了一个生活场景，即卢梭在一个小镇上突然遭到“一位粗野市民的羞辱”[①]，一时间手足无措，竟然无言以对的故事。他所使用的“trivialité”一词在法文中就是粗话的意思。

> 这是一种变薄了的、稀释了的和碎化了的(amenuisée, diluée, émiettée)遭遇，是一步之间、一个目光之间、一闪念之间的遭遇，其经历就像是一次小小的碰撞(petit choc)，一闪而过的疼痛，是知觉几乎感觉不到的疼痛，它在精神上只留下一个没有声响的愤怒(irritation)，而且很难发现它的根源。[②]

卢梭偶然被骂，在他的内心留下一种小小的愤怒，可

① [法]鲁尔·瓦纳格姆：《日常生活的革命》，张新木等译，南京大学出版社2008年版，第15页。

② [法]鲁尔·瓦纳格姆：《日常生活的革命》，张新木等译，南京大学出版社2008年版，第15页。

能它不久就会被遗忘。这就像我们在行走时与他人不小心碰撞，一个电梯中无意的对视，行车中被别车生成的路怒，那些发生在我们日常生活中的遭遇。这些生活小事情场境，瞬间发生，也会瞬间消失，但它们却是社会生活本身构式的基础。我们仍然需要注意，瓦纳格姆从一开始就在将列斐伏尔的日常生活批判往**个人主体间关系中的主观情境**上拉扯，所以，他用美文学和话语呈现出来的日常生活，大多表现为细微的不被注意的个人主体行为交往场境和**主观心理交流**构境。在这一点上，已经偏离了列斐伏尔单纯的客观生活场境。瓦纳格姆说，在日常生活中人们之间随意发生的言行构式和塑形关系往往是我们不在意的，像碎片一样出现在主体间交往的小事情常常一发生就消失并被忘记，可它们却是日常生活的基本元素。在所有普通的日常生活中，人们

> 说的话，做的动作，投来的目光，互相混合，互相碰撞，偏离它们的奔跑方向，像流弹那样迷失了方向，但由于它不断地引起精神紧张，使得杀伤力更加可靠。我们只是在避开我们身上令人难堪的话题；就像这些手指（我是在一家咖啡馆的露台上写这段文字的），这些向前推小费硬币的手指，还有服务员拿小费的手指，而我们两个人的面孔正注视着这一切，像是

要掩盖(marques)心照不宣的无耻行为(infamie),而脸上表现出来的若无其事的表情又是何等的完美!①

生活中的一个看似简单的动作、一句不经意的话、一个复杂的目光,有时,它们在日常生活中的出现是下意识发生的,甚至也不是列斐伏尔所指认的生活中与商业关系发生关联的行为,但就是这些微不足道的生活场境瞬间,在瓦纳格姆看来,却极其深刻地映射着当下的社会关系。例如,瓦纳格姆在咖啡馆中给服务生小费,这会是西方社会日常生活中最普通的场景,他自己用手指在桌上将几个硬币**并不情愿地**推出去,而服务生见到并不是特别多的小费,**内心不快地**(甚至脑海中突然闪现一句骂人的话)用手指拿起这几枚硬币,这一瞬间发生的小事情,可能在几秒钟后双方都会忘记。对服务生来说,这可能会是他今天心情不好的一个积累性构境因素。可是,瓦纳格姆说,就是在这一瞬间发生的小事情薄片中,人与人之间真实交流的构境关系是不在场的。瓦纳格姆与服务生在这一瞬间完成的是一件**商品交易**附属小事,因为瓦纳格姆喝了咖啡并已经支付了咖啡的钱,这是一件市场-商品经济交换构式

① [法]鲁尔·瓦纳格姆:《日常生活的革命》,张新木等译,南京大学出版社2008年版,第16页。

强制下完成的经济事件(如列斐伏尔所讨论的超市购物),之后,他却必须在刚性的市场逻辑(法制)之外向服务生额外支付一种生活习俗中约定的**弹性费用**,这个弹性很可能是与自己的主观心情相关,在通常情况下,想多收到小费的服务生在收到较少的小费时都不会开心,但给钱少的瓦纳格姆和服务生则会一脸"若无其事"地掩盖这种复杂的"可耻的"心理活动。在瓦纳格姆看来,这"给人与人之间的关系烙上一种扭着腰跛着行的猥亵式节奏"①(rythme obscène)。列斐伏尔的最后一本书,就是讨论人在真实活着中不猥亵的节奏。② 如果说,马克思揭露了在咖啡商品交易中,直接的人与人的劳动关系颠倒成了事物化③为事

---

① [法]鲁尔·瓦纳格姆:《日常生活的革命》,张新木等译,南京大学出版社2008年版,第15—16页。

② Henri Lefebvre, *Éléments de rythmanalyse: Introduction à la connaissance des rythmes*, Paris, Ed. Syllepse.1991.

③ 在马克思那里,事物化(Versachlichung)是指在资本主义生产方式中,人与人的直接社会关系颠倒地表现为事物与事物之间的关系,Versachlichung是一个客观发生在资本主义商品-市场经济过程中的关系颠倒事件;同时,他还进一步将这种物的关系(社会属性)被人们错认为对象的自然属性的认知误认现象称之为"事物化"。由此,经济拜物教的三个主观构境层,分别对应商品的社会属性向自然物性的假性转移——商品拜物教(这是广松涉所指的主观错认Verdinglichung)、人与人的直接劳动关系在商品交换(事物与事物的关系)的历史进程中现实抽象为独立主体化的价值形态——货币拜物教(它面对的价值形态不是主观错认,而是客观的Versachlichung的社会定在)、G-G'中达到事物化关系的再神秘化——资本拜物教的最高点。

物与事物的金钱关系，列斐伏尔可能会透视，选择什么品牌的咖啡中所存在的资产阶级消费意识形态的隐性支配问题，而在瓦纳格姆这里，这种事物化则连带着生发出一种更恶心的**主观异化构境**，它使人不起眼的生活细节和所有言行，像已经事物化的物性构序关系一样猥亵式地跛行。资产阶级的事物化颠倒，让整个人的生存世界都变了味，日常生活塑形的一切细小碎片都会散发出铜臭。很多年以前，赫斯就在批判资产阶级的金钱本质时，说到雇佣关系之下的人“为了能活下去，每一次心跳都必须先加以变卖”，“除了被变卖、被拍卖的人以外，没有其他实际的人的地方”。[①] 这里，瓦纳格姆说，“从束缚的角度来看，日常生活受制于经济体制”(la vie quotidienne est régie par un système économique)[②]，他觉得，这个小小的手指之交，恰恰是资产阶级商品交换原则在日常生活中薄片式的实现。不难发现，诗人在将列斐伏尔的“小事情异化”变得更加**毛细血管化**。这些地方，瓦纳格姆比列斐伏尔写得精彩。可能，这也是德波肯定的地方。

瓦纳格姆列举的第二个日常生活小事异化，是我们每

---

① [德] 赫斯：《论货币的本质》，《赫斯精粹》，邓习仪编译，南京大学出版社2010年版，第152页。

② [法] 鲁尔·瓦纳格姆：《日常生活的革命》，张新木等译，南京大学出版社2008年版，第16页。

瓦纳格姆与德波在咖啡店

天都会遇到的握手(La poignée de main)。当然,这是西方礼仪文化中的交往方式,在中国的过去,人们在日常生活中相遇主要会是没有身体直接接触的作揖、跪拜等方式。这又是我们时常在生活中都能遭遇的小事情,虽然握手并非直接的商品交换,但在这里,瓦纳格姆让我们关注握手中悄悄对象化的**心理交换**(*s'échange*)。这还是在揭示生活主体际交往发生的小事情中隐匿和渗透的资产阶级经济-政治制度。显然,在亲人和恋人之间是没有握手的,交流可能会发生在自然的拥抱和亲近的眼神交会中,握手也可以是在学生对先生的初识敬畏中,或者是在人与人的初识相遇中,然而,瓦纳格姆这里所说的握手,是指当代资产阶级社会交往和商业活动中发生的瞬间小事——一个交往动作。他认为，在这种人们都习以为常的握手中，会是“社会契约的最为简化的形式”（la forme la plus simplifiée du contrat social），那一瞬间，

> 人们的双眼变得模糊不清，好像它在猜测着对面瞳孔中射出的目光，看到对方那空空的没有心灵的目光。一旦他们的目光相遇时，便立刻避开，滑向别的地方，他们的目光在空中的某个虚拟点（point virtuel）互相交叉，勾画出一个三角形，其开口处表示着他们的分歧，表示着他们从心底感受到的不和之处。①

诗人瓦纳格姆的文本中，凡是应该出现理论描述的地方，通常都会出现文学的话语，感性而细腻，但仔细去体悟，却会突显出一种深刻的批判性认识论构境。在他看来，无产者日常生活中不会出现的资产阶级生意场和官场上发生的每一次握手，在内在统觉场境存在中都会是一个极其复杂的中介性关系系统的赋型。这种看似简单的握手，在瓦纳格姆眼里则呈现出这样几个相互关联的主观构

① ［法］鲁尔·瓦纳格姆：《日常生活的革命》，张新木等译，南京大学出版社 2008 年版，第 20 页。

境层：一是此时的交流，人们的双眼会变得模糊不清，因为被握手的人此时并不是人，而是金钱或者权力的人格化，双眼模糊是指“他（她）是谁并不重要”，握手是握着金钱（老板）和权力（官员）的把手，当然这种构序关系也是可以倒置的，即握着来跪拜金钱和权力的手。二是在这种眼神对视中，双方都投射出“没有心灵的目光”，心灵的目光往往只出现在亲人、恋人和真正的朋友之间，而这种商业性和政治性的握手中，人们的目光对视是不走心的，双方的目光投射都经过了复杂交易关系的中介和塑形，投射出某种猜测：“他有没有在这场交易中骗我？”“他的钱真能打给我吗？”或者“他真能提拔我？”“他会真心臣服于我吗？”对双方来说，这个异化的心理场境甚至会是下意识发生的。三是这种不真心的握手中的目光对视，往往会迅速移开，在这种移开中，上述第二构境却会在一个看不见的虚拟点上相交，这就是看不见的生意场和权力场的游戏规则和社会契约机制，往往这些资本和权力人格化的经济动物或政治动物之间，根本上是“人对人是狼”“他人对我即地狱”一类敌我关系。对此，瓦纳格姆感叹道，

> 那种握手言和的风尚，那种不断重现的社会协议（l’accord social），而且常常借用“Shake hand”（握手）的说法，表明了它的商业功用（l’usage commercial），

> 这难道不是在意义上玩的一种花样吗？这是一种消磨敏锐目光的方法，一种让目光适应表演的空无而又不反抗的方法。消费社会的情理将古老的表达式“看到面前的物”(voir les choses en face)提到了逻辑的高度：在自己面前只看到物(ne voir en face de soi que des choses)。①

这是说，这种握手中的目光交流会是目中无人，只有异化的物：金钱和权力。今天，在生意场和权力场中的握手，常常会被拍照定格留念，依瓦纳格姆的体知，这相片里捕捉到的已经消失的小事情瞬间，没有人，只有物。这种物是经济关系和权力关系中的事物化颠倒。其实，在资产阶级的金钱王国中，何止是握手时的目光物化，投射向这个世界中的所有目光都在贪婪地寻找金钱和利益。凡是不能变成金钱、名利和地位的东西，都是可以视而不见的。此处我能想到的场景，是中国式生意场和官场上的递烟和酒桌上的敬酒，这会比握手更具功利性的关涉指向，向老板递上一根“软中华”香烟，在饭局中向领导敬一杯“茅

---

① [法]鲁尔·瓦纳格姆：《日常生活的革命》，张新木等译，南京大学出版社2008年版，第20页。中译文有改动，参见 Raoul Vaneigem, *Traité de savoir-vivre à l'usage des jeunes générations*, Paris, Gallimard, 1992.p.41。

台”，双方的目光对视同样是“双眼模糊”的，他们看不到人，而 ne voir en face de soi que des choses（在自己面前只看到物）。而如果虽然是相同的人，老板破产，领导下台，那目光中连“物”都会不复存在。

与列斐伏尔那个还直接与商业相关的超市买东西的生活小事不同，瓦纳格姆这里举出的生活小事看起来都不再是直接的买卖关系，但通过这几个日常生活中发生的小事情解析，瓦纳格姆提出自己的理论分析，他说，资产阶级在自己不同于外部专制强暴的隐性微观支配中，特别“善于将欺凌行为分摊得更为均衡”，对人的支配会隐匿在日常生活场境存在的小事情薄片中，他用诗歌的语言说，这是将“坏疽病滑进了微小的划痕中”。付小费和握手这样的小事情异化并没有可感的痛楚，但这仍然是资产阶级对我们的欺凌。如同没有痛楚的病菌感染会致命一样，没有知觉的压迫才是最可怕的。这样，不可见的“社会束缚就被分成条块，而条块状束缚又会将诡计和能量分成碎片（émietté），这些诡计和能量结合在一起”①。在当代资产阶级的社会统治中，欺凌的诡计不再像奴隶主的有脸专横，而分解成日常生活细节中的无感束缚，有如各种生意场的

---

① ［法］鲁尔·瓦纳格姆：《日常生活的革命》，张新木等译，南京大学出版社 2008 年版，第 20 页。

套路，支配本身伪饰成了生活中必须获取的能量，有如使尽手段拿到订单，想方设法讨好上司的"能力"。或者说，资产阶级的这种隐性的"压迫的暴力开始进行重新调整，转换成许许多多小别针的针刺，并且分布得非常合理"[①]。压迫成了花样别针，装点着幸福时刻，这使得人在不知不觉中"要变得和砖块一样没有感觉，像砖块一样可以易于操纵（maniable），这就是社会组织亲切地要将每个人引诱过去的地方"[②]。你在追逐社会时尚潮流亲切相邀的欲望实现处，成为塑形资产阶级金钱美梦的砖块。瓦纳格姆这里的观点，让人想起福柯在《规训与惩罚》开始对资产阶级政治统治变形的讨论，即不同于传统专制权力那种公开的杀戮示众，而将权力消解为不可见的匿名自我规训。比如，"君主原则通过民主程序变成了公务员制度和社会角色，成为肚皮向上漂浮着的一条死鱼"[③]。

在瓦纳格姆看来，资产阶级正是用这种发生在日常生

---

① [法] 鲁尔·瓦纳格姆：《日常生活的革命》，张新木等译，南京大学出版社 2008 年版，第 22 页。

② [法] 鲁尔·瓦纳格姆：《日常生活的革命》，张新木等译，南京大学出版社 2008 年版，第 20 页。中译文有改动，参见 Raoul Vaneigem, *Traité de savoir-vivre à l'usage des jeunes générations*, Paris, Gallimard, 1992.p.41。

③ [法] 鲁尔·瓦纳格姆：《日常生活的革命》，张新木等译，南京大学出版社 2008 年版，第 26 页。

活中的看不见的微观支配场境建构了一个“巨大的调节机器”(l'immense machine à conditionner),这部“调节机器中的每一个齿轮,如都市主义(urbanisme)、广告、意识形态、文化等,都有可能经受上百次同样的改进”①。这里的调节不是针对宏大的经济或政治体制,而是每个人逃不掉的日常生活场境。都市主义不是城市建设,而是不可见的网状支配关系,都市主义通过建筑物实现的一切空间句法,都让人的生活场境氛围入序于资本的商品构式中。这里,意识形态不是直接的政治说教,而是资产阶级鼓吹的消费-时尚生活方式对所有人生活细节中的渗透与赋型;关不掉的广告无处无时不在,直接支配和塑形着人的无意识欲望。也是在这里,瓦纳格姆举了一个广告技术的例子:“有人做过一种不可见的广告,就是在电影胶片的独立图像之间插入一张广告图像,占二十四分之一秒钟,它对视网膜(rétine)是起作用的,但停留在一种无意识感知的状态中。”②广告不是针对人的意识主体,而是隐性赋型于人的无意识。瓦纳格姆所指认的这种广告技术,甚至不让诱惑出现在意识层面。真是可怕的诡计。应该说,瓦纳格姆这

① [法]鲁尔·瓦纳格姆:《日常生活的革命》,张新木等译,南京大学出版社2008年版,第21页。中译文有改动,参见Raoul Vaneigem, *Traité de savoir-vivre à l'usage des jeunes générations*, Paris, Gallimard, 1992.p.42。

② [法]鲁尔·瓦纳格姆:《日常生活的革命》,张新木等译,南京大学出版社2008年版,第21页。

里的分析，同样是接近历史唯物主义的客观逻辑的。

2. 我羡慕故我在：不知人变形为东西的屈辱苟生

瓦纳格姆指出，资产阶级日常生活的平庸性，并非超现实主义所批评的无所作为式的麻木，在更深的辩证法构境中，恰恰在于所有处于苟活中的人无法感知到一种可怕的屈辱。你明明被欺凌了，可还高高兴兴地**把被压迫当成幸福**来疯狂追逐。这是资产阶级所玩弄的新型生活压迫的**伪辩证法**。瓦纳格姆说，“屈辱(humiliation)的感觉实际上就是作为客体存在的感觉(le sentiment d'être objet)”①。人只有自省到自己变成了非人的东西，才会知道存在的屈辱。就像卡夫卡②在《变形记》(*Die Verwandlung*，1915)

---

① [法]鲁尔·瓦纳格姆：《日常生活的革命》，张新木等译，南京大学出版社2008年版，第21页。中译文有改动，参见Raoul Vaneigem，*Traité de savoir-vivre à l'usage des jeunes générations*，Paris，Gallimard，1992.p.42。

② 弗兰兹·卡夫卡(Franz Kafka，1883—1924)：20世纪奥匈帝国德语小说家。主要作品有《审判》《城堡》《变形记》等。在中篇小说《变形记》中，主人公格里高尔·萨姆沙在一家公司任旅行推销员，长年奔波在外，辛苦支撑着整个家庭的花销。当萨姆沙还能以微薄的薪金供养他薄情寡义的家人时，他是家中备受尊敬的长子，父母夸奖他，妹妹爱戴他。当有一天他变成了甲虫，丧失了劳动力，对这个家再也没有物质贡献时，家人一反之前对他的态度，逐渐显现出冷漠、嫌弃、憎恶的面孔。父亲恶狠狠地用苹果打他，母亲吓得晕倒，妹妹厌弃他。渐渐地，萨姆沙远离了社会，最后孤独痛苦地在饥饿中默默死去。

卡夫卡《变形记》插图

中描述的那样，人只有知道自己变成了非人的虫，才会感到无地自容。这是一个生动的艺术陌生化构境。

问题在于，在资产阶级布展的现代日常生活中，大多数人并不知道自己变成了非人、非总体性（non-totalité）的物性存在，今天，非人的物性生活恰恰被意识形态地美化为“人上人”的梦想所追逐和憧憬。在资产阶级故意为之的种种制造欲望的无形诱惑和隐性操纵中，在日常生活苟生中的人都在发疯一样追逐自己的“成功”和幸福生活。用今天的话，就是成功人士都是奋斗而来的。然而，瓦纳格姆发现，这种对成功和幸福的追逐却都是——

对他者幸福（bonheur des autres）的信仰，一个由

> 羡慕和嫉妒聚成的永不干涸的源泉，并通过消极性的方式使人感受存在的感觉。我羡慕故我在（J'envie, donc j'existe）。在他者出发时就抓住，就是抓住了他者。而这个他者就是客体（Et l'autre, c'est l'objet），而且总是这样。人们越是选择屈辱，就越是在“生活”，就越是在体验由物品（choses）安排的生活。这就是物化（réification）的诡异之处，这就使它得以通行，就像把砒霜放进果酱里那样。①

J'envie, donc j'existe! 把笛卡尔的“我思故我在”，重塑为“我羡慕故我在”，真是太精辟了。如果说笛卡尔的“我思故我在”是观念本体论，那瓦纳格姆的“我羡慕故我在”中的“羡慕”却并非单纯的心理交互关系，而是更复杂的**他性牵引关系场境存在论**。我觉得，瓦纳格姆这里的讨论语境，显然是拉康的关于**他者**（autre）②反指关系的话语

---

① ［法］鲁尔·瓦纳格姆：《日常生活的革命》，张新木等译，南京大学出版社2008年版，第22页。中译文有改动，参见 Raoul Vaneigem, *Traité de savoir-vivre à l'usage des jeunes générations*, Paris, Gallimard, 1992.p.43。

② 这里的他者（*autre*）概念是拉康构境的重要批判性概念，这个他者从一开始就异质于海德格尔-萨特式的他人，也不同于列维纳斯的他者，拉康的他者概念的缘起是柯耶夫式的黑格尔镜像关系中的**另一个**（*other*）自我意识。拉康的他者概念是特指一种在我们之外的无形力量关系，我们却无思地将其认同为本真的本己性。拉康的他者关系有小、大他者

构境。拉康的原话为“欲望着他者的欲望”。在拉康眼里，人的欲望从来不是直接发生的，“人的欲望是在中介的影响下构成的。这是要让人知道他的欲望的欲望。他以一个欲望，他者的欲望，作为对象，这是说如果没有中介人就没有他的欲望的对象”①。在存在论的构境层中，苟生人的生存关系始终是于羡慕他者的欲望之中在世。**我羡慕故我在**，用拉康的逻辑构式来说，就是羡慕即**伪我要**的在场，羡慕在则真我不在。通俗一些解释，就是说，苟生人总是活在资产阶级消费意识形态制造出来的那些虚假的需求之中，广告和其他景观展示富豪们的“幸福生活”，往往通过某种炫耀性消费品和多余的奢侈品来表征，无形中生成了时尚潮流中的他者欲望，苟生人的生活目标就是在对这些他者欲望的羡慕和追求，占有这些欲望对象即生命价值的实现和人生的“成功”。在今天，中国大妈在巴黎的老佛爷狂扫名牌包包，并非她们自己真实需要这个物品，而

之分：小他者(*autre*)是指孩子最初在镜像生成的影像自我和周边亲人反指性塑形关系，而大他者(*Autre*)则是由语言系统建构起来的整个社会教化符码关系。小他者建构了个人自我最初的存在构序意向和具体生存塑形，而大他者则是个人主体建构的本质，我们永远都是“欲望着大他者的欲望”。具体讨论可参见拙著：《不可能的存在之真——拉康哲学映像》(修订版)，上海人民出版社 2020 年版。

① ［法］拉康：《拉康选集》，褚孝泉译，上海三联书店 2001 年版，第 188 页、第 560 页。关于拉康的这一观点的讨论，可参见拙著：《不可能的存在之真——拉康哲学映像》(修订版)，上海人民出版社 2020 年版，第 9 章。

因为名牌作为炫耀性消费品在人的无意识中是对“有钱人”(他者)地位的欲望和羡慕。这已经是“我羡慕故我在”的结果。打开今天中国风行的“抖音”,无数炫耀性戏仿中反复出现的名牌、手指头粗的金项链、豪车和独幢别墅都极为深刻地体现了这种他者欲望中的对象。当人的日常生活被**羡慕和盲目追逐**这些物所支配,人在物化的苟生中陷得就越深,然而最可怕的是,所有陷入追逐他者欲望的苟生者都无法意识到这种物对人的生命的构序以及人变为物性存在的屈辱。更多的苟生人恰恰以炫耀这些他性欲望对象为荣,这正是当代资产阶级“把砒霜放进果酱”的日常苟生的真实本质。如果说,福柯在《词与物》中讨论了人通过话语构序存在物的现代性暴力赋型逻辑,而这里发生的则是消费物对人的生命存在的反向构序。这是事物的成功报复。这也是后来鲍德里亚《物的体系》和《消费社会》两本书的批判主旨。我觉得,瓦纳格姆所指认的当今资产阶级世界中生成的“我羡慕故我在”,是一个令人恐怖的**否定性关系存在论**,与拉康的他性心理关系证伪不同,瓦纳格姆直接揭露了资产阶级景观意识形态构式和赋型起来的现代消费社会的存在论本质。这是一个了不起的批判话语创见。

在瓦纳格姆的眼里,资产阶级的这种让人在日常生活中欲望他者欲望的隐形奴役,作为一种隐形的场境存在,它是非强制的，恰恰是通过人们对他者的**反指性认同**实现的。当孩子们从小就开始以"成功人士"为人生奋斗目标时，这是无数爸爸妈妈从强暴式的期待建构起来的**小他者**关系，当孩子成年走向社会时，社会之镜中叠映的意识形态**大他者**则构序出虚假的欲望对象，使之将生命目标构式为物性的财富和地位，这就通过并不是自己真正需要的"伪我要"，欲望着大他者的欲望。在瓦纳格姆这里，人从孩童时代一直到走上社会，所有非我的他性关系强制，都是通过随处可见的生存场境悄悄地塑形和构式的。刚一懂事，孩子就会从"没有钱就不能吃麦当劳""没有钱就不能买比别的小朋友更好看的铅笔盒"的生活场境中，知晓金钱的重要性；通过间接的语言符号关系，人们开始知道布尔乔亚世界顶尖财富与地位的显赫标识，并将其作为自己欲望的对象。关键的问题是，所有处于欲望着他者欲望的人，并不会意识到这种他性苟生中的屈辱，甚至连传统的左翼人本主义知识分子也难以察觉。瓦纳格姆说，今天，"那些站在伟大情感的高度揭露警察的蔑视的人们，这时却鼓励人们在文明的蔑视中生活"①。这又是一种奇怪的伪性辩证法。面对可见的资产阶级国家机器，左翼学者

① ［法］鲁尔·瓦纳格姆：《日常生活的革命》，张新木等译，南京大学出版社 2008 年版，第 22 页。

在示威游行中可以直接感受到“警察的粗暴还在肆虐着”，可以揭露他们对被压迫阶级的蔑视，可是一转身，他们自己却同样陷入资产阶级掺入砒霜的日常生活果酱，这恰恰是鼓励人们在“文明的蔑视”中苟生。这倒是一种十分独特的透视。在瓦纳格姆看来，

> 人本主义(humanisme)软化了卡夫卡在《少年教养院》(*La Colonie pénitentiaire*)中描写的管束机器。少了许多吱嘎声，少了许多喊叫声。流血是否让人发狂呢？这没什么关系，现在生活着的人都是失血过多(exsangues)的人。许诺的苟生(survie)的王国将是慢慢死去的世界，人本主义者的战斗正是为了能甜蜜地死去(douceur de mourir)。再也没有格尔尼卡①，再也没有奥斯维辛②，

① 西班牙画家毕加索的名画《格尔尼卡》(*Guernica*)。该画以立体派的手法反映了战争的残酷场面，现藏于马德里索菲亚皇后艺术中心。

② 奥斯维辛集中营(Auschwitz Concentration Camp)：奥斯维辛(波兰文：Oświęcim)是波兰南部距克拉科夫(Krakow)西南 60 公里的一个小镇，1940 年 4 月 27 日由纳粹德国党卫军首领海因里希·鲁伊特伯德·希姆莱(Heinrich Luitpold Himmler)下令在此建立了欧洲最大的集中营。当年纳粹德国奥斯维辛集中营管理局控制的地区面积达 40 平方公里，集中营内关押着来自德国、苏联、波兰等三十多个国家的犹太人、战俘及抵抗组织成员及各种被剥夺了生存权的人。在奥斯维辛集中营存在的四年多里，先后关押过数百万人。其中有 110 万到 150 万人在这里丧

> 再也没有广岛[1]，再也不会有塞帝夫[3]。好极了！然而那无法忍受的生活呢？那令人窒息的平庸呢？那热情的缺失呢？还有那嫉妒的愤怒呢？人们怨恨自己从来不能成为自己，而这倒创造了他者（autres）的幸福。[3]

这又是散文诗。这显然是在指证萨特一类将马克思主义装扮成人本主义哲学家。在瓦纳格姆看来，到今天，人学家们还在关注资本主义社会中发生的宏大经济和政治关系中的强制性奴役，谴责发生在奥斯维辛和广岛的直接的屠杀，但因为他们并没有意识到资产阶级的统治方式已经发生了根本性改变，宏大的经济政治异化已经变成发生在日常生活中追逐他者式幸福的微观异化，所以，他们

生。约90%的受害者是欧洲各国的犹太人，大多数受害者是被毒气室的毒气齐克隆B杀害，其他死亡原因有苦役、疾病、个别处决以及所谓的“医学实验”。因此，奥斯维辛也有“死亡工厂”之称。奥斯维辛集中营是纳粹德国犯下滔天罪行的历史见证。

① 这是指美军在日本广岛投下原子弹所造成的对数十万人的杀戮。

② 塞帝夫（Sétif），阿尔及利亚城市。1945年5月8日，该市人民在庆祝二战停战一周年时，要求阿尔及利亚独立。游行队伍遭到法国殖民当局的残酷镇压，史称塞帝夫大屠杀。

③ ［法］鲁尔·瓦纳格姆：《日常生活的革命》，张新木等译，南京大学出版社2008年版，第23页。中译文有改动，参见 Raoul Vaneigem, *Traité de savoir-vivre à l'usage des jeunes générations*, Paris, Gallimard, 1992. pp. 43-44。

与风车作战的过时斗争只会让人在没有压榨机器吱嘎声和痛苦叫喊的平庸的苟生中慢慢地流血、在甜蜜而幸福的窒息中死去。在一定的意义上，人本主义的马克思主义是资产阶级统治的同谋。我注意到，情境主义国际曾多次公开对萨特进行反讽式的批评。当萨特公开声明，宣布拒绝资产阶级肮脏的臭钱(诺贝尔文学奖)①时，用德波 1957 年的评论来说："具有革命政治观点的作者，在受到资产阶级文学批评的祝贺时，需要对到底犯了什么错误进行考察。"②

瓦纳格姆说，资产阶级建立的平庸的日常生活本身就像是一个看不见的无形笼子(cage)，一个苟生的人"出生并且即将死亡的笼子"(cage où ils étaient nés et où ils mourraient)。

> 他们就在那里，就像关在笼子里，笼子门本该是敞开着的，但他们却不能逃脱。在笼子的外面没有任

---

① 1964 年，当萨特得知自己被诺贝尔奖评委会提名，并有可能获得当年的诺贝尔文学奖时，当即致信评委会，表示自己将拒绝该奖项。但评委会还是将诺贝尔文学奖授予他，理由是：为了他那富于观念、自由精神与对真理之探求的著作。当得知颁奖消息后，他立即起草了一份"作家应该拒绝被转变成机构"的声明，于当年 10 月 22 日，由萨特在瑞典的出版商委派一位代表在斯德哥尔摩代为宣读。

② [法] 德波：《关于情境建构以及情境主义国际倾向的组织和行动之条件的报告》，方宸、付满译，《社会理论批判纪事》，第 7 辑，南京大学出版社 2014 年版，第 53—54 页。

何重要的东西，因为笼子外面不存在任何其他东西。他们就待在笼子里面，与不是笼子的东西毫无关系，甚至对笼子外面所有的东西连一点欲望的影子都没有。逃向某种既没有现实又没有意义的东西，会觉得很不正常，甚至根本不可能。绝对不可能。①

瓦纳格姆的这个诗境中的隐喻，让人联想起韦伯描述资产阶级现代性社会生活的“铁笼”（Iron cage）②。可是，这里的笼子已经不是深刻的工具理性之役。在霍克海默和阿多诺的《启蒙辩证法》之后，这种知识理性对自然的支配和对社会的官僚制治理之笼已经原形毕露，而所有人都没有关注到的日常生活之狱却是巨大的逻辑盲区。瓦纳格姆说，日常生活铸成的苟生笼子的门是始终打开的，其实它根本没有门，因为这个笼子同样是无形的伪性场境存在。所有在资产阶级日常生活中苟生的人，都会被他者的欲望所趋动，金钱财富和权势地位正是编织苟生之笼的经

---

① ［法］鲁尔・瓦纳格姆：《日常生活的革命》，张新木等译，南京大学出版社 2008 年版，第 27 页。

② 韦伯在《新教伦理和资本主义精神》中指出，在新教伦理与资本主义精神下，传统欧洲的宗教布道被工具理性、精确计算、复式账簿技术所取代，祛魅化的世俗现代性铸就了“专家没有灵魂，纵欲者没有心肝”的官僚制，他警告说，作为工具理性本质形式的合理性有可能成为人类自身无法摆脱的铁笼。

纬，苟生的人在追逐这些物性对象时，不仅不会感觉到压迫，反而会炫耀自己所获得的物性对象，谁被物奴役得更深更牢，与笼子中悄悄发生着的“我羡慕故我在”的攀比性较劲。你买1克拉的钻戒，我就买10克拉的；你开上了宝马5系，我就开7系；你住上了联排别墅，我就住独幢，这是一个永无止境的欲望链和异化生存场境。可悲的是，人们不会在成为物的奴隶的时候，知道自己已经在景观的风月幻境中慢慢地甜蜜死去。苟生，已经是本真活着的构境中的死去。

3．无面孔的苟生之人：面对面共在中的孤独

瓦纳格姆发现，在资产阶级的日常生活中，所有苟生的人在看起来自由的市民社会共同体构式起来的场境幻觉中，都处于一种前所未有的**孤独**（*L'isolement*）之中。这也是一种小事情异化关系中的不可察觉的薄片。与上述生活场境中发生的客观行为或者关系性场境存在相比，瓦纳格姆这里的讨论一下子转到了个人可以直接体验到的**主观心境**上来了。为此，他列举了身边每天都发生的不起眼的事情，比如平时正常乘坐公共汽车或地铁时的主观心理场境状态，我们通常不会去想在这种场景中会发生什么异常的事情，可是诗人瓦纳格姆则感觉到，在人们面对面

地坐在一起时，他们之间会礼节性地招呼，也可能会亲热地谈话，但他们之间真实发生的事情真相是出自深层孤独感的可怕隔膜。他说，

> 现代的公共交通工具将乘坐者堆积在一起，像数据统计者(statisticienne)那样漠然对待，乘车的人们表现出一种无法承受的失望、高傲和蔑视，就像无牙齿的嘴巴呈现出的死亡的自然效果。虚假的交流气氛使每个人都变成了他自己与人会见的警察。①

在这种场合，因为所有人都知道这是一种很可能一世只见到一次的相逢，没有亲情关联，没有直接利益交集，你在这种场合见到的所有人其实都是**没有面孔**(sans visage)的，因为你记不住也不想记住。看到一个漂亮女孩或帅哥，当然另当别论。所以，在表面上，大家都用虚假的交流掩盖着每个人内心的失望和相互蔑视，每个人都会成为生存关系场境中阻拦真情流露的警察。在诗人眼里，这个由无脸人构筑的临时共同体的心理异化场境中，在存在论上，人的生命存在就像无牙的嘴巴那样绝望地瘪凹。马斯

① [法]鲁尔·瓦纳格姆:《日常生活的革命》，张新木等译，南京大学出版社2008年版，第28页。

洛曾列举过一本异常心理教科书的插图：这张图的下半部是一群孩子，苹果脸，甜蜜的微笑，兴高采烈，天真无邪，非常可爱。上方是一节地铁车厢中的许多乘客，愁眉苦脸，灰溜溜的，像是在生气。图下的解说词非常简单："发生了什么？"①其意思是说，人在孩童时代是幸福健康的，但在生活旅途中由于各种阻碍和现实影响，使他们美好的理想遭到打击，甚至破灭。

瓦纳格姆说，实际上，在整个资产阶级刻意营造的这种苟生的工作和生活情境中，即商品-市场交换关系构序起来的市民社会里，所有原子化的个人都会处于一种没有真心真情的混口饭吃的苟生情境之中，"人们的眼睛里空空如也，脑子软弱无力，他们神秘地变成了人的影子、人的幽灵，而且从某种程度上来说，他们只是一些有个名字的人。只有有了共同生活的幻觉，才能有身处人群之中的感觉"②。这当然是一种夸张的说法。与前面坐公共交通工具时建构的特定的临时心理场境共同体不同，人们在一家公司、一个机构里工作，如果是因为养家糊口，那么人们在这种共同体中建构起来的关系场境和心理构境同样会是功利性的谋生关系。人与人之间，为了利益向上爬，会

① ［美］马斯洛：《人性能达的境界》，林方译，云南人民出版社，1987 年版，第 32 页。

② ［法］鲁尔·瓦纳格姆：《日常生活的革命》，张新木等译，南京大学出版社 2008 年版，第 28 页。

明争暗斗地拼个你死我活，苟生之人是空心人。你在这里见到的每一张面孔都是可以互换的，今天是小张与你争部门经理的位置，明天就可能换成小李；现在是小王得到了你特别想提升的教授职称，以后会是小刘。这种互换性的本质同样也是**没有面孔的苟生**。其实，我们不难在那些官场、生意场的酒桌上和 K 歌房里看到这种眼中空空、腹中空空的“人的影子”，只要一走出饭店和歌厅，刚刚还互表亲近、勾肩搭背的他们立刻就会像泄气的皮球般干瘪下去。因为今天、明天和后天，在商业关系和官场场境存在中谁来陪领导和客户喝酒、唱歌都一样。这就像刘震云《一地鸡毛》①中描写的逐渐失去生动面孔的“小张”“小李”。有趣的是，2011 年发生在美国的“占领华尔街运动”②中，有

① 《一地鸡毛》是刘震云 1993 年在长江文艺出版社出版的一部中篇小说，小说主要描写了主人公小林在单位和家庭中的种种遭遇和心灵轨迹的演变。

② 2011 年 9 月 17 日，上千名示威者聚集在美国纽约曼哈顿，试图占领华尔街，有人甚至带了帐篷，扬言要长期坚持下去。他们通过互联网组织起来，要把华尔街变成埃及的开罗解放广场。示威组织者称，他们的意图是要反对美国政治的权钱交易、两党政争以及社会不公正。2011 年 10 月 8 日，“占领华尔街”抗议活动呈现升级趋势，千余名示威者在首都华盛顿游行，并逐渐成为席卷全美的群众性社会运动。在波士顿、亚特兰大、丹佛、芝加哥、洛杉矶、旧金山和匹兹堡金融区，都出现了占领华尔街行动的模仿者。同时，活动组织者开始在美国以外的国家的重要城市，包括捷克布拉格、德国法兰克福、加拿大多伦多、澳大利亚墨尔本、日本东京和爱尔兰科克，组织支持活动。在亚洲的日本、韩国等地也都分别举行了规模不同的“占领活动”。

"占领华尔街运动"中的招贴画

一幅招贴画,上面的那个"99%"的大多数人都是没有面孔的"无脸人"。

瓦纳格姆发现,在这种苟生的常人共在中,**没有面孔的人越多,功利性的现实场境关系越复杂,个体就越孤独**。如果马克思说,人的本质在其现实性上是一切社会关系的总和,那么在瓦纳格姆这里,异化的场境存在关系和虚假心理交往关系的总和,则构式和塑形出人在资产阶级异化生存中的悲惨的孤独情境。这是一个深刻的判断。依瓦纳格姆之见,在每一个苟生人个体的内心中:

> 不适之感纠缠着我,随着我周围聚集的人越来越多,这种感觉也越发加强。我过去迁就时局而做的蠢

事，那些妥协之举一一向我袭来，在我面前形成一排排没有面孔（sans visage）的脑袋堆起的幻觉波浪。蒙克[①]的名画《呐喊》（*Le Cri*）引发我每天要回想起这一印象达十余次。一个人被一群人扛着走（emporté par une foule），这些人只有他一个人能看得见，他突然喊叫着要挣脱这种魔魇状态，回想到自己的存在，回到自己的身体里。默契的同意，僵化的微笑，无生气的言语，粉碎的意志薄弱和屈辱，这些都伴随着他的步伐慢慢积聚起来，猛烈地涌进他的体内，驱走他身上的所有欲望和梦想，使"共在"（être ensemble）的幻觉挥发得一干二净。[②]

这里，瓦纳格姆通过对蒙克的作品《呐喊》的心境解读，来剖析现代日常生活中苟生人于无脸人共在场境中的深层孤独。在他看来，苟生的人——"我"每天都会被一群只有他才能看到的无脸的他者"扛着走"，他者当上了

---

① 蒙克（Edvard Munch，1863—1944）：挪威画家。长期侨居德国，他的绘画带有强烈的主观性和悲伤压抑的情调。他对心里苦闷的强烈的、呼唤式的处理手法，对20世纪初德国表现主义的成长起了主要的作用。代表画作有《呐喊》《生命之舞》《卡尔·约翰街的夜晚》等。

② ［法］鲁尔·瓦纳格姆：《日常生活的革命》，张新木等译，南京大学出版社2008年版，第29页。中译文有改动，参见 Raoul Vaneigem，*Traité de savoir-vivre à l'usage des jeunes générations*，Paris，Gallimard，1992.p.50。

CEO，被提拔为局长，买了别墅，开上了豪车，背着名牌包包，这些无脸人（他者）可以是身边的人，也可以是电视上和微信朋友圈中的人，在“我”的心里，一种强烈的他者认同是自发的，于是成功和幸福都是奋斗来的，“我”也必须为之奋斗。为欲望着他者的欲望的“奋斗”，即瓦纳格姆批判诗境中被无脸人“扛着走”，这就是一般苟生人的生存状态。蒙克的呐喊，是“我”突然发现无脸人的“扛着走”中的强暴性裹挟，发现自己所有的“默契的同意，僵化的微笑，无生气的言语，粉碎的意志薄弱和屈辱”，于是，共同生活的幻觉突现为一种可怕的魔魇状态。于是，从苟生中惊醒的“我”，不得不捂脸呐喊。

蒙克的《呐喊》

瓦纳格姆说，在苟生的共在中，“人们擦肩而过却互不见面，孤独互相累加(l'isolement s'additionne)却并不总计，随着人数密度的增加，虚无(vide)却渐渐迫近人们。人群将我从自己体内拽出来，让成千上万个小小欲望的放弃占据我那空无一物的在场(présence vide)”①。这还是诗的构境。作为苟生人的我们(海德格尔的常人之共在)每天见面，却是无脸人之间的双眼空空，一个名人路过，一起交通事故，一个名品发布，什么事情都会人潮涌动，可是却愈发迫近虚无，苟生的生命在场充斥着成名的光环、天价钻石珠宝、挥金如土的富豪生活，可是在生命的存在中却空无一物。犹如尼采那个疯子，大白天打着灯笼在大街上，却没有看到人，到处都是物性的残片。

瓦纳格姆说，正因为这种无脸苟生中的极度内心孤独，毒品和酒精也成为人们在苟生中暂时逃离孤独、异化心境的必需品。毒品让人失去社会关系和文化隔膜，醉酒令人在梦境般的纵欲中宣泄和排解压抑。“有了酒精，孤独的水泥墙壁似乎成了一面纸质的墙”②。可悲的是，毒品的药性失效，酒醒之后，人们又会坠入孤独。现在，我们在

① [法]鲁尔·瓦纳格姆:《日常生活的革命》，张新木等译，南京大学出版社 2008 年版，第 29 页。

② [法]鲁尔·瓦纳格姆:《日常生活的革命》，张新木等译，南京大学出版社 2008 年版，第 29 页。

“抖音”上，每天也能看到这些醉酒的人，可悲的是，通常喊着“青岛不倒我不倒”的人，都是些“穷就算了，还丑，还单着”的无望女孩子。孤独的苟生人，每天与无数无脸的人打交道，可是他却不认得其中任何一个的真面目，因为这个祛魅化的世界是什么存在都合理合法的，于是他必定陷入孤独的焦虑之中，这是现代资产阶级社会中毒品和酒精泛滥的根本原因。在这里，瓦纳格姆讲了一个故事，“在一家令人厌烦的咖啡馆里，所有的人都没精打采，这时有一个喝醉了的青年摔碎酒杯，抓住一个酒瓶砸在墙上。然而没一个人有激动的反应，年轻人在等待中非常失望，便从窗户里跳了下去。然而他的举动却是虚拟般的在所有人的头脑中划过”[①]。这是一个凭借酒精从孤独中呐喊的年轻人，但他砸碎酒瓶并没有在周围麻木的无脸人中引起任何反应，所以，清醒于孤独的人群中的**孑然一人性**后，他干脆直接自绝于这个苟生的世界。瓦纳格姆说，苟生中的“所有其他人都过着被流放在自己的生存之外的生活”，任何人都不可能“逃脱孤独形成的磁场，被卡在失重的状态中”。然而，这个年轻人的醉酒过激行为也没有唤醒其他人这种失重的状态，这是他绝望的原因，“不过，从对待他

① ［法］鲁尔·瓦纳格姆：《日常生活的革命》，张新木等译，南京大学出版社 2008 年版，第 29—30 页。

的无动于衷的态度的深处，更能看清他那呐喊的微小区别，即使这一发现让他感到非常痛苦”。所以，他跳了下去，他“跨越了孤独的第一道核辐射地带：即内部孤独，也就是世界和自我的内倾性分离”①。当然，这是一个悲剧。

瓦纳格姆有些忧伤地说，在资产阶级的苟生世界里，“生活的不可能性（l'impossibilité de vivre）缔造了生活的 *sine qua non*② 的生存条件。当异化被当作一个不可剥夺的物品（inaliénable）时，它就能完美地被我们的社会所接受”③。你在这个由商品交易关系构序起来的世界中，我羡慕故我在，**你不是你自己**的苟生异化畸变地塑形成你不可缺少的活下去的条件，**他**（他者）就是你活下去的唯一现实可能。并且，“生活的不可能性到处都存在，由一种玩世不恭的态度支撑着，以至于中性关系中平衡化的快乐与焦虑参与到摧毁人类的普遍机制之中”④。这是麻木的苟生的日常生活铸就和塑形了麻木的无脸之人。你不想再继续这种无脸的异化生活，所以你可以悲惨地彻底离开。

---

① ［法］鲁尔·瓦纳格姆：《日常生活的革命》，张新木等译，南京大学出版社 2008 年版，第 30 页。

② 拉丁语，意为“没它不行”，即不可或缺。

③ ［法］鲁尔·瓦纳格姆：《日常生活的革命》，张新木等译，南京大学出版社 2008 年版，第 31 页。

④ ［法］鲁尔·瓦纳格姆：《日常生活的革命》，张新木等译，南京大学出版社 2008 年版，第 32 页。

这里，瓦纳格姆引了雅克·瓦歇[1]在他自杀前两年就写下的一句话："我这么年轻就死去真令人厌烦(Je serais ennuyé de mourir si jeune)。"[2]这是告别孤独的无脸世界的诗句，令人落泪的悲情话语。但却是资产阶级异化日常生活世界里的真情。

---

① 雅克·瓦歇(Jacques Vaché, 1896—1919)，爱尔兰裔法国作家、画家和达达主义者，对超现实主义首领布勒东产生过巨大影响，死于过量吸毒。

② [法] 鲁尔·瓦纳格姆：《日常生活的革命》，张新木等译，南京大学出版社 2008 年版，第 33 页。

第三章
日常生活苟生中快乐的痛苦

与马克思、恩格斯关注资本主义制度对劳动者的经济盘剥和政治压迫不同，瓦纳格姆认为，推翻了外部封建专制的资产阶级，只是将直接的压迫和奴役改变成不可见的剥削绳索，当代资产阶级的统治建立在一种无痛感的隐性支配之上。在引诱人们无限制地追逐财富和“成功”的幌子下，劳动者被剥削的痛苦过程赋型成了走向幸福生活奋斗中的自然状态。这种思考，是在葛兰西的霸权理论和列斐伏尔的日常生活批判构式下，对当代资产阶级意识形态在日常生活中微观控制的深入探讨。这也是福柯后来生命政治权力的基本构序意向。

1．布尔乔亚：最坏的“痛并快乐着”！

在瓦纳格姆看来，今天资产阶级苟生世界中的**痛苦**（*souffrance*）已经不再是能够直接感觉到的自然性的痛苦，而是一种无形塑形起来的复杂的社会痛苦和莫名焦虑。明明自己在生活中因为经济压力、因为没有出路而痛苦不堪，可是所有身边的人都这样劝你："这就是生活""人的本性难改""事情就是这样""事出有因"。瓦纳格姆说，这是一首苟生的"哀歌"（Lamento）。可是，为什么明明是痛，却不让痛，甚至会有"痛，并快乐着"这样犬儒式的反讽？其实，这也是在我们的生活走向市场后身边所出现的百思不得其解的事情。

依瓦纳格姆之见，不同于人类早先在与自然界的关系中遭遇的自然异化的痛苦（la souffrance de l'aliénation naturelle），今天的痛苦是**社会异化**的痛苦（la souffrance de *l'aliénation sociale*）。可以看出，瓦纳格姆使用的**异化**概念并不是一个人本学构式中的本真性的沦丧，而是意喻一种抽象的压迫和奴役构境中的强暴关系。这是说，今天我们遭遇异化的痛苦，无论是在形式上还是在内容上，都大大地改变了。总的看来，这算是一个历史性的分析。他告诉我们，原先"在敌对的大自然中，到处充满着粗暴和神秘的力量。面对这些危险，脆弱的人类在其集合体中不仅发现了一种自我保护的方法，而且还发现了一种与大自然进行合作的方法，学会与大自然签订盟约，甚至去改变它"①。

① ［法］鲁尔·瓦纳格姆：《日常生活的革命》，张新木等译，南京大学出版社2008年版，第36页。

早期的人类,在面对神秘的自然力量强暴时,总是将自然异化所造成的死亡、饥饿、疾病等痛苦减至最小。将与主体性相关的异化关系概念简单地挪移到自然存在,总觉得有些怪怪的。在黑格尔那里,抽象的理念逻辑沉沦于物性自然,即主体的对象化,也是异化。可自然本身的"异化",却是把深刻的**关系性悖反**抹除了。这说明瓦纳格姆对异化概念的理解是直接和浅层的。可是,在社会生活后来的发展中,虽然"人们逃脱了严厉的气候,解决了饥饿问题,改善了生活条件,却掉进了被奴役的陷阱(les pièges de l'esclavage)。他们受众神的奴役,受其他人的奴役,受人类语言的奴役"①。这是说,人从自然的奴役中挣脱出来,却掉进自己所挖掘的奴役陷阱,先是人自己本质异化的偶像神灵之役,然后是现实中自然经济土地上的奴隶和封建宗法专制,最后是工具理性和语言象征大他者的无形自拘。应该说,这是极为深刻的历史分析。那个唯我论的个人主体性却是失声的。显然,此处瓦纳格姆的理论构境是偏向客观逻辑的。对此,瓦纳格姆还有更加具体的分析。

第一,人从自然发生的存在中,通过劳动生产和其他社会活动走向自己构序社会定在和筑模社会关系的社会历史存在,这当然是一种胜利,但瓦纳格姆发现,这种胜利

---

① [法]鲁尔·瓦纳格姆:《日常生活的革命》,张新木等译,南京大学出版社2008年版,第36页。

总是一种**包含着奴役成分的悖反性胜利**。这很像本雅明所说的“没有一种文化的记载不同时也是一种野蛮的记载”①的警言。人们通过原始图腾崇拜走向宗教,上帝是超自然的,人从神灵那里获取了力量,可是这却是以跪在自己创造出来的众神面前为屈辱的;人通过劳动生产创造了不同于自然发生存在的社会构序-塑形关系,可却同时创造了凌驾于自己头上的奴隶主和帝王;人创造了主体际交流的语言,却在话语实践场中失去了个人的感性存在。一句话,自然性的、简单的直接痛苦,已经在变成包含着奴役胜利的更复杂的社会之痛。瓦纳格姆让我们注意到,社会痛苦的特点一开始就是它的“模棱两可性”(ambiguïté),用基督教的话语来表达,即**受苦就是拯救**!瓦纳格姆愤怒地说,这其实是历史上所有统治阶级奴役人民的法宝。直到今天的资产阶级统治关系中,我们可以看到,“从亲王到经理(manager),从神父到专家(spécialiste),从精神领袖到社会心理学家(psychosociologue),谈论的都是有用的痛苦和自愿的牺牲(la souffrance utile et du sacrifice consenti),这些法则是构成等级政权(pouvoir hiérarchisé)的最牢固的基础”②。请一定注意瓦纳格姆在此所指认的统治与奴役

---

① [德]本雅明:《经验与贫乏》,王炳钧、杨劲译,百花文艺出版社 1999 年版,第 306 页。

② [法]鲁尔·瓦纳格姆:《日常生活的革命》,张新木等译,南京大学出版社 2008 年版,第 36 页。

构式的一系列重要历史转折，即从封建专制的外部可见奴役到资产阶级社会全新的**隐性控制方式**的改变：资产阶级日常生活中的苟生并没有一个可见的君主来发号施威，在王权空位上登场的权力是**无脸的隐性暴力**；也不是有脸神父和所谓有个人魅力的精神领袖来指引生命道路，而恰恰是满脸笑容的科学管理者、各种穿白大褂的专家和不停碎碎念的社会心理家，来**科学指导**和管理人们的日常生活。这是今天的商品-市场世界中，资产阶级劝导人们忍受"有用的"社会痛苦（比如"996"奋斗①与事业成功的关系），并心甘情愿地落入无止境的牺牲的最深沉的隐性控制力量。瓦纳格姆反讽地说，"崇高事业的搅拌机正在用流淌着的鲜血炮制着未来的肥猪肉！"②这足以说明，"痛，并快乐着"，是一种无耻至极的意识形态搅拌机。它的产品是没有知觉的同一性苟生的火腿肠。

第二，瓦纳格姆说，反对封建专制的资产阶级的确是想消除外部痛苦的，它也真的做到了这一点，然而，它却是以发明一种新的**似自然性**的社会痛苦为代价的。瓦纳格

---

① 这是指我在写下这段文字时（2019 年 4 月），网络上正在讨论的作为脑力劳动者的编程员的"996"现象（早上 9 点上班，晚上 9 点下班，一周工作 6 天）。

② [法] 鲁尔·瓦纳格姆：《日常生活的革命》，张新木等译，南京大学出版社 2008 年版，第 37 页。

姆此处的观点与我在 20 世纪 80 年代提出的似自然性观点是接近的。[①] 布尔乔亚的逻辑为“取消了上帝，痛苦就变得‘自然’(naturelle)了，它是‘人类本性’(nature humaine)所固有的属性”[②]。资产阶级始终将自己的资本主义制度比作最符合人的本性的天然性，反对主体干预经济和政治的自然性，也是从重农学派一直到哈耶克所鼓吹的资产阶级“自然法”和“天赋人权”的存在论基础。瓦纳格姆认为，

> 初看起来，资产阶级意识形态(l'idéologie bourgeoise)似乎决心解决痛苦问题，其顽强程度与它当初追捕它所仇恨的宗教时的程度不相上下。它热衷于进步(progrès)、舒适、利润(profit)、福利、理性等，持有足够的武器——倘若算不上真实的武器，至少也是

---

① 似自然性概念，是我在《马克思历史辩证法的主体向度》中对马克思相关思想的概括，即在人类社会实践功能度的特定水平上，社会历史发展呈现类似自然界盲目运动的历史现象；在这个特殊的历史时期中，人类主体畸变为外部力量(自然和人的物化世界)的奴隶，而社会历史发展则外化为一种近似于自然历史运动的“无主体过程”；这种特定的社会历史进程中出现的似自然性与物役性现象，并不是永恒的自然规律，随着社会实践的发展，人类将最终超越这种历史性生存状态。参见张一兵：《人类社会历史发展永远是一个自然历史过程吗？》，《天府新论》1988 年第 1 期；《马克思历史辩证法的主体向度》(第三版)，武汉大学出版社 2010 年版，第三章。

② [法] 鲁尔·瓦纳格姆：《日常生活的革命》，张新木等译，南京大学出版社 2008 年版，第 37 页。

> 幻想的武器——去说服人们,试图科学地(scientifiquement)结束痛苦的苦难和信仰的苦难。众人皆知,这只需发明一些新型麻醉剂(nouveaux anesthésiques),制造一批新的迷信就行。①

我们都知道,资产阶级是在反对封建专制中崛起的,它当然会拒斥直接的社会强暴所构式的直接痛苦,可是,资产阶级在追逐利润的疯狂中,是绝不会放弃财富聚集所必然生成的百分之九十九劳动者的社会痛苦的,只是将这种社会痛苦通过新型的麻醉剂和迷信遮蔽起来罢了,这种新型的麻醉剂的赋型秘密就是生产-生活方法上的科学性(scientificité)。霍克海默和阿多诺在《启蒙辩证法》中指认,当资产阶级将支配自然的工具理性转移到对整个社会生活的"科学管理"时,启蒙就从解放走向奴役。这是极为深刻的指认。我们可以看到,瓦纳格姆在这里巧妙地将"利润"一词放在了进步和理性与舒适和福利之间,突出表现了资产阶级将社会痛苦自然化的盘剥和构序秘密。不过应该指出,资产阶级是打着科学理性和文明进步的新迷信旗号来宣称自己为人类普适价值幻象的代言人。其实

---

① [法]鲁尔·瓦纳格姆:《日常生活的革命》,张新木等译,南京大学出版社 2008 年版,第 37 页。

更准确地说，在资本家无偿占有绝对剩余价值的自由资本主义发展的初期，劳动者的悲惨境地并不比“自然异化”导致的痛苦轻，舒适和福利的麻醉剂只是西方二战之后才在发达资本主义国家出现的。

第三，在瓦纳格姆看来，资产阶级对待痛苦的方式，就是将其伪饰和转换成追逐财富、地位、自由和成功的必然途径，即**幸福都是痛苦的奋斗而来的**。先苦而后甜。然而，资产阶级从来不告诉我们，在这个商品-市场世界中，永远只是极少数人才会得到这种剥削罪恶之上的幸福和自由！依瓦纳格姆之见，

> 在将幸福和自由放进议事日程时，技术文明开创了幸福与自由的**意识形态**（*l'idéologie* du bonheur et de la liberté）。它天生就只能创造一个冷漠的自由，一个处于被动中的幸福。不管这种创造是多么堕落，它至少可以普遍地否定这一点，人类作为生灵这个条件，其中就存在一种固有的痛苦（souffrance inhérente）；还可以否定另一点，即一种非人类的条件（condition inhumaine）可以永久存在。①

① ［法］鲁尔·瓦纳格姆：《日常生活的革命》，张新木等译，南京大学出版社 2008 年版，第 38 页。

这是说，将幸福和自由放进人的日常生活的“正常”构序进程中，将其视为人生的奋斗目标，这是资产阶级发明的最大的意识形态。德波曾经说，资产阶级日常生活中“这些‘正常的’东西，甚至是不被注意的东西，但正是这些东西才装置了我们”①。它与以自然性（自发性）“公正”的**市场意识形态**如影随形、相得益彰。资产阶级经常宣称，幸福都是奋斗而来的，可是这种奋斗却始终伴随着金钱关系中的冷漠和被动；资本家告诉所有**想发财**的人们，这里发生的一切非人的痛苦都是走向幸福生活所固有的、必须付出的代价，而真相是，付出了代价却得不到幸福和自由（住上独幢别墅和开上豪车）的必定为 99%的劳动者。一直到今天，“占领华尔街运动”的民众身上挂着的牌子上仍然写着：“We are the 99%！”这是一种重要的政治觉醒。

瓦纳格姆认为，今天无数次失望的人们已经不再相信这种鬼话了。“这就是为什么资产阶级思想企图宽慰痛苦，但不能成功的原因所在：它的所有证词都没有达到希望的力量，而昔日它凭借技术与福利进行打赌，曾经激发了对这种力量的希望。”②

在瓦纳格姆看来，今天资产阶级世界中真正可怕的东

---

① Guy Debord，*Œuvres*，Paris，Gallimard，2006.p.572.

② ［法］鲁尔・瓦纳格姆：《日常生活的革命》，张新木等译，南京大学出版社 2008 年版，第 38 页。

占领华尔街运动中的“We are the 99%!”横幅

西，并不是过去黑暗年代中那种可见的死亡，而是日常生活中发生的不知痛苦的苟活，这是**只有自己有问题**的焦虑中的**不死之死**，碎片化的无痛感的痛苦。这又是一种资产阶级发明的伪辩证法。依他所见，

> 使20世纪的人们感到可怕的不是死亡，而是真实生活的不在场(l’absence de vraie vie)。每一个死亡的姿势(geste)，机械化和专业化(mécanisé，spécialisé)了的姿势，它每天都上百次上千次地夺走生活的一部分，直到人们的精神和肉体彻底耗尽，直到一切结束。这种结束并不是生活的结束，而是一种到达饱和状态

的缺席(absence arrivée à saturation),这种状态可能会给世界末日、给巨大的毁灭、给完全的消灭、给突然完全干净的死亡带来某种魅力。①

这又是诗句。我觉得,在瓦纳格姆的批判理论话语中,诗境的优点是好看,可明显的缺点是不够准确。瓦纳格姆是想说,20 世纪中叶欧洲资本主义社会中的人已经开始意识到资产阶级世界中的幸福和自由的幻象性,因为虽然资本主义的剥夺不是生命本身,但是人们每天在公司和生意场中操持的"机械化和专业化"的雇佣劳动姿势,千百次地夺走了真实生命的一部分,直到苟生者的筋疲力尽,虽然这并不是直接的死亡,可是人的"真实生活"(本真的"活着")却不在场。可为什么人们还会忍受?这是因为资产阶级将痛苦切割成日常生活中可以忍受的慢慢死去的异化薄片,人们在生意场和"奋斗"中遇到的奴役和凌辱,总是以合法合理的方式发生着,它总将生命本身的不在场塑形和保持在一个可以忍受的范围之内。瓦纳格姆以第一人称说道,面对这种痛苦,苟生中的——

① [法] 鲁尔·瓦纳格姆:《日常生活的革命》,张新木等译,南京大学出版社 2008 年版,第 38 页。中译文有改动,参见 Raoul Vaneigem, *Traité de savoir-vivre à l'usage des jeunes générations*, Paris: Gallimard, 1992.p.60。

> 我有时会产生这么一种模糊的痛苦感，它分散在我的身心内，我有时会把偶发的不幸事件看成一种缓解，它能将痛苦具体化、合法化(la concrétise, la justifie)，给它提供一个正当的排泄口。没有任何东西能动摇我的这个信念：我在失恋、失败、失去亲人时感到的忧伤，并不是像一支箭那样从外部向我射来，而是像一股涓涓溪水从我身上涌出，像土地滑坡刚刚释放出来的那种溪水。①

在这本书中，一旦瓦纳格姆失去克制，这个第一人称的“我”就会登场，直接诉说诗人的主观感受和直接体验。资产阶级世界的日常生活中的苟生是痛苦，但它像涓涓血流中那样无痛的切割，一个人的真实生命就在这种细流般的抽榨中渐渐地消失了。更要命的是，这种明明是剥夺和无偿占有的罪行，却恰恰是合法合理的。你做生意把借来的钱全部赔光，在股市里看着自己的血汗钱一点点蒸发掉，其他人大白天无偿掠夺了你的东西，但是合理合法的。你输光了，但是活该！因为在证券公司大门口和每天广播中讨论股市时，都会明确告知：“股市有风险，入市需谨慎。”

---

① [法]鲁尔·瓦纳格姆：《日常生活的革命》，张新木等译，南京大学出版社2008年版，第39页。

“我”——瓦纳格姆

也是在这里，瓦纳格姆十分气愤地批评了萨特“他人就是地狱”的观点。不知道为什么，情境主义国际的革命艺术家们都是如此不喜欢萨特。他说，

> 有一些哲学家和学者在向科学界和艺术界作解释说，痛苦就是因为人们在一起生活，因为有无法避免的大写他者在场(présence des Autres)，因为社会是现在这个样，人们是否可以据此说，这些知识分子就是暴君的看门狗呢？根据这种论点，是否可以**一石二鸟地揭露出**(*a*，*par ricochet*，*frappé d'évidence et d'une pierre*)某种存在主义的观念(conception exis-

tentialiste)和左翼知识分子间接地、明显地与政权之间的勾结，揭露出非人道的社会组织把严酷镇压的责任推卸给受害者的粗俗把戏。①

瓦纳格姆对萨特的批评是有道理的。在萨特还是一位资产阶级存在主义哲学家时，他鼓吹了绝对的抽象自由，对于每一个追逐个人绝对自由的人来说，他人对我即地狱。在这一点上，瓦纳格姆将其指认为资产阶级意识形态的辩护是对的。当然，1945 年之后，“第二萨特”已经急剧转向马克思主义，简单地骂萨特是与资产阶级政权相勾结，显然是过分的情绪宣泄。与萨特一起挨骂的，还有主张“死亡本能”的弗洛伊德。瓦纳格姆说，“萨特与他人的地狱(l'enfer des autres)，弗洛伊德与死亡的本能(l'instinct de mort)”②，这与资产阶级所说在商品和市场世界中“人就是这样”(Les hommes sont ainsi faits)这种蠢话究竟有什么区别？萨特和弗洛伊德为什么挨骂？是因为，证明他人即地狱和人的天生而来的死亡本能，都有可能是对统治

① [法]鲁尔·瓦纳格姆：《日常生活的革命》，张新木等译，南京大学出版社 2008 年版，第 40 页。中译文有改动，参见 Raoul Vaneigem, *Traité de savoir-vivre à l'usage des jeunes générations*, Paris, Gallimard, 1992.p.62。

② [法]鲁尔·瓦纳格姆：《日常生活的革命》，张新木等译，南京大学出版社 2008 年版，第 40 页。

阶级的统治和奴役合法化的辩护。瓦纳格姆有理由相信，这会构式为一种类似中世纪神学那种内在的逆来顺受的思想束缚，在他看来，“束缚的害虫是从人们的思想深处爬出来的，而且任何人类的东西都无法抵御”①。如果“人对人是狼”，人与人之间命定就是“他人对我即地狱”，在人的本性之中，死亡是一种必然的趋向，那么人们面对日常生活的苟生和现实中的奴役关系时，就不再会有激愤和怒火，在一定的意义上，这种东西就必然成为资产阶级意识形态的阴险同谋。

2. 苟生：流水线上的灰头土脸与悬空预支的虚假富裕

在瓦纳格姆看来，当代资产阶级世界中的劳动被意识形态秘密地混淆于财富的生产率（productivité），劳动者总是被教导要**为自己的成功而奋斗**，而实际上，背后的真正驱动力是资本家制造出来的追逐商品的虚假欲望（désir）。瓦纳格姆没有界划，这当然是20世纪资产阶级意识形态的新话语。因为在马克思那个时代，绝不可能出现劳动者“为自己的幸福生活奋斗”这样的意识形态牧领口号。

---

① ［法］鲁尔·瓦纳格姆：《日常生活的革命》，张新木等译，南京大学出版社2008年版，第42页。

他说，今天资产阶级世界中的劳动者的日常生活节奏是千篇一律的。

> 人们每天清晨六点钟被从睡梦中拖起来，颠簸在郊区火车上，忍受着机器的轰鸣声，满身灰浆，一身汗水，整日忙碌在工作中，做着无用的动作，受着数量统计的控制(contrôle statistique)，到了傍晚却被扔向火车站大厅，走进这些通向工作日地狱和周末小天堂的出发大教堂，人们在那里共同消受疲劳与昏沉。①

可能，这就是20世纪60年代西方现代资产阶级世界中劳动者日常生活的真实写照。从早到晚，始终从事着无意义的重复劳作，这本身就直接形塑和规训了工人的身心，他们“满身灰浆，一身汗水”的工作日忙碌和疲惫与周末教堂中的麻醉剂般的劝导相对应，悬设的天堂恰好为的是让你再驯服地走进地狱般的重复性的劳作。其实，劳动者没有自己的生命时间节奏，只有劳作赋型的节奏。这也是德波写下的“永不工作”(Ne travaillez jamais)口号的真正背景。德波自己说，1953年“我自己曾用粉笔在塞纳河

① [法]鲁尔·瓦纳格姆:《日常生活的革命》，张新木等译，南京大学出版社2008年版，第45页。

德波写下的"永不工作",1953 年

随岁月变黑的墙上写下这个强大的口号,'永不工作'"起初,大家认为我是在开玩笑。①

永不工作,不是不工作,而是不再按照资产阶级景观构序的劳作节奏去异化式的生存。这是一个**政治祛序**的反抗口号。其实,逃离劳作节奏的日常生活本有节奏问题也是晚年列斐伏尔思考的对象。②

---

① Guy Debord, Asger Jorn, *Mémoires*, Paris, Allia, 2004.

② 1991 年列斐伏尔去世后,他的最后书稿《节奏分析要素:节奏知识导论》出版。Henri Lefebvre, *Éléments de rythmanalyse: Introduction à la connaissance des rythmes*, preface by René Lorau, Paris, Ed. Syllepse, 1991.

在瓦纳格姆看来，西方资产阶级世界中所有的劳动者

> 从青少年起直到退休年龄，二十四小时轮流制不停地重复着碎玻璃片那样的破损状况（émiettement de vitre brisée）：固定节奏（rythme figé）的裂缝、“时间就是金钱”（temps-qui-est-de-l’argent）的裂缝、服从长官的裂缝、厌烦的裂缝、疲劳的裂缝等。年轻的力量被粗暴地撕成碎片，年老时又被撕裂出一个大口子，生活在强迫劳动（travail forcé）中处处崩溃。①

时间就是金钱，是资产阶级最大的骗人口号。因为对于劳动者来说，劳动时间只是获得生活保障的谋生手段，它是撕开生命的裂缝，而被资本家无偿占有的创造了剩余价值的时间，才会变成堆积起来的金钱财富。依瓦纳格姆的看法，劳动不仅是在生产过程中被流水线的固定的节奏所强迫，24 小时中其他非生产性时间也会被切割成日常生活碎片，继续被虚假的欲望所强暴，维系劳动力再生产的血汗在消费异化中再一次被资本吸干，像是一群“被关在劳动的机械化屠宰场（abattoirs mécanisés）里被

① ［法］鲁尔·瓦纳格姆：《日常生活的革命》，张新木等译，南京大学出版社 2008 年版，第 45 页。

慢慢杀死的人"[1]。瓦纳格姆感叹地说，人类文明从来也没有像现在这样蔑视生活；整整一代人到死一直生活在厌恶生活的气氛中。不难看到，瓦纳格姆在分析当代资本主义社会生活现象时，通常都是接近历史唯物主义的客观逻辑构式的，他的个人主体性只是在革命情境建构的构境层面上才会浮现。

瓦纳格姆认为，资产阶级的时代始终是"一个劳动阶级陷入贫困的时代，劳动的权利变成了沦落为奴隶（esclavage）的权利，而奴隶制则是人类初期那些被屠杀的战俘所要求的制度。那时的首要目的是要保持肉体上不消失，能苟生（survivre）下来"[2]。这里，我们再一次看到了瓦纳格姆对资产阶级日常生活本质定性的这个关键词——survivre（苟生）的重要说明。苟生是与奴隶制一同出现的，我们从在他这里的历史发生学分析中可以见得，苟生的原初语境是指肉体上不消失的"会说话的工具"。并且，瓦纳格姆告诉我们，在词源上看，拉丁语中的 Tripalium（工作）是一种刑具，而 Labor 意味着刑罚。奴隶苟生的目的，是延

---

① ［法］鲁尔·瓦纳格姆：《日常生活的革命》，张新木等译，南京大学出版社 2008 年版，第 45 页。

② ［法］鲁尔·瓦纳格姆：《日常生活的革命》，张新木等译，南京大学出版社 2008 年版，第 46 页。中译文有改动，参见 Raoul Vaneigem, *Traité de savoir-vivre à l'usage des jeunes générations*, Paris, Gallimard, 1992.p.69。

续劳作的惩罚。在《圣经》中，人面向黄土背朝天的劳作，也是一种赎罪。在过去的黑暗时代中，“劳动是一种抵罪行为，是神圣法令所作的永久性判决，上帝要求他们处于社会的下层，其理由是不可喻的。劳动在命定的惩罚中，像是专门惩罚穷人的，还因为这种惩罚作用于未来的拯救，所以它还带有某些快乐的特征”①。劳作总是纠缠着被统治阶级，这是上述那个资产阶级世界中劳动者日常生活图景的先前旧版。不过在那里，劳动的快乐特征是教堂中上帝允诺的死后上天堂，而不是今天资产阶级立即兑现的虚假消费狂欢。概括地说，在瓦纳格姆眼里，苟生历来是奴隶延续劳作的生存条件，今天资产阶级世界中的日常生活苟生，目的就是让劳动者能够臣服于资本家并为其创造剩余价值。这是一个正确的判断。

瓦纳格姆深刻地透视到，相比之专制性的外部强暴，“资产阶级并不进行统治，它只进行剥削（exploite）。它很少奴役人，而更倾向于**使用**（*user*）”②，这是一个在社会统治手法上的重要质性差异。从社会定在的质性来看，整个资产阶级世界并不是建立在明显的政治压迫和可见的强

---

① ［法］鲁尔・瓦纳格姆：《日常生活的革命》，张新木等译，南京大学出版社2008年版，第46页。

② ［法］鲁尔・瓦纳格姆：《日常生活的革命》，张新木等译，南京大学出版社2008年版，第46页。

权之上的，它的社会关系构序-构式基础是不可见的经济剥削，即在形式上平等交换之下对劳动者剩余价值的无偿占有，并且，资产阶级用“生产性劳动的法则已经替代了封建权力的法则”①。这是很多人都没有注意到的方面。与封建强权下的直接掠夺不同，劳动与资本的交换看起来是平等和自愿的，资本对劳动（力）的**工具性使用**是合法的，而不再是过去皮鞭下的劳役劳动者，表面上也获得了奴隶所没有的报酬，这是劳动力在日常生活中苟生下去的保证。当然，资产阶级绝不是不进行统治，而是不再像奴隶主和封建统治者那样行使外部的政治强制，资产阶级将这种有形的压迫和奴役转换成基于无形的生产工具规训和经济剥削，这是“生产性劳动的法则已经替代了封建权力的法则”的基本所指。可是，资产阶级发明的这种新的奴役法则如何发挥统治的机制呢？

第一，流水线上劳动者**主体创造性的消失**。这是一个全新的批判意向了。如果说，在19世纪资本主义早期的工场手工业生产中，在工人的劳动中“还残留着创造性的

① ［法］鲁尔·瓦纳格姆：《日常生活的革命》，张新木等译，南京大学出版社2008年版，第46页。

一丝痕迹”，那么，到了 20 世纪泰勒[①]创建的泰勒主义(taylorisme)[②]的工业流水线中，这种创造性已经完全消失了。瓦纳格姆说，

> 泰勒主义用它致命的大棒敲击着古老的资本主义精心保持着的思想观念。从流水线劳动中希望得到点什么完全是徒劳的，哪怕是一张创造性(créativité)的漫画也不可能。热爱精巧完成的作业，在工作中得到升迁的欲望，如今已经成为擦不掉的印记，显示着人们的懦弱和最愚蠢的服从。[③]

泰勒主义的精密科学计算和对劳动生产过程本身的

---

① 弗雷德里克·温斯洛·泰勒(Frederick Winslow Taylor，1856—1915)：美国著名管理学家、经济学家，被后世称为“科学管理之父”。其代表作有《工场管理》(1903)、《科学管理原理》(1911)等。

② 泰勒在 20 世纪初创建了科学管理理论体系，他这套体系被称为“泰勒制”或泰勒主义。泰勒认为，企业管理的根本目的在于提高劳动生产率。在他看来，企业效率低的主要原因是管理部门缺乏合理的工作定额，工人缺乏科学指导。因此，必须把科学知识和科学研究系统运用于管理实践，科学地挑选和培训工人，科学地研究工人的生产过程和工作环境，并据此制定出严格的规章制度和合理的日工作量，采用差别计件工资调动工人的积极性。1898 年到 1901 年，泰勒在伯利恒钢铁公司将他的理论进行试验并大获成功。

③ [法] 鲁尔·瓦纳格姆：《日常生活的革命》，张新木等译，南京大学出版社 2008 年版，第 47 页。

标准化切割，是将斯密在《国富论》中意识到的主体性劳动分工的构序集成为**客体的流水线劳作系统**的最初突破。如果说，在原来斯密所面对的做别针的手工业作坊中，劳动分工中还残存着劳动的主体创造性和精巧，那么，在20世纪的流水线生产中，劳动者的所有创造性都是被彻底棒杀的。生产流水线留给工人的思考时间和动作空间，都是强制性的物性限定和纪律约束，它容不得丝毫主体性的残存。这种新型的劳动生产过程中主体创造性的根本抑制，是劳动者无脑地臣服于经济统治，之后疯狂于虚假消费的前提。这一点，是关注资本主义经济关系败坏性的马克思并没有留意的方面。而青年卢卡奇在《历史与阶级意识》对工具理性的物化批判中，通过对流水线生产中标准化和机械时间的证伪，第一次涉及资本主义经济关系之下的"生产有罪论"；而后来福柯在《规训与惩罚》中的对规训权力的批判，正是揭露了现代资本主义的机器节奏对劳动者身心规训的内在机制。

第二，**新型的劳动意识形态的控制**。这也是一个新的政治断言。马克思和恩格斯都没有直接涉及劳动与意识形态的关系。瓦纳格姆认为，如果劳动者在生产劳动中失去自己的主体创造性，是资产阶级经济统治的前提，那么新型的意识形态控制则会是这种生产性劳动法则的内在观念支配力量。在瓦纳格姆看来，如果说传统的"封建主和上帝共同实施的权力神话在封建制度的统一性中找到它的强制权力(force de coercition)"[①],那么在资产阶级的世界中,"在统一性神话(mythe unitaire)被打破以后,资产阶级的碎块权力(pouvoir parcellaire),在经济危机的表现形式下,开始了意识形态的统治(règne des idéologies),无论是单个的或是整体的意识形态"[②]。如果说专制的暴政统治的意识形态幻象是一元论的同一性神话,那么资产阶级意识形态的本质则会是化解为碎片的无形权力。其实,这里的"碎块权力",就是后来福柯所说的毛细血管般的微观权力,它不再是可见的外部压迫和强制;同时,还应该注意,瓦纳格姆这里所说的作为专制强暴接班者的意识形态支配,是特指**劳动的意识形态**,这是一种针对劳动者本身的**生产劳动专政**(*dictature du travail productif*)。实际上,不久之后阿尔都塞在《论再生产》(1969)中,延续了瓦纳格姆这一重要的观念构式逻辑。在那里,阿尔都塞十分系统和深入地讨论了"资产阶级的**'劳动'意识形态**"(*l'idéologie bourgeoise du «travail»*)的作用。除去上述外部生产资料的所有关系和来自机器流水线的规训,保障生

① [法]鲁尔·瓦纳格姆:《日常生活的革命》,张新木等译,南京大学出版社2008年版,第47—48页。

② [法]鲁尔·瓦纳格姆:《日常生活的革命》,张新木等译,南京大学出版社2008年版,第48页。

产-剥削逻辑运行最关键的条件，是工人主体自身内部对生产-剥削逻辑的自觉承认和认同。[①] 这也恰恰是资产阶级那种取代了外部强制构序的无形的“碎块权力”布展和机器流水线规训赋型的基础。瓦纳格姆说，封建专制权力解构之后，这种

> 生产劳动的专政趁机接过它们的班。其使命就是从生理上削弱最大多数的人，对他们进行集体阉割，使他们昏迷不清，使得他们能够接受最没有意义和最缺乏阳刚的思想，接受谎言史上从来没有的最为陈旧的观念。[②]

这是一个非常陌生的理论断言。现代资产阶级自动化流水线上发生的生产劳动本身是一种针对工人的专政，并且它就是集体阉割劳动者，使其处于昏迷不醒的无思状态和筋疲力尽之中，以便对他们进行意识形态的谎言赋型和支配。瓦纳格姆甚至具体地说，那些被“工厂车间的折磨

---

① [法] 阿尔都塞:《论再生产》，吴子枫译，西北大学出版社 2019 年版，第 114 页。中译文有改动，参见 Louis Althusser, *Sur la reproduction*, Presses Universitaires de France, 1995. p.67。

② [法] 鲁尔·瓦纳格姆:《日常生活的革命》，张新木等译，南京大学出版社 2008 年版，第 48 页。

撕得支离破碎”，并且“被十五个小时累垮了的工人”，是绝不可能再想到反抗资本主义压迫的。疲惫和无思，这正是资产阶级意识形态赋型和支配的前提。我觉得，瓦纳格姆这里没有区分劳动造成的疲惫与意识形态本身的差别，劳动者身心劳累便于被支配，然而，它并不是意识形态本身。

第三，**消费意识形态的隐性赋型与支配**。瓦纳格姆说，对已经处于没有主体创造性，并且被劳作折磨的筋疲力尽的、处于无思状态的劳动者来说，当代资产阶级所撒的最大的谎，就是由景观制造出来的、建立在虚假欲望之上的消费意识形态。这当然是德波所创立的资产阶级景观与消费意识形态批判理论构式的进一步发挥。在瓦纳格姆看来，资产阶级制造的这个谎言，就是“消费社会(société de consommation)中显示的各种意识形态的景观(spectacle de variétés idéologiques)”。在景观所制造的欲望对象展示和诱惑中，所有人都会“为获得一台冰箱而工作，为一辆轿车工作，为一台电视机工作。许多人还在这么做，他们是‘贵宾’，应邀去消费被动性和空无的时间(consommer la passivité et le temps vide)，这些都是生产‘需要’‘供给’他们的东西”①。当然，现在的消费意识形态

① [法]鲁尔·瓦纳格姆:《日常生活的革命》，张新木等译，南京大学出版社2008年版，第48页。

景观已经不仅仅是一般的冰箱、电视机和轿车，而是名牌、豪车和别墅。这是从普通消费链到炫耀性消费景观的升级。瓦纳格姆甚至认为，资产阶级用劳动意识形态“这种方式制作适当的疲劳剂量，正好让人们被动地接受电视的权力操纵”，劳动意识形态是消费意识形态无脑控制的前提。并且，这种**为了自己的成功和幸福**的消费意识形态神话，“必然会有效地代替年轻资产阶级已经砸碎的封建神话”。在今天，已经不完全是电视的权力操纵，而是全球网络信息的数字化权力操纵的景观了。这种新型消费意识形态赋型和支配的黑手，恰恰生成于每个“踩手族”在智能手机上的不能自已的点击。

瓦纳格姆愤怒地说，早在 1938 年发表的一项统计资料就表明，“一种现代生产技术的应用可以让每天所需的劳动时间缩短三个小时”，而且，“随着自动化和控制论(l'automation et la cybernétique)的应用，人们预见许多劳动者将大量地被机械奴隶(esclaves mécaniques)所取代”①，然而，资产阶级还在实行七小时工作制，当这种可怕的机械劳动在消灭了和耗尽了劳动者的创造性和全部体力后，资产阶级再“向他们许诺一个如今需要用分期付款

① ［法］鲁尔·瓦纳格姆：《日常生活的革命》，张新木等译，南京大学出版社 2008 年版，第 49 页。

来购买的福利”。就像《猫和老鼠》中已经从悬崖冲向空中的汤姆，人们没有实际的财富，却在空中预支了幸福生活享乐。这种预支既撑胀了资本家的口袋，也满足了消费意识形态所制造的劳动者的虚假欲望。在瓦纳格姆看来，这种分期付款中获得的**预支幸福**恰恰是“在劳动以外的方面继续在摧毁人类”①。对无产阶级来说，今天资产阶级的“欺骗已经用到极致，再也没有什么可以丢失，连一个幻想也不会丢失”。在 2008 年的世界性资本主义金融危机中，美国的次贷泡沫破碎，悬在空中的所有“幸福”家庭都掉进灾难般的深渊。

3．推倒日常生活迷墙的第三种力量

瓦纳格姆认为，今天资本主义社会中最大的问题，就是对资产阶级新型奴役的不自觉认同，如同葛兰西很早就意识到的非暴力的隐性霸权，只是当下这种他性认同开始发展到**把痛苦当作快乐，把异化当作幸福**的可怕沉迷状态。所以，在瓦纳格姆看来，“当代人们的意识有时是被禁闭者(l'emmuré)的意识，有时是关押犯(prisonnier)的意

① [法]鲁尔・瓦纳格姆：《日常生活的革命》，张新木等译，南京大学出版社 2008 年版，第 48 页。

识。向两边摇摆就是他的自由”①。诗人说得很刻薄。因为在他看来，资产阶级意识形态支配下的人们的观念本身就是以**顺应囚禁**为前提的，当然，这是看不见的牢笼，统治者的手上总是有着一根让人们听话的“顺从的牵狗绳”(la laisse de la soumission)，这根牵狗绳就是通过制造虚假欲望诱导日常生活的消费意识形态。这是一个很形象的说法。在今天，这根资产阶级的牵狗绳就是人们放不下的智能手机上无时不在的景观推送。

瓦纳格姆说，成功革了封建主命的资产阶级仍然是统治者，然而，被他们除掉的“暴君微笑着死去，因为他知道在他死后，暴政只是转了一下手(la tyrannie changera seulement de mains)，而奴隶制是不会结束的。当头的人换了，就像他们的统治方式也换了一样，但他们仍然当头，仍然是政权的主人，并且以私人的名义在行使权力”②。**暴政只转了一下手**，这是极其深刻和精彩的一句话。推翻了外部专制的资产阶级，只是将直接的压迫和奴役改变成不可见的温柔的牵狗绳，如果说，在马克思的那个时代，这种不可见的绳是**饥饿的皮鞭**，那么今天的资产阶级

---

① [法]鲁尔·瓦纳格姆:《日常生活的革命》，张新木等译，南京大学出版社 2008 年版，第 51 页。

② [法]鲁尔·瓦纳格姆:《日常生活的革命》，张新木等译，南京大学出版社 2008 年版，第 52 页。

世界则是用**追逐幸福的分期付款的悬空肥肉**作为牵狗的伴侣。

今天在资产阶级的统治中换上来的暴君，不再是有脸的帝王，而恰恰是无脸的专家。今天的意识形态控制不是专制统治下的“说不”，而是鼓励性的减压（décompression）和诱导性的欲望。瓦纳格姆认为，在资产阶级的日常生活中，

> 碧姬·巴铎[①]，强尼·哈里代[②]，三马力雪铁龙车，年轻人，国有化，意大利细面条，老年人，联合国，超短裙，大众艺术，热核电之战，搭便车。没有一个人不在白天的某个时刻被各种信息所询问，如广告、信息、成见等；没有一个人不被催促着对预先制造的细节（détails préfabriqués）表明态度，这些细节将耐心地阻塞所有日常创造性的源泉（sources de la créativité quotidienne）。在权力的手腕中，这个冷酷的物神（fétiche glacé），这些对立的碎片形成了一个磁性的圆环（anneau magnétique），使个体的指南针失去功能，

① 碧姬·巴铎（Brigitte Bardot，1936—）：法国著名电影女明星，因主演电影《巴黎妇人》而获“性感小猫”的（Sex Kitten）别称。作品有《穿比基尼的姑娘》（1952）、《上帝创造女人》（1956）等。

② 强尼·哈里代（Johnny Hallyday，1940—2017）：法国著名男歌星。

让每个人自我抽象化，使动力线(lignes de force)偏转方向。[1]

在诗人笔下，总是感性描述多于理性分析。在瓦纳格姆看来，今天资产阶级的统治是弥漫在日常生活中碎片式的微观权力，这种强暴性的力量线并不表现为压迫，而是各种无法拒绝的广告和信息诱惑，从娇艳的女星到疯狂的摇滚歌手，从最时尚的服饰到炫耀性的豪车，甚至从最普通的意大利面条到最严肃的热核电争论，资产阶级的意识形态洗脑无处不在。粉丝们将在没有自己灵魂的状态下掉入**被流行**的时尚和**被脑浆搅拌过**的无脑大众的意识形态网，新的权力手腕是景观拜物教主。五光十色、相互冲突的商品和观念生成着让所有人都手足无措的磁性闭环，个人没有了方向，主体创造性被预设的信息所歼灭，最终掉入资产阶级“甜蜜的幸福日常生活”魔掌之中。我们想一下今天在智能**手机本体论**[2]中发生的一切异化，就会意识到瓦纳格姆的深刻。

---

① [法]鲁尔·瓦纳格姆:《日常生活的革命》，张新木等译，南京大学出版社2008年版，第54—55页。

② 参见意大利学者莫里西奥·费拉里斯所著的《手机本体论》。Maurizio Ferraris, *Where Are You? An Ontology of the Cell Phone*, New York, Fordham University Press, 2014.

瓦纳格姆认为，资产阶级正是通过日常生活建立了一种所有人都无法穿透的**迷墙**①。这堵迷墙并不是建立在传统革命所瞄准的资本主义宏大经济政治目标上，而是弥漫于日常生活不可见的人们毒化了的灵魂中，这正是早期被葛兰西指认为隐性霸权的东西，而今天，它正在转型为日常生活中的消费意识形态控制。所以，现在最关键的革命任务不再是攻打冬宫式的"一个伟大的晚上"，而是要发动一场**拯救迷失的灵魂的文化革命**，即让所有人从这种意识形态控制的迷墙中摆脱出来的灵魂之战。其实，这正是葛兰西反对资产阶级霸权的文化革命逻辑，也是即将发生的"五月风暴"的本质。瓦纳格姆说，"灵魂的拯救无非就是活着的意志(volonté de vivre)，就是那个被神话控制的、大众传媒化了的、掏空了实际内容(le mythe, médiatisée, vidée de son contenu réel)的意志"②。当然，这就是坚决拒

---

① 《迷墙》(*The Wall*)，英国导演埃兰·帕克(Alan Parker)1982年摄制的电影，影片的主角是一个叫Pink的青年人。"墙"是一个隐喻，它是隔离痛苦的手段，同时更是限制自由的桎梏。Pink小时候父亲就战死了，他在妈妈的溺爱中长大。Pink对压抑的学校制度心存不满，于是在写作和音乐中寻找自由。但他成功后发现"墙"也与自己一起长大了，他感觉为名所累，为人所伤，绝望之余，决定与世隔绝。在最后，同Pink Floyd的音乐专辑一样，无形的墙被推倒了。Pink Floyd是欧洲的著名摇滚乐队。《迷墙》为该乐队发行于1979年的一张极有名的音乐专辑。

② [法]鲁尔・瓦纳格姆:《日常生活的革命》，张新木等译，南京大学出版社2008年版，第56页。

《迷墙》的招贴画

斥资产阶级那个在神话般大众传媒掏空的甜蜜的日常生活苟生，通过文化革命找回已经丢失的**像人一样活着**的意志。

在此，瓦纳格姆援引了罗扎诺夫[1]的一个比喻，“人类已经被大衣柜压在底下。如果不将柜子抬起来，就无法将

① 罗扎诺夫(Vassili Rozanov，1856—1919)：俄国哲学家和批评家。代表作有《孤独》(1912)等。

全体人民从永久的无法忍受的痛苦中解救出来"[①]。这个大衣柜就是整个资产阶级通过平庸日常生活强加给我们的看不见的景观统治。可是,如果我们写一本书、发表一种不负责任的观点,那么很可能"他的每个句子,他的每句话,都将加重衣柜的重量"[②],他就会成为资产阶级的同谋和帮凶。对此,瓦纳格姆是坚决反对的。他主张,人们必须立即站起来掀翻压在我们身上的景观"大衣柜":"要么就现在,要么永远不(Ce sera maintenant ou jamais)!"

也是在这里,瓦纳格姆第一次提出**新的革命力量**的问题。在他看来,斯密的"看不见的手"与反对资产阶级的"看得见的手"都不会推倒这堵日常生活中无法直观的迷墙,应该有**第三种力量**(*troisième force*)。那么,什么是第三种力量呢?在他看来,这第三种力量,既非资本主义也非社会主义,"第三种力量属于个人视角(perspective individuelle)的范畴,正像减压力量属于权力视角一样。它是所有斗争的自发的(spontané)补充力量,它使起义极端化,揭露虚假的问题,从结构的角度(structure)威胁权力。它的

① [法]鲁尔·瓦纳格姆:《日常生活的革命》,张新木等译,南京大学出版社2008年版,第43页。

② [法]鲁尔·瓦纳格姆:《日常生活的革命》,张新木等译,南京大学出版社2008年版,第44页。

根须遍布日常生活的方方面面"[1]。他的意思是说,这种适应新型文化革命的第三种力量,只能是真实生活中的个人主体,这就是瓦纳格姆确认的新型革命主体,显然,这是倒退到施蒂纳的革命唯我论。并且,革命的形式是个人自我意识的觉醒,这种觉醒必须从日常生活本身的方方面面开始。在他看来,似乎只要所有在日常生活中活着的个人都自觉透视资产阶级的意识形态,这堵迷墙就一定能被推倒。个人的自我意识觉醒就能推倒资产阶级意识形态的迷墙,这真是鲍威尔[2]之后自我意识革命论的新天方夜谭。诗人瓦纳格姆乐观地说,

> 需要推倒的墙壁还很高大,但打开的许多缺口已经动摇了它的根基,不久后只需大喝一声,就能看到

---

① [法] 鲁尔·瓦纳格姆:《日常生活的革命》,张新木等译,南京大学出版社 2008 年版,第 55—56 页。

② 布鲁诺·鲍威尔(Bruno Bauer,1809—1882),德国哲学家,青年黑格尔派代表之一。柏林大学毕业后,曾在柏林大学、波恩大学任教,因发表《同观福音作者的福音史批判》而遭解聘,从此退隐。他否认福音故事的可靠性以及耶稣其人的存在,将黑格尔的自我意识解释为同自然相脱离的绝对实在,并用它来代替黑格尔的"绝对观念",宣称"自我意识"是最强大的历史创造力。1839 年至 1841 年,鲍威尔曾是马克思的老师、导师和密友。后来,马克思和恩格斯在《神圣家族》中对鲍威尔予以严厉批判。主要著作还有《福音的批判及福音起源史》《斐洛、施特劳斯、勒男与原始基督教》等。

它哗啦倒下。但愿第三种力量的奇妙现实从历史的迷雾中喷发出来，在暴动中激发出个人的热情！人们即将看到，日常生活中蕴藏着一种巨大的能量，它能移山倒海，能缩短距离。①

大喊一场，资产阶级建构的统治之迷墙就会“哗啦倒下”，我想只有在美妙的主观诗境中才会发生。现实资产阶级的统治能不能够在觉醒的“个人的热情”和日常生活中的巨大能量自发喷射中崩溃，这当然是一个巨大的问号。不过瓦纳格姆很自信，因为他觉得即将来临的文化革命会是一场前所未有的风暴，

那些匿名的或不知名的发起人将一拥而上，与萨德②、傅立叶、巴贝夫③、马克思、拉色内尔、施蒂纳④、洛特

① [法] 鲁尔·瓦纳格姆：《日常生活的革命》，张新木等译，南京大学出版社 2008 年版，第 57 页。

② 弗朗索瓦·萨德(François Sade, 1740—1814)，法国作家。号称“被诅咒的作家”，其作品是启蒙时期自然主义与自由主义哲学的双重阐述。《小客厅里的哲学》以色情描写来对抗社会。

③ 巴贝夫(François-Noël Babeuf, 1760—1797)，弗朗索瓦·诺埃尔·巴贝夫，别称 Gracchus，法国革命家。他主张建立平均主义的社会，史称巴贝夫主义(babouvisme)。在法国大革命中，因密谋推翻督政府而被处决。

④ 施蒂纳(Stirner, 1806—1856)，原名 Johann Kaspar Schmidt，德国哲学家。其观点主要是唯我论和虚无主义，作品有《唯一者及其所有物》等。

雷阿蒙、勒奥梯埃[①]、瓦扬[②]、亨利[③]、维拉[④]、萨帕塔[⑤]、马克诺[⑥]帮、巴黎公社社员，还有汉堡起义者、基尔[⑦]起义者、喀朗施塔得起义者、阿斯图里亚斯[⑧]起义者，还有那些玩心未泯的人，还有刚刚开始游戏的我们，我们一起来进行这场争取自由的游戏。[⑨]

这真是一场穿越式的游戏，早先的社会主义者傅立叶、巴贝夫、马克思和巴黎公社社员，唯我论的新人本主义者施蒂纳和疯狂的另类萨德，现代诗人洛特雷阿蒙和情境

---

① 阿兰·勒奥梯埃(Alain Léhautier)：法国当代社会学家情境主义国际成员之一。

② 瓦扬(Paul Vaillant-Couturier，1892—1937)：法国政治家和著名记者。曾任法国共产党中央委员，法共机关报《人道报》主编。

③ 亨利(Michel Henry，1922—2002)：法国当代哲学家。主张拒绝当今社会，探索生活的意义。

④ 潘丘·维拉(Pancho Villa，1878—1923)：一支印第安农民起义部队的首领。

⑤ 萨帕塔(Emiliano Zapata，1879—1919)，墨西哥革命领袖。

⑥ 马克诺(Nestor Makhno，1889—1934)，乌克兰无政府主义者，1918 年乌克兰革命起义的领袖。他所领导的无政府主义农民军队在俄国内战中同时与白军和布尔什维克作战。约瑟夫·凯塞尔(Joseph Kessel，1898—1979)的小说《纯洁的心灵》描写了这个无政府主义帮派。

⑦ 基尔(Kiel)：德国城市。1898 年基尔海军哗变，成立了士兵委员会。

⑧ 阿斯图里亚斯(Asturies)：西班牙自治区名。1936 年，该地区的矿工罢工，揭开了西班牙内战的序幕。

⑨ [法] 鲁尔·瓦纳格姆：《日常生活的革命》，张新木等译，南京大学出版社 2008 年版，第 57 页。

主义者勒奥梯埃，第三世界的农民起义者维拉、萨帕塔和马克诺，甚至还有德国和西班牙的革命城市，最后还有瓦纳格姆自己，不能不说，这是一种蒙太奇式的全新革命组合。不过，不久之后的“五月风暴”，真的兑现了瓦纳格姆的诗意憧憬，只可惜它是以漫画的方式操演了这一革命游戏。游戏般的疯狂固然有趣和令人兴奋，但一定会有疯狂之后的寂静。硝烟退去时，迷墙仍在。

第四章
日常生活苟生的政治经济学批判

众所周知，马克思的政治经济学批判，主要指向资本主义生产关系的剥削性质，而瓦纳格姆则在列斐伏尔的启发下，将这种宏大的批判构式转化为一种对资产阶级日常生活的透视。在他看来，虽然当代资产阶级世界中的劳动者在物质生活条件意义上的绝对贫困化已经不再突出，可是，他们却陷入一种新的贫困之中，这就是生命存在意义缺失的苟生。因为，在资产阶级景观制造出来的消费狂欢中，人被塑形为虚假“幸福生活”异化中的客体人；科学技术成为资本奴役的帮凶，意识形态幻象已经成为无时无处不在的科学管理构式和牧领性治安。这是一种对今天资产阶级日常生活的新型政治经济学批判。我觉得，书中关于这一内容的讨论是写得最好的部分。在一定意义上，瓦纳格姆超过了他的老师列斐伏尔的《日常生活批判》。

1. 看不见的贫困：消费狂欢苟生中的物役性

瓦纳格姆告诉我们，从表面上看，二战之后，在当代发达资本主义福利国家的日常生活中，呈现出一片幸福生活的情景："生活水平的提高，不可胜数的便利，形式多样的消遣，大众享用的文化，梦一般的舒适设备。"①这似乎是一个客观发生的事情，甚至有人认为，"冰箱、电视、多菲纳汽车、低租金住房以及大众戏剧的大量积聚"②，已经让马克思所说的处于**绝对贫困化**（paupérisation）的无产阶级杳无踪迹（disparu）。事情果真如此吗？在左翼诗人瓦纳格姆的眼里，这个表面用五彩景观和消费物品堆砌起来的丰裕日常生活并不是真正的富贵，而是另一种意义上的看不见的贫困，即存在本身的异化苟生。多年以后，斯蒂格勒也提出了新的"无产阶级贫困化"，不过，与瓦纳格姆不同，相对于马克思所指认的经济条件意义上的无产阶级绝对贫困化，斯蒂格勒认为，今天发生的无产阶级贫困化并不是物质财富和生活条件上的匮乏，而是人们内心世界中个性

---

① ［法］鲁尔·瓦纳格姆：《日常生活的革命》，张新木等译，南京大学出版社 2008 年版，第 62 页。

② ［法］鲁尔·瓦纳格姆：《日常生活的革命》，张新木等译，南京大学出版社 2008 年版，第 62 页。

化的缺失。[①] 我们来看瓦纳格姆的具体分析。

首先，瓦纳格姆告诉我们，资产阶级启蒙所鼓吹的自由—平等—博爱的游戏，在今天日常生活可直观的物相中，好像真的在当代资本主义的消费王国中再一次对象化地实现了。

> 在消费王国中，公民就是国王。这是一种民主的君主制(royauté démocratique)：在消费面前人人平等(1)在消费中获得博爱。(2)根据消费来实现自由。(3)可消费物的专政(La dictature du consommable)完全消除了血缘、门第或是种族的障碍；如果这种专制没有通过**物**的逻辑(logique des *choses*)来禁止一切质的差异(différenciation qualitative)，而且只容忍在价值与人之间的量的差异(les valeurs et les hommes que des différences de quantité)，那人们就应当无所顾忌地欢欣雀跃了。[②]

---

① 关于斯蒂格勒"无产阶级贫困化"的讨论，可参见拙著：《斯蒂格勒〈技术与时间〉的构境论解读》，上海人民出版社 2018 年版，第 303—313 页。

② [法] 鲁尔·瓦纳格姆：《日常生活的革命》，张新木等译，南京大学出版社 2008 年版，第 65 页。中译文有改动，参见 Raoul Vaneigem, *Traité de savoir-vivre à l'usage des jeunes générations*, Paris, Gallimard, 1992.p.89。

这是一种深刻的戏仿。原来，资产阶级的革命是将中世纪的“上帝面前人人平等”中的上帝换成了法律，鼓吹“法律面前人人平等”，而在新的消费社会中，则出现了**买东西**面前人人平等，这似乎看起来实现了一个消费自由和博爱中的“民主的君主制”，在这个王国中，**顾客就是上帝**。我们现在经常在商店中当面听到这句奉承话。瓦纳格姆承认，在这里资产阶级继续兑现了拒斥封建关系中的“血缘、门第或是种族”娘胎中带来的等级，一个王子与我们用相同的货币购买消费品。可是，他让我们注意到，在这种购买的狂欢中也悄悄地赋型着一种隐形的“消费物的专政”，人不再直接跪倒在专制权力面前，可现在是人臣服于**消费物的逻辑**，或者用我的概念来表述，就是人所生产出来的消费品敌我性构序成的**物役性**。消费世界中的苟生人的日常生活不再是主体性生存，而畸变成消费品的人格化，这些物化了的人为了拥有一颗钻石、一个名牌包包、一辆豪华轿车和别墅，可以丧尽天良、无耻到极致。这就是消费品拜物教。

其次，在这种看起来丰足幸福的表象之下，人的**存在质性**也被消除了，只剩下“拥有许多与拥有很少”（qui possèdent beaucoup et ceux qui possèdent peu），即买到的东西多少的**量的差异**。人的生存失去了每个人独有的日常生活质性，只剩下量的构式维度，这正是**苟生**的本质特征之一。在瓦纳格姆看来，人的日常生活存在的**质性的不**

在场是一个严重的存在论事件，在今天“我羡慕故我在”的消费社会中，“消费资料不再拥有使用价值（valeur d'usage）”，而只是一种数量上的比较。其实，在霍克海默和阿多诺写下的《启蒙辩证法》一书中，已经意识到资产阶级的启蒙通过把不等的东西（Ungleichnamiges）归结为抽象的**量**（abstrakte *Größen*），而使不等的东西变成可以直接进行**比较**和**操控**的东西。对启蒙运动而言，不能被还原为**数字**的，最终不能被还原为**一**（die *Eins*）的东西，都是幻象。倒过来说，在启蒙的逻辑中，凡是不能被量化和归一的东西，都是要被**祛**魅的。这也是韦伯思想的秘旨，舍勒也意识到了这种量化对价值的颠覆。比如，开一辆大众宝莱汽车和驾驶一辆宾利轿车，对后者而言，作为交通工具的使用价值（质）是微不足道的，而突显出来的是攀比关系和炫耀性消费中的交换价值——金钱的量。用德波的话来说，就是“交换价值统治了使用价值，而带来的景观消费，主要不是为了使用价值”①。景观消费的实质，是对他者欲望的欲望。

直面今天的资产阶级景观创造出来的消费世界，瓦纳格姆承认，马克思所说的无产阶级在生活资料上的绝对贫困化现象的确不再突出，今天的人们身边“生活资料远远

---

① Guy Debord, *Œuvres*, Paris, Gallimard, 2006. p. 986.中译文参见刘冰菁译稿。

没有减少，相反在不断增加"，然而，这是否就真正消除了贫困化？瓦纳格姆显然不这样看。在他看来，今天消费世界中的生活富足正是当代资产阶级政治统治的新策略，因为这种物性的富贵恰恰是围绕着**日常生活的苟生**展开的，而这种苟生正是一种新的贫困化，即生命存在本身的贫困化。今天"贫困化的证明就在苟生（survie）本身之中，它始终处于真正生活（vraie vie）的对立面"①。这种新贫困化的表现，恰恰就是富足生活之上的**安逸**（confort）。这是一个存在本身的辩证法悖论，或者说，是霍克海默和阿多诺那个**启蒙辩证法**的日常生活论改写。瓦纳格姆说，

> 人们曾经期望，安逸就是生活的富足，这种生活是封建贵族拥有过的阔绰生活。而实际上，安逸只会是资本主义生产率（productivité capitaliste）的孩子，一个预先设定要未老先衰的孩子，一旦分配的循环系统把这孩子变为被动消费的简单物品（simple objet de consommation passive）时就会这样。工作是为了苟生，苟生就得消费，而且是为了消费，这个恶性循环就完备了。在经济主义（économisme）的王国里，苟生既是必需

---

① ［法］鲁尔·瓦纳格姆：《日常生活的革命》，张新木等译，南京大学出版社 2008 年版，第 66 页。

的，也是足够的。正是这无人不晓的真理缔造了资产阶级时代。诚然，建立在这样一条反人类真理之上的历史阶段只能构成一个过渡阶段，这是一个从封建主(maîtres féodaux)经历的黑暗生活向用理性和激情构建的无奴隶主(maîtres sans esclaves)生活的过渡。①

这是说，为了消费品而活的富足苟生，是资产阶级世界中政治稳定(安逸)的现实基础。其实，这也正是后来福柯提出**生命政治**权力构序的真正社会定在基础，当然也是葛兰西开启的资产阶级政治霸权认同构式的重构。**疯狂消费塑形社会和谐与治安**，这是一个很深的新型隐性奴役场境。资本主义生产关系的本质是疯狂地追逐剩余价值，这仍然是不可能改变的东西，但是过去马克思关注的焦点是，资本家如何在形式上公平的雇佣劳动交易背后的生产过程中，榨取工人的绝对或相对剩余价值，而现在，当代资本主义的消费社会，则是将所有人的生活塑形成无止境追逐消费品的苟生，现在成了“工作是为了苟生，苟生就得消费，而且是为了消费”的恶性循环，正是在这个无穷无尽、不断增大的消费膨胀中，资产阶级从市场拉动的生产中获

---

① [法]鲁尔·瓦纳格姆:《日常生活的革命》，张新木等译，南京大学出版社2008年版，第66页。中译文有改动，参见 Raoul Vaneigem, *Traité de savoir-vivre à l'usage des jeunes générations*, Paris, Gallimard, 1992.p.90。

得巨大的利益。依我的理解，这个利益当然不是从流通领域产生的，还是资本家对包括新型脑力劳动者（编程员和软件设计者）、第三产业劳动者在内的不同类型劳动者所创造的剩余价值的无偿占有，只是这种盘剥变得更加隐秘了。

然而，这个表面用理性和热情建立起来的"无奴隶主（maîtres sans esclaves）生活"的资产阶级时代，并不是真的没有奴隶主，而是资产阶级构式和精心塑形起来的无脸的统治，瓦纳格姆这里所指认的，即非人的消费品对我们的统治，这是一种新的物役性力量对人的支配和奴役。在过去的封建时代，只有王公贵族才能过上不愁吃穿的富足生活，而今天一切都改变了，"贵族阶级曾经用激情和奇遇丰富了生活，如今人人都可以享受这种生活了，然而这种生活只不过是一些佣人房间（chambres de bonnes）构成的王宫"①。我们的新主子，是名牌包包、豪车和独幢别墅一类欲望对象，以为住在装修豪华的宫殿里，实质上，这只是一群疲惫不堪的奴隶的房间。

当然，要能买得起消费品，就要有金钱。消费的背后仍然是可感觉得到的金钱的权力，这是资产阶级世界中不变的真理。所以瓦纳格姆说，推翻了中世纪的黑暗统治，"在十分可笑而又神秘的血腥权力后，取而代之的是荒诞

① ［法］鲁尔·瓦纳格姆：《日常生活的革命》，张新木等译，南京大学出版社 2008 年版，第 66—67 页。

不经的金钱权力”。如果说在封建专制的时代，“贵族的徽章表示了上帝的选择和当选者行使的真正权力”，那么在资产阶级世界中，金钱则成为“兑现权力的票据（traite sur le pouvoir）”，由此，成为消费社会的真正上帝。所以，“顾客就是上帝”这句假话背后的真相还是**金钱就是上帝**。这是从赫斯开始就已经提出和思考过的问题。瓦纳格姆用生动的话语描述道，

> 金钱，这个没有气味的资本家之神（dieu sans odeur des bourgeois），也是一个中介性（médiation）神灵，是一种社会契约。这是一个可操纵的神灵（dieu maniable），但它不再是通过祷告或誓言，而是通过科学和专门的技术。它的奥秘不再位于晦涩难懂、不可捉摸的总体性之中，而是位于数不胜数的部分的可靠性之中；它的奥秘不再位于主人的质量（qualité de maître）之中，而是位于唯利是图的物的存在质量（la qualité d'êtres et de choses）之中（譬如，一千万法郎可以使其所有者随心所欲地做事）。①

① ［法］鲁尔·瓦纳格姆：《日常生活的革命》，张新木等译，南京大学出版社 2008 年版，第 67 页。中译文有改动，参见 Raoul Vaneigem, *Traité de savoir-vivre à l'usage des jeunes générations*, Paris, Gallimard, 1992.pp.91-92。

金钱没有气味，显然指的是它作为获得一切消费物的票据，恰恰它自己没有质性，即它什么都不是。如果原来的贵金属本身还是有价值的，纸币和今天的电子货币就真是空无。金钱之神不同于上帝，不再具有那种集至真至善至美为一身的至圣主人质性，它也不再是永远猜不透的奥秘总体性，并且，金钱的作用不需要通过教会和牧师的宣教和誓言，它是一个孩子从懂事起就会在每天的生存操持中明白的道理。作为一个"唯利是图的物的存在质量"，金钱就是一个可以操控世界的可靠性社会契约，它是一种量化的临时权力转让，你有一千万，就可当一个随心所欲的皇帝，到花完为止。于是，在资产阶级的消费王国中，人们可以"大量地消费，快节奏地消费，不断地更换汽车、白酒、住房、收音机、姑娘等，这种能力从此在等级范畴内标示了权力的等级，而且每个人都可以追求"①。但是，苟生的人都不会意识到，在另一个更深的存在层面上，在你获取和拥有金钱的时候，你恰恰是它的奴隶。苟生的人失去了自己真实的个性，用德波的话来讲，就是苟生的人只有"伪-个性"(pseudo-personnalité)，"因为这种个性完完全全和这些物品一致，这些物品就代表了这种个性"②。除了钱，你

---

① [法]鲁尔·瓦纳格姆:《日常生活的革命》，张新木等译，南京大学出版社2008年版，第68页。

② Guy Debord, *Œuvres*, Paris, Gallimard, 2006.p.686.

什么都没有;作为物的逻辑构式中的苟生,本身就是奴隶般的生活。

2. 客体人:从献祭式交换到量化的交换

诗人瓦纳格姆的思考有时候也会出人意料,因为他竟然像政治经济学家一样地告诉我们:消费王国狂欢的背后是复杂的资产阶级交换关系的暗箱操作。这当然算是一种批判认知层面上的深入。然后,他又历史学家一般一本正经地分析说,交换开始于远古时代的原始游牧部落(hordes primitives)生存,当然,那里的交换不是今天的经济交换,而是"一种神奇的交换,是一种没有量化,也不理性的交换"①。他这里的观点其实受到了莫斯②人类学研

① [法]鲁尔·瓦纳格姆:《日常生活的革命》,张新木等译,南京大学出版社2008年版,第75页。

② 马赛尔·莫斯(Marcel Mauss, 1872—1950),法国现代著名人类学、社会学家。1872年5月,莫斯出生于法国埃皮纳尔的一个犹太家庭,其父是一个从事刺绣工艺的小业主,而母亲就是鼎鼎有名的社会学大师涂尔干的姐姐。1890年中学毕业之后,莫斯没有升入巴黎高等师范学校,而是直接在波尔多大学跟随涂尔干学习社会学,并逐步成为涂尔干的重要学术助手。1891年前后,他同时注册学习法律,两年后,曾因服兵役暂时中断学业。1895年,莫斯通过了国家哲学教师资格考试,并于同年开始在法国高等实验研究院学习和工作。1898年,莫斯与涂尔干一起创办《社会学年鉴》,开创了法国社会学的"年鉴学派"。1930年,他当选法兰西学院"社会学讲座教授";1938年,当选高等实验研究院宗教科学部主任。

究的影响。在他看来,那时

> 人类的聪慧使得他们摆脱了动物界强弱交替的命运:即要么战胜敌对群体,要么被其击败。公约、契约、交换(Le pacte, le contrat, l'échange)缔造了原始群体的生存机会。在农业社会之前和所谓"采摘"时期之后的游牧部落,他们的存活必然经历三重交换:女人交换、食物交换和血统交换。交换的实施具有神奇观念的色彩,它设想了一位最高的组织者,即交换活动的主人(maître des échanges),这是一个位于缔约各方之上或之下的强人。诸神(dieux)就这样诞生了,而且与宗教神话和等级权力的双双诞生完全吻合。①

其实,原始部族生活中的"交换"并非是今天意义上的经济交换,这是对的。可是瓦纳格姆并没有意识到,当这种交换中仍然包含着战俘和妇女时,它的本质其实为残酷的杀戮和牺牲,但它却以神性的"赠予"(don)方式表现出

1950年2月,莫斯因病在巴黎去世,终年78岁。其代表作有《论民族》(1920)、《论礼物》(1925)、《社会学与人类学》(1950)、《作品集》(三卷,1968—1969)等。

① [法]鲁尔·瓦纳格姆:《日常生活的革命》,张新木等译,南京大学出版社2008年版,第74页。

来。这是莫斯也没有透视的社会定在本质。然而，当瓦纳格姆指认，这种交换的历史产物是“宗教神话和等级权力的双双诞生”时，他是深刻的。依他之见，过去那种面对神性强人的交换，到了农耕时代，则体现为佃农向地主和皇权的献祭。被压迫的农民向土地的“所有者**真正地**献祭他们生活中的一个重要部分：他们接受其权威，为其劳动。主人向被统治者**神话式地**献祭其权威和所有者的权力”①，而“上帝是交换的保证者，是神话的捍卫者”②。这是对的。实际上，农民的献祭和纳租已经不再是交换，而是皇权幻象背后发生的直接的经济强制和掠夺了。上帝和神灵，正是这种直接强暴的护佑者。应该说，这基本是历史性的科学分析。

瓦纳格姆说，一直到资产阶级的出现，“商业资本主义和工业资本主义加快了交换的量化”。这显然是错误的说法。准确地说，只是在资本主义生产方式之中，才第一次出现现代意义上的商品-市场交换，资产阶级交换关系的出现并非传统社会质性交换的量化，而是商品-货币-资本社会构式的资本主义生产方式的历史发生，这是一种社会生产关系本质上的根本改变。这些方面是诗人瓦纳格姆

---

① [法]鲁尔·瓦纳格姆：《日常生活的革命》，张新木等译，南京大学出版社2008年版，第75页。

② [法]鲁尔·瓦纳格姆：《日常生活的革命》，张新木等译，南京大学出版社2008年版，第74页。

并不关心的问题。在他看来，“随着量化的交换专政（商业价值）对日常生活的殖民，随着日常生活逐步转变为市场”①，上述那些非量化和不理性的交换逐渐退出历史舞台。商品-市场经济中的价值交换成为统治性的社会关系，建立一种由消费中介建立起来的伪总体性。显然，瓦纳格姆在没有真正透视资本主义商品-市场交换本质的情况下，急于面对当代资本主义消费社会出现的新变化。他一本正经地说，

> 通过**存在**（*l'être*）与**拥有**（*l'avoir*）的交换，资产阶级权力失去了存在与世界的神话统一性（l'unité mythique）；总体性（totalité）变得支离破碎。生产的半理性交换（L'échange semi-rationnel）将创造性隐性地等同起来，将其简化为劳动力，折成每小时工资的定价。消费的半理性交换将可消费的实际经验隐性地等同起来（生活被简化为消费的活动），等同于一种权力的总和，可以在等级组织机构图中给消费者定位。②

① ［法］鲁尔·瓦纳格姆：《日常生活的革命》，张新木等译，南京大学出版社 2008 年版，第 76 页。

② ［法］鲁尔·瓦纳格姆：《日常生活的革命》，张新木等译，南京大学出版社 2008 年版，第 77 页。中译文有改动，参见 Raoul Vaneigem, *Traité de savoir-vivre à l'usage des jeunes générations*, Paris, Gallimard, 1992.pp.103-104。

这又是浪漫主义的诗性话语。瓦纳格姆是想说，在资产阶级的商品-市场世界中，人的生命存在本身被塑形成了消费品的拥有。于是，原先使世界统一起来的神性同一被打碎了。劳动者的创造性变成了劳动力的工具性切片，人的日常生活感性经验变成了消费的欣喜，**生活就是买东西**，并且是在一个消费品贵贱结构中"我羡慕故我在"的比拼苟活的等级。其实，在瓦纳格姆的分析中已经内含着一个历史跳跃，因为劳动者的"生活就是买东西"，这已经是20世纪资产阶级福特主义之后社会定在中出现的新情况、新现象了。因为在早期资本主义的历史发展中，拥有财富只是资产阶级的事情，有如恩格斯在《英国工人阶级状况》中描写的那样，绝对贫困化的劳动者处于悲苦的生存边缘上。瓦纳格姆跳过了这个阶段。只是到了20世纪30年代之后，特别是二战结束之后，资产阶级的经济策略与国家垄断资本主义的福利政策一道，才开始转向福特主义之后故意制造的膨胀性消费，这才会出现"让工人买得起汽车"的景观口号。这样，欲望的制造和虚假性消费才成为资产阶级拉动经济增长的内趋力，普通劳动者是被强行构序为大众消费的主力军，"生活就是买东西"才成为现象。

当然，瓦纳格姆不是严谨的经济学家和历史学家，顾

忌不了这么多，诗人有自己的构式逻辑，他只管感叹道：在资产阶级创造的商品-市场交换中，

> 经过严格的量化后（先通过金钱，后通过权力的数量，通过一种我们可以称作“权力的社会计量统一体”，unités sociométriques de pouvoir），交换玷污了一切人类关系、所有的情感、全部的思想。在交换统治的所有地方，只剩下了物（choses）；一个客体人（Hommes-objets）的僵化的世界，人们被固定在赛搏网式权力（pouvoir cybernéticien）的组织机构图中，而控制论式权力即将走向统治地位；这是一个物化的世界（le monde de la réification）。①

这是深刻的分析。在金钱量化和资本统治（权力）的商品交换中，人的一切存在关系和观念都被“权力的社会计量统一体”栅格化了，交换玷污了人与人的关系，用马克思的话来说，即人与人的劳动交换关系事物化为事物与事物之间的关系，交换也物化了人的所有情感和观念，原先

---

① ［法］鲁尔·瓦纳格姆：《日常生活的革命》，张新木等译，南京大学出版社 2008 年版，第 76—77 页。中译文有改动，参见 Raoul Vaneigem, *Traité de savoir-vivre à l'usage des jeunes générations*, Paris, Gallimard, 1992.p. 103。

人与人之间的亲情关系和朋友关系都畸变成了冰冷的金钱关系，这是一个“物化的世界”，人不再是主体的存在，而成了资产阶级用市场交换关系构序起来的“赛搏网式权力”支配下的对象性的客体人。用马克思的话来说，在资产阶级的经济王国中，没有人，只有经济动物，劳动者是活劳动的对象性存在，而资本家则是资本关系的人格化。

瓦纳格姆说，可怕的是，就连能够反抗现实的人的想象力和创造性活动也被商业交换所吸收了，现在，

> 欲望和梦想在为**市场营销**（*marketing*）而工作。日常生活被切成一系列可以互相替换的瞬间，正如与之相符的**小玩意儿**（*gadgets*，食品搅拌器、高保真音箱、节育器具、舒适测量仪、安眠药等）。处处可见彼此相等的碎片在权力公平分布的亮光下不断地晃动。平等，公正。虚无物、限制和禁忌的交换。没有连续的交替，只有暂停的交替。①

在瓦纳格姆看来，今天最具有创造性和想象力的欲望

---

① ［法］鲁尔·瓦纳格姆：《日常生活的革命》，张新木等译，南京大学出版社 2008 年版，第 78 页。

和梦想都成了市场的奴仆，艺术和思想的**想象力**成了商品生存的构序和塑形能力。这也是红色“五月风暴”中那句最著名的口号——“让想象力夺权”的理论缘起。日常生活失去了它自身的总体性，被切割为一系列可以交换的碎片，艺术和想象力在交换关系之中死亡，由不同的充斥着艺术残光的小玩意所填充，正是这些小玩意占据了日常生活经验碎片，并布展着资本意识形态的无形权力。小玩意不是普通消费品，而是对日常生活细节的消费品化，通常小玩意是由想象力和创造性将生活中的一个动作或者一个场境转换为创意产品，由此吸纳存在瞬间，比如瓦纳格姆此处提到的食品搅拌器。原先我们打一个鸡蛋、切一根黄瓜，那是我们手工完成的生活行为，可是高度智能化的食品搅拌器，却以科技创造力构序方式，将这一普通生活存在的瞬间动作物化和塑形为一个有吸引力的消费品。高保真音箱也是如此，我们过去用耳朵听音乐，后来有了唱片和留声机，到了瓦纳格姆那个时代，已经出现了高保真音箱，这同样是将我们的一个生活经验觉识瞬间，转化为科技-创意产品的小玩意。无数的小玩意通过广告景观成为我们的欲望对象，疯狂地替代着生命本身的存在颗粒。在今天，不仅瓦纳格姆列举的食品搅拌机和高保真音箱已经普及，而出现了智能手机、平板电脑、蓝牙小玩意和电动行走器等数不清的物件。当下，无数人在日常生活中沉迷于智能手机上的各种**虚拟小玩意**(App)时，资本支配社会意识形态正获得巨大的成功。在瓦纳格姆看来，“在一个社会里，当**小玩意儿**和意识形态的数量表明所消费、承担和耗尽的权力的数量时，神奇的关系就烟消云散了，只留下等级化的权力”①。这是说，小玩意在日常生活中的作用与意识形态的麻醉塑形是同质的。对此，瓦纳格姆当然是深恶痛绝的。所以他认为，“旧的生产社会的承诺如今跌入了一大堆可消费的财物中，没有人会将它们看作上苍的仙物。用过去颂扬生产力的魔力的办法，再来颂扬**小玩意儿**的魔力，这种做法注定会遭受失败”②。过去资产阶级简单的宏观经济增长主义，如今却转换为平庸日常生活中小玩意的无限翻新，曾经的解放憧憬已经粉碎在消费品更迭的滔天洪水之中。

瓦纳格姆坚信，终有一天，原先人类社会中那种可贵的**赠予关系**一定会重新回到我们的生活之中来。此处的所谓赠予关系，是莫斯在人类学研究中发现的“礼物”关系，或者说神性的象征交换关系。在著名的《论礼物》

---

① [法]鲁尔·瓦纳格姆:《日常生活的革命》，张新木等译，南京大学出版社2008年版，第76页。

② [法]鲁尔·瓦纳格姆:《日常生活的革命》，张新木等译，南京大学出版社2008年版，第80页。

(1925)一文中，莫斯声称，自己发现了原始部落社会生活中的一种"人类交易本性"。他将之命名为赠予性的**礼物交换**关系。并指出，这种关系截然不同于普遍支配当今社会生活的功利性经济关系。莫斯的结论，来自对北太平洋沿岸美洲印第安部族的生活，主要是特林基特人和海达人的"冬宴"(le potlatch，也译作"夸富宴")现象的剖析。① 我们看到，这个"冬宴"正是德波前期先锋艺术团体——字母主义国际(International lettriste)所主办杂志的刊名②。莫斯的思想显然也极大地影响到瓦纳格姆。瓦纳格姆认为，我们应当在"纯粹赠予上缔造新的人类关系"，应当"重新找回给予的快乐"。这里需要有一个特设说明，即瓦纳格

① 莫斯发现，在这两个原始部落中盛行的冬宴上，人们参与的目的全然不是吃喝这种物性行为本身，而在于实现一种象征性的礼物交换过程。在冬宴上，人们肆意耗费和破坏物品，乐此不疲地进行着送礼和还礼的交换，全然没有功利性的算计。因为他们认为，所有的物品都具有某种精神力量——"豪"(le hau)，"在收受和交换礼物中，所要承担的义务是所收受的物品不是僵死的"，即使你不要礼物，"豪"还是内居于你的。从形式上看，人们接受了礼物，实际上却是随应了某种象征性的精神本质和精灵，所以，又不得不将这个"豪"送回它的来处。参见[法] 莫斯：《论礼物》，《社会学与人类学》，佘碧平译，上海译文出版社 2003 年版，第 121—122 页。

② 《冬宴》(1954—1957 年，共 29 期)。《冬宴》不是一种高调出版和发行的杂志，而是一种只有几页的油印的小册子。它的存在本身就是一种反对资产阶级景观媒体出版物的**革命祛序物**，它的印行方式为免费寄给少数要求接收它的人。最初，《冬宴》只印发了 50 份，在"五月风暴"期间，最大印行量接近 500 份。

姆所说的“找回”，已经不是传统人本学异化构式逻辑中的**扬弃异化复归本真性应有**，而是**曾经现实存在的历史异托邦**(*hétérotopie*)①。最有趣的是，瓦纳格姆甚至说，在巴黎，“一种激情正在年轻人中日益普及，他们偷窃书籍、女大衣、女士包、武器和首饰，为的就是要感受赠送的乐趣”②。偷东西是为了感受赠予的乐趣，就像德勒兹将过程性精神分裂视作新的革命途径一样，这恐怕是一种我们完全无法理解的思想情境。斯蒂格勒青年的时候，曾经因为抢劫银行而被捕入狱，后来他说，当时“整个欧洲，包括西班牙、意大利，在青年当中有很普遍的失望情绪在弥漫。那个年代的年轻人，要么变成恐怖主义者，攻击银行、进行暴力犯罪，要么变成激进主义者，要么去吸毒”③。那是一个特定的社会历史时期。

① 异托邦(*hétérotopie*)是青年福柯在20世纪60年代生成的一个重要的**反向存在论**观念，即通过指认一种在现实中真实存在的**他性物**和**非常事件**，这些他性存在本身就是要解构现实体制的合法性。这种现实存在中作为另类或者他性空间物的他性存在被福柯命名为**异托邦**，以区别于非现实的理想悬设物——**乌托邦**(l'utopie)。关于福柯异托邦的具体讨论可参见拙著：《回到福柯——暴力性构序与生命治安的话语构境》，上海人民出版社2016年版，第8章第4节。

② [法]鲁尔·瓦纳格姆：《日常生活的革命》，张新木等译，南京大学出版社2008年版，第78页。

③ 李丹：《被大数据裹挟的人类没有未来》，《澎湃新闻》，2015年3月11日。

3. 资产阶级"看得见的手"与技术乌托邦幻象

在瓦纳格姆看来,20 世纪中叶以来的西方资本主义社会经济发展中,在更深的经济结构中还出现了一些新变化,其中包括从自由资本主义向国家垄断资本主义的经济转型,这种宏大经济构式上的转换,也必然带来一些重要的社会生活层面上的改变。这是一种不错的历史分析。他说,

> 在自由贸易的资本主义(capitalisme de libre-échange)生产的迫切需求为主导的经济中,财富本身就能给予强权和荣誉。作为生产工具和劳动力的主宰,随着生产力和消费资料的发展,财富也能保障人们在永无止境的发展历程中潜在选择的丰富性。然而,随着资本主义转向其反面,即国家式的计划经济(l'économie planifiée de type étatique),资本家将财富影响力投向市场后,它的威信也就逐渐消失,与其一起消失的还有人肉商人的漫画形象,嘴叼雪茄和大腹便便的形象。如今的经理从组织能力(facultés d'organisateur)中获得权力;计算机器(machines ordinatrices)已经出现,在对经理的嘲笑奚落中,给他提供

了一种永远无法企及的模式。[①]

这是一段了不起的经济学和历史分析。相比那个专门写了一本《政治经济学批判》(*Critique de la politique économique*,1960)[②],成为学术笑柄的情境主义国际大佬约恩来说,瓦纳格姆此处的思考是值得肯定的。依瓦纳格姆的看法,在自由资本主义时期,资本家通过占有生产资料进而占有劳动力所有权,由剩余价值积累而成的财富本身就是构序和支配一切的权力和地位,在那个时代,腆着大肚腩、叼着雪茄的资本家是有脸有形的,可是国家垄断资本主义的出现,资产阶级开始将权力转移给同样是**被雇佣者**的生产管理者——经理,在计算技术的支持下,资本主义生产方式获得了新的定在方式。必须承认,瓦纳格姆这里的分析是深刻的。这当然受到了列斐伏尔和德波的

---

① [法]鲁尔·瓦纳格姆:《日常生活的革命》,张新木等译,南京大学出版社2008年版,第67—68页。

② *Textes et Documents Situationnistes(1957 - 1960)*, Paris, Allia, 2004. pp.156-189.约恩的这部作品先在比利时出版,封面第三页写着"这是'情境主义国际报告'系列的第二步"。意思是,约恩是在德波的《关于情境构建以及情境主义国际倾向的组织和行动之条件的报告》之后的第二个重要报告。从这本书的内容来看,约恩既不懂古典经济学劳动价值论中的基本常识,也无法理解当代资本主义生产中发生的新情况、新问题,所以,他才会极其轻浮地得出了否定马克思经济学理论的一系列荒唐的错误判断。

影响，但在经济学理论构式层面，瓦纳格姆的分析甚至比前两者要更加具有透视感。对于诗人来说，看到资本主义经济结构中的这种变化是不容易的。其一，自由资本主义向国家垄断资本主义的“计划经济”的转变，其实是资产阶级从20世纪初的经济危机中挣脱出来的努力，从罗斯福的“新政”到凯恩斯革命，斯密在市场中发现的那只**看不见的手**已经“转向其反面”，变成了国家直接干涉经济的**看得见的手**。这必然使资产阶级对全部经济生活的直接支配变得更加如鱼得水，消费意识形态和交换关系通过景观对日常生活的统治愈加全面和彻底。这是到位的精准判断。其二，传统自由资本主义社会中，有财富就是世界主人，即那个“有人肉商人的漫画形象，嘴叼雪茄和大腹便便的形象”，可是现在，作为资本代理人的经理阶层（今天的CEO）的出现则改变了一切，后者恰恰不是作为资本所有者，而是通过在资本运作的“组织能力”中获得权力。瓦纳格姆已经深刻地意识到，经理阶层与资本所有者的分离，使资产阶级本身出现了新的分化，阶级结构与阶级斗争的方向都出现了与传统革命不同的特征。应该说，这是十分了不起的见解。其三，瓦纳格姆已经看到了计算机的出现，可能会导致一种深刻的新的管理模式。然而，新型的计算机如果落到资本家手中，同样会产生一种前所未有的奴役方式中的革命。这不能不说，在瓦纳格姆的时代，这是一种极富远见的认识。在今天，网络技术条件下远程登录的数字化资本主义的全面统治已经成为现实。于是，技术与资本主义统治的关系成为瓦纳格姆关注的对象。

在瓦纳格姆看来，当代资本主义发展中最大的奇迹，还是科学技术发展在工业现代化进程中迸发出来的巨大爆发力。在这一点上，瓦纳格姆与德波的判断是不同的。在德波那里，资产阶级世界中的“科学不再是对人和世界之间关系的真实实质的阐述；科学摧毁了所有古老的再现，而没有能力提供新的再现。世界像是一个不可被理解的同一体(unite)；只有专家们，他们手里拿着理性的几个碎片，但也只能承认没有能力互相传递其含义”①。这是一个基本否定的构式逻辑。而瓦纳格姆则认为，科学还是有其重要的历史功绩的。一是科学技术在资产阶级反对中世纪神性存在的祛魅化进程中起到关键性的作用。这当然是韦伯现代性理论构式开启的理论构序意向。瓦纳格姆说，“机器是心智的典范。它的传动带、动力传送，它的网络，没有一样是晦涩难懂或神秘莫测的，一切都可以十分清楚地解释”②。科学的启蒙性，也在于它解释了过去始

---

① Guy Debord, *Œuvres*, Paris, Gallimard, 2006. 中译文参见刘冰菁译稿。

② [法] 鲁尔·瓦纳格姆:《日常生活的革命》，张新木等译，南京大学出版社 2008 年版，第 80 页。

终处于黑暗中的各种自然存在和现象，然而，它也杀死了树丛里的“小精灵”，量化和线性的工具理性毒化了人的思维。二是科学技术的发展推动了资本主义社会定在和思想观念的深刻变化。“卢梭主义和田园诗伴随着工业机器最初的隆隆声”①，如同阿多诺从贝多芬的交响乐中听出蒸汽机的轮轴声一样，异质于神性话语的资产阶级文化就诞生于实验科学和工业的发展基础之上。并且，亚当·斯密或者孔多塞②也是在技术发展取得巨大现实成就的基础上，建构起资产阶级的“进步的意识形态”(l'idéologie du progrès)。资产阶级的进步历史观，正是建立在工业生产创造的全新社会物质存在层面上的，生产力在机器化大生产的迅猛发展中获得了前所未有的突飞猛进。依瓦纳格姆之见，“只要劳动阶级和不发达民族呈现出物质贫困的景观，而且是贫困正在逐渐减轻的景观”③，那么，进步的热情就会在自由主义意识形态中延续。这是对的。但是，在资产阶级的科学启蒙和进步意识形态背后，始终存在着资

① [法] 鲁尔·瓦纳格姆：《日常生活的革命》，张新木等译，南京大学出版社 2008 年版，第 80 页。

② 孔多塞(Condorcet，1743—1794)，法国学者，现代社会学创始人之一。他相信发展，认为历史是进步的，此时的世界才刚刚昌盛，并有伟大的前景。

③ [法] 鲁尔·瓦纳格姆：《日常生活的革命》，张新木等译，南京大学出版社 2008 年版，第 80 页。

本对劳动世界的盘剥和压榨。

特别是在当代资本主义的经济政治发展中，科学技术发挥着越来越大的作用，于是，也有人提出科学技术拯救世界的技术乌托邦观点。他们认为，今天资本主义社会中

> 技术的发达见证了高级综合技术（synthèse technicienne）的产生，这种技术或许与社会群体同等重要，因为社会群体是在人类初期创立的最早的技术综合；或许比社会群体更为重要，因为这种高级综合技术摆脱了主人，控制论（cybernétique）有可能将人类群体从劳动和社会异化中解放出来。①

这种观点，应该是20世纪60年代资产阶级贩卖的技术乌托邦，那个时代正是控制论流行的时代。然而，鼓吹技术和控制论能够消除社会异化，这种观点在瓦纳格姆看来，纯属资产阶级骗人的意识形态幻象。他认为，“技术权威的组织将技术中介上升到一致性的最高点”，这是一个不争的事实。科学技术本身并不是恶魔，就像我们买东西本身并不是坏事，“在消费中，财物本身并没有任何让人异

---

① ［法］鲁尔·瓦纳格姆：《日常生活的革命》，张新木等译，南京大学出版社2008年版，第81页。

化的东西，然而受条件制约的选择以及包装财物的意识形态决定着其购买者的异化”①。这就是说，当我们的消费处于被消费意识形态制造出来的虚假欲望的控制下时，买东西才会成为生存异化，科学技术本身可以增强我们自身的创造性能力，但如果它成为资本支配劳动者的工具，技术就会成为资产阶级压迫和剥削工人的帮凶。这是对的。马克思已经指认机器将工人扔到了大街上。对此，瓦纳格姆意味深长地说，“很久以来我们就知道，主人借助奴隶把客观世界占为己有；只有当主人掌握着劳动者时，工具才会异化劳动者”②。这是对黑格尔主奴辩证法的援引，也就是说，再好的工具如果落到奴隶主手中，就必然会成为压迫和盘剥奴隶的武器。回到今天的控制论技术的发展，如果它为资本家所利用，同样是会沦为统治劳动者的工具。“无论控制论综合有多么的灵活，都永远无法掩盖这一点，它不过是超越各种不同统治的一种综合；这种统治实施在人类身上，而且是统治的最高阶段(stade ultime)”③。这是说，当先进的技术为资本所掌握，它必定会变成更复杂

① [法]鲁尔·瓦纳格姆：《日常生活的革命》，张新木等译，南京大学出版社2008年版，第81页。

② [法]鲁尔·瓦纳格姆：《日常生活的革命》，张新木等译，南京大学出版社2008年版，第81—82页。

③ [法]鲁尔·瓦纳格姆：《日常生活的革命》，张新木等译，南京大学出版社2008年版，第81页。

的奴役工具,控制论如果运用到资本家对劳动者的控制关系中,它将会是一个综合性的高级奴役。这是一个令人恐怖的事件。其实在今天,当网络信息技术成为资本的工具时,远程登录的数字化资本主义对整个世界的统治和压榨已经达到了登峰造极的地步。显然,瓦纳格姆没有再向前走一步——索恩-雷特尔和斯蒂格勒都跨出的一步,即资产阶级现实技术综合与经济交换的客观抽象和综合,正是哲学认识论中康德现代性先天综合判断的现实基础。

也是在这里,瓦纳格姆指出,从更深的存在论层面看,资本在对科学技术的利用中,也使得人类生存周围的自然受到了可怕的伤害。这当然是法兰克福学派科技意识形态批判构式的同向努力。他认为,

> 由于经常受到被异化的中介(médiations aliénées,工具,思想,作假的需求)的传讯,对象世界(monde objectif,或者如果愿意的话,可以称之为自然)最终被一种屏障团团围住,使得对象世界一反常态,并随着人们改造对象世界和自我改造的进行,与人类越发格格不入。社会关系的面纱(voile des rapports sociaux)错综复杂地笼罩着自然领域。我们今天所说的"自然性"(naturel)同化妆品制造商的"自然"粉底霜一样,

都是人为的东西(artificiel)。①

这同样是一个深刻的存在论思考。因为在海德格尔那里,人类社会存在史中的自然并非天然存在,而是围绕人的利益向我们"涌现"出来的对象化世界。这里,瓦纳格姆想说,资产阶级手中的"被异化的工具",除了科学技术、控制论和对象化的自动化机器系统,还包括贪婪消费主义观念和无止境的虚假欲望(需要),资产阶级交换关系的面纱使得自然生态千疮百孔,今天的自然已经成为资本巨鳄口中任意摧残的"为我之物",彻底失去了"自然性"的粉底。这是让诗人瓦纳格姆伤心透顶的事情。

为此,瓦纳格姆呼吁,应该从资产阶级手中夺回被交换关系异化了的自然存在,要建立一种"与社会意识形态的谎言截然对立的自然生活"。这当然是一个浪漫主义的想法。他认为,这将是"一个需要重塑的自然(nature à retrouver)重新构建的自然(nature à refaire, à reconstruire)"②,这个重塑的全新自然存在的基础,是"在人剥削人

---

① [法]鲁尔·瓦纳格姆:《日常生活的革命》,张新木等译,南京大学出版社2008年版,第82页。中译文有改动,参见Raoul Vaneigem, *Traité de savoir-vivre à l'usage des jeunes générations*, Paris, Gallimard, 1992.p. 110。

② [法]鲁尔·瓦纳格姆:《日常生活的革命》,张新木等译,南京大学出版社2008年版,第82页。

的王国里，对于自然的真正改造需要经历对社会假象(mensonge social)进行的真正改造"[①]。这也就是说，要使残破苟生的自然存在得以重建，问题的关键并非在于提出保护自然的生态观念，而首先要改变资本主义生产关系，以及资产阶级意识形态所建构起来的一切**疯狂占有**的理念。当然，回到这里讨论的作为资本统治工具的科学技术上来，就是必须使技术真正脱离资产阶级的支配。瓦纳格姆说，

> 目前的任务是要抓住一种全新的自然，把它作为有价值的对手，也就是说通过剥夺领导者和专家手中的技术设备，通过将技术设备从异化领域内解放出来，从而使得自然重新社会化(resocialiser)。只有在"高级千倍"的文明中，在摆脱社会异化(desalienation sociale)之后，自然才能成为有资格的对手。在这种文明中，人类的创造性不会再遇到阻力，人类本身也不会成为扩展创造性的第一个障碍。[②]

---

① [法]鲁尔·瓦纳格姆:《日常生活的革命》，张新木等译，南京大学出版社2008年版，第83页。

② [法]鲁尔·瓦纳格姆:《日常生活的革命》，张新木等译，南京大学出版社2008年版，第83—84页。

这是说，摆脱资产阶级世界中社会异化是扬弃自然存在异化的前提，只有使科学技术从资本构式的支配下解放出来，它才会正确地发挥作用，自然也才有可能真正重新社会化，人类的创造性努力才会走上创造文明的正轨。这的确是一个良好的愿望。

总之，瓦纳格姆对当代资本主义社会新情况的"政治经济学批判"是有一定深度的理论思考，相比列斐伏尔的日常生活批判，他透视了当代资本主义技术、物质生产和消费中出现的诸多新问题和新情况，使德波开始的激进批判话语得到了进一步的深化，在一些重要问题上，他甚至超过了同时代的西方马克思主义学者。这是值得肯定的理论努力。

第五章
碎片化的量与颠倒的抽象中介

瓦纳格姆认为,资本主义社会是一个数量成为统治的王国,商品交换关系决定了社会定在的量化,而这种日常生活中的量化存在正是资产阶级新型毛细血管般碎片化权力的强制对象。在这里,强暴性的刺刀被甜蜜的景观意识形态谎言所代替,无数抽象的中介建构起了福利主义之下的新型资本主义专制。正是在这种无法察觉的异化了的抽象中介和纯粹形式中,人们在景观话语的支配下失去自我,坠入布尔乔亚日常生活的苟生。瓦纳格姆主张,要以诗意的革命,彻底打破资产阶级景观意识形态的控制,以对抗资产阶级新型的抽象统治。

1. 碎片化权力与数量成为统治

瓦纳格姆认为,在过去专制社会的黑暗年代里,“在统一政体下,神圣物(sacré)巩固着社会的金字塔(pyramide

sociale)。在这座金字塔中，从庄园主到农奴，每个特定的生灵都按照上苍的意愿、世界的秩序和帝王的喜怒占据自己的位置”[①]。这是对的。传统封建专制社会中的统治总是以直接的统一性为前提，绝对的大写的“一”与上帝之城神圣化的同一性构式，为土地上的金字塔式的等级制提供了世俗的合法性，人们据此找到君君、臣臣、民民以及“会说话的工具”的构序位置。到了资本主义的时代，外部专制条件下的非人统治结构被彻底解构，在民主、平等、博爱的解放口号下，资产阶级声称建立了一个人道的自由王国。可是，在瓦纳格姆看来，现实并非如此。

依瓦纳格姆的看法，旧的“金字塔的崩溃并没有消除非人性（l’inhumain），只是把它分成了碎片（l’émiette）而已”。在资本主义的市民社会中，人的确成了独立的个人主体，但是一种孤立的原子化存在，在这里，“我们看到的都是一些极其渺小的个体，一些被社会研碎和任人宰割的小小‘公民’”[②]。这是黑格尔原子化个体生存的市民社会理论构式的模写。

---

① [法]鲁尔·瓦纳格姆：《日常生活的革命》，张新木等译，南京大学出版社2008年版，第88—89页。

② [法]鲁尔·瓦纳格姆：《日常生活的革命》，张新木等译，南京大学出版社2008年版，第89页。

> 自我中心的浮夸想象把仅仅占据一个点的事物当作整个世界，这个点与其他千千万万个点毫无差别，如同自由流动的沙粒，互相平等又亲如兄弟，就像一群到处忙碌着的蚂蚁(fourmis)，其精巧的迷宫窝刚刚被人捅了一下。这也像是一些发疯的线条，自从上帝不再给它们提供共交点以后，这些线条互相交织，在表面的杂乱中断裂；因为谁也不会弄错：尽管存在竞争的混乱和个人主义的孤立，阶级和社会等级的利益互相连结起来，构成了与神圣几何相匹敌的一种几何，并迫不及待地想重新获得神圣几何般的一致性(cohérence)。①

又是散文诗式的描述。依我的理解，如果说在中世纪的黑暗生存中，上帝通过光亮的神性给予了所有人一种彼岸的交会点，那么在资产阶级的市场中，从血亲宗法关系中逃出的原子化的个人直接变化成此岸生活中自由流动的沙粒，所有的人不再有直接相对的交汇点，而是通过商品交换自发构序成的“发疯的线条”中介，重新在经济利益关系中抽象地链接起来，而资本的权力，像一只看不见的

---

① ［法］鲁尔·瓦纳格姆：《日常生活的革命》，张新木等译，南京大学出版社 2008 年版，第 89 页。

手，通过碎片式的自发经济"迷宫"无形中支配每一个"到处忙碌着的蚂蚁"。瓦纳格姆这里的分析，虽感性生动，但还是非常深刻地揭露了资产阶级市场交换关系的**非主体**本质，以及那种在市场中自发生成的"碎片式权力"的真实基础。瓦纳格姆无法像马克思那样透视，在这里，碎片化权力并非是有脸的人在掌控权力，而是资本关系成为"普照的光"。在瓦纳格姆眼里，当"个体苟生的线条互相交错、互相碰撞、互相分割。每条线都限定了另一条线的界限，各种规划以各自独立自治的名义而互相抵消。这样，碎片权力的几何学就得以建立"①。资产阶级新型的权力几何学，是在无数不相交的原子化个体"沙粒"的赚钱欲望和无序活动轨迹的"发疯线条"的"互相交错、互相碰撞、互相分割"中，在各自独立的盲目力量搏击和相互抵消中自发构式起来的。对此，瓦纳格姆有一个对比：传统社会的"统一权力的一致性，尽管它建立在神圣原则的基础之上，却是一种感性的一致性(cohérence sensible)，人人都能亲身体会到。而碎片化权力(pouvoir parcellaire)的物质原理却很反常，它只允许一种抽象的一致性(cohérence ab-

---

① [法]鲁尔·瓦纳格姆：《日常生活的革命》，张新木等译，南京大学出版社 2008 年版，第 91 页。中译文有改动，参见 Raoul Vaneigem, *Traité de savoir-vivre à l'usage des jeunes générations*, Paris, Gallimard, 1992.p.120。

straite)”[①]。相比可以直接感觉到的外部专制压迫，资产阶级这种碎片化生存之上自发构序起来的**抽象同一**是不可感、不可见的，如同斯密所隐喻的“看不见的手”，所以，市场交换中的资本权力是更加不容易反抗的。瓦纳格姆说，今天发生的事情的本质，是资产阶级用“经济苟生的组织”(l'organisation de la survie économique)代替了内在的上帝，这个上帝不再坐在教堂里的圣位中，而是出现在日常生活的小事情塑形之中，今天，不可见碎片化的权力无处不在。

然而，资产阶级如何通过这种碎片化的权力支配社会呢？瓦纳格姆的观点是，在资本主义社会发展中，“贸易交换的体制(système des échanges commerciaux)最终控制了人与其自身、人与其同类的日常关系(relations quotidiennes)。在整个公共生活和私人生活之上进行统治的主宰，那就是数量(quantitatif)”[②]。不得不说，瓦纳格姆这个以经济关系构序透视社会定在的观点是深刻的。当然，量化关系只是资本关系支配存在的一个表面现象。

第一，资产阶级世界是一个数量成为统治的王国，正

---

① ［法］鲁尔·瓦纳格姆：《日常生活的革命》，张新木等译，南京大学出版社2008年版，第89页。

② ［法］鲁尔·瓦纳格姆：《日常生活的革命》，张新木等译，南京大学出版社2008年版，第85页。

是商品交换决定了存在的量化，而这种**量化存在正是毛细血管般碎片化权力的强制对象**。量化和"可操作性"，是资产阶级做事的前提。这是因为，在资产阶级的商品-市场王国中，往往"数量和线性(linéaire)混淆在一起。质量是多价(plurivalent)的，数量是单价的(univoque)。被打碎的生活，就是生活的线条(ligne de vie)"①。如果说，传统社会中有质性的社会定在是多价的，用韦伯的话来表述，就是价值合理性支配的无限可能空间，那么资本主义社会生产方式所要求的可量化的存在就是单价的，这就是形式合理性，因为被打成碎片的生活是线性的、形式化和标准化的存在，这使得对象变得更易于控制。比如，今天资产阶级世界中个人的生活只是追逐消费品，当买东西成为生活的唯一线性现实时，资本对人及其生活的支配是简单而便捷的。资产阶级深知这一点。我在课堂上讲过一个笑话，一个学者花了几年的时间，历经千辛万苦完成一部学术论著。在大作出版时，获得了一些稿费，在他自己看来，这些钱每一角一分凝结着自己的思想和心血，然而在拿这些钱在菜场买菜时，他无法告诉别人，他的钱如何比身旁一位大妈卖茶叶蛋得来的钱高贵。钱无高贵低贱之分，无质只

① [法]鲁尔·瓦纳格姆:《日常生活的革命》，张新木等译，南京大学出版社 2008 年版，第 89 页。

有量，这是资产阶级夷平等级化关系的前提。然而，这同时也夷平了存在本身。

第二，在同样被量化的时间碎片中，人的生存变成**没有质的可互换的苟生劳作**。这是资产阶级日常生活苟生的基础。瓦纳格姆说，资产阶级

> 数量的王国(Le règne du quantitatif)是一个半斤八两的王国。绝对化的碎片(parcelles absolutisées)不是可以互相替换的吗？苟生的瞬间互相分离——因而也与人类本身相分离——但又是互相跟随着的，相似的，如同与之相适应的专业化姿势(attitudes spécialisées)和角色那样，既相随又相似。做爱就如同骑摩托车。每个瞬间都有它的既定老套，而时间的碎段将人类的碎段引向无法纠正的过去。①

在数量成为统治的资产阶级世界中，生存质性的不可替代性被解构了。瓦纳格姆没有说明的更深一层的现实是，自从斯密发现劳动分工将工人的总体性劳作切割为工

---

① [法]鲁尔·瓦纳格姆：《日常生活的革命》，张新木等译，南京大学出版社2008年版，第90页。中译文有改动，参见Raoul Vaneigem, *Traité de savoir-vivre à l'usage des jeunes générations*, Paris: Gallimard, 1992.p.119。

序时，人的存在碎片化与劳动生产率的数量至上就同步发生了，直到现代机器化生产的流水线上，劳动者一切碎片化的行为瞬间都是可以互换的，这就像卓别林的《摩登时代》中流水线上的劳动者，在切成碎段的时间中，他只能做出既定的动作，作为一个还原为专业化姿势的手，他是可以任意被替换掉的小人物。

卓别林《摩登时代》剧照

同样，在资产阶级世界中，原子化的个人充当了无数蚂蚁般忙碌的社会角色，资本主义的商品-市场交换，将所有人的生活都塑形为只有量的差异的苟生，这里，每一个饭店服务员或者出租车司机也是可以互换的。作为工具性的原子个体，劳作的“每个瞬间都有它的既定老套”，劳动者的劳动是没有质性的苟生。在今天，就是IT行业中的每一个编程员之间都是可以互换的。

第三，**量化的线性思维方式**也是资产阶级进行意识形态控制的前提。神性构境是非线性的，而资产阶级的观念则是简单量化和线性赋形的。瓦纳格姆指出，资产阶级的

> 意识形态是从数量中获得本质，它只不过是在时间（巴甫洛夫的条件反射）和空间（为消费者所控制）中大量复制的一种观念。意识形态、信息、文化越来越倾向于失去内容而成为纯粹的数量。信息越是无关紧要，它被重复的次数就越多，越是能使人们远离真正的问题。①

这里的意思是说，资产阶级意识形态的本质，也在于无脑的量化线性思维构式。整个现代性的自然科学和社会科学的基础，都是以假想的价值中立的事实观察为前提的，即没有质性判断的可重复、可批量生产的量化认知。这是基于形式合理性的工具理性得以运作的必要前提。特别是在今天，当代资产阶级布展的景观意识形态，往往是以没有确定质性判断、没有实质内容的批量信息轰炸为

① ［法］鲁尔·瓦纳格姆：《日常生活的革命》，张新木等译，南京大学出版社2008年版，第87—88页。

效用和赋形条件，由此，人们就不再关心涉及社会定在本质的真问题。在此，瓦纳格姆先列举了纳粹旗手戈培尔[①]那个“谎言重复多次就是真理”的例子，然后他认为，今天资产阶级的景观意识形态并非直接进行有内容的政治宣教，而是在日常生活中通过各种没有实质内容的“无关紧要”的量化信息，在**有钱就行**的“条件反射”时间关系（“时间就是金钱”）和追逐时尚消费品的空间关系里，以无数细小的现实关系赋型和观念构境布展自己的意识形态。想一想在今天资产阶级制造的电子信息爆炸中，人们始终处于无所适从的价值悬置状态，当什么消息都是对的时，则没有对错好坏。这样，你只需要疯狂地购买，只需要在智能手机上麻木地听到、看到，这就行了。这时，你已经无意识地臣服于资产阶级的景观构序和消费意识形态。

2. 抽象的中介成为上帝

瓦纳格姆认为，在资产阶级的世界之中，人的生活往往依靠某种抽象的“形而上学**形式**”（les *formes* de la métaphysique）从外部支撑。一个深刻的观点，却是非常难入境的构境层。其实，就像远古人类生活，依存于图腾中

---

① 保罗·约瑟夫·戈培尔（Paul Joseph Goebbels，1879－1945）：纳粹党宣传部部长，纳粹德国国民教育与宣传部部长。

的抽象物神，中世纪神性的上帝和魔鬼的空灵抽象符码，支配着那时人们的现实生活，在人类社会生活发生发展的历史进程中，**抽象经常统治着现实**。这是大多数唯心主义观念得以存在的现实社会基础。如果说，在黑暗的中世纪，从“多”到“一”的形而上学抽象，化身为偶像式的绝对本质抽象统治世界，这就是一元论宗教神灵的秘密，那么在资产阶级的商品-市场王国中，上帝则变身为“形而上学形式”中的商品-货币-资本的关系抽象。其实，这是一个极为重要的历史现象学的观点。马克思在《1857—1858年经济学手稿》中突然意识到，“个人现在受**抽象**(Abstraktionen)的统治，而他们以前是互相依赖的”①。黑格尔的唯心主义逻辑假象世界的现实基础是资产阶级经济王国中真实颠倒的商品-市场经济，其中，商品、货币和资本关系的现实抽象支配着全部现实生活，由此他得出结论：**抽象成为统治**。② 然而，瓦纳格姆并没有达及马克思的这一深层批判构境。瓦纳格姆告诉我们，

> 假象的世界(Le monde du mensonge)其实是一个真实的世界，人们在那里杀人，也有人被他人所杀，最

① 《马克思恩格斯全集》第46卷(上册)人民出版社1979年版，第111页。

② 具体讨论可参见拙著：《回到马克思——经济学语境中的哲学话语》(第四版)，江苏人民出版社2020年版，第九章第一节。

好不要忘记这一点。人们嘲笑哲学腐烂了，这于事无补，当代哲学家躲避到平庸思想的背后，会心地微笑着：他们至少知道，世界始终是一座哲学建筑（construction philosophique），一个意识形态的大杂物堆（grand débarras idéologique）。我们在形而上学的景致（paysage métaphysique）中存活下来。抽象和异化的中介（La médiation abstraite et aliénante），使我远离自我（moi）的中介，它却是实实在在的中介。①

这一表述，看起来有些唯心主义的意味，但仔细去思量，可以体悟到深刻的批判性理论构境。可以有这样几个构境层：一是在假象世界中可以杀人，过去的神学幻境可以杀死异教徒，而如今资产阶级景观生产出来的疯狂消费幻象中，难道不是有无数人死在物欲横流之中吗？二是资产阶级意识形态和形而上学的景致建构，正是日常生活苟生的前提，制造虚假的欲望广告恰恰是最精致的形而上的美学和支配心理学产品，这个虚假的世界正是由景观生产的颠倒王国。我注意到，瓦纳格姆多次使用了与德波的**景观**（Spectacle）概念有一定区别的**景致**（paysage）概念。景

① ［法］鲁尔·瓦纳格姆：《日常生活的革命》，张新木等译，南京大学出版社2008年版，第93页。

观概念基于视觉的观看，强调了图像媒介的突出作用，而景致则突出了情境状态。这符合诗人的主观倾向。三是资产阶级意识形态假象世界中起关键性构式作用的中介是异化和抽象，其中，**抽象的中介**是瓦纳格姆在这里集中讨论的对象。这一点，他的抽象成为统治的观点赋形不同于马克思。

瓦纳格姆说，在资产阶级的世俗化世界中，如同权力方式的转换一样，“暴君微笑着死去，因为他知道在他死后，暴政只是转了一下手”，这是说，可见的帝王的确上了断头台，可是暴力并没有被消除，只是换了一种不可见的隐蔽方式；而神学观念中的上帝也真的死了，可是让人跪倒的神性般的抽象中介力量仍然存在，它也只是换了一种世俗的方式。“作为上帝赐福人类的一部分，恩泽（grâce）在上帝本身消失后仍旧继续存在。它被非宗教化（laïcisée）了。它离开神学转向形而上学，却始终存在于人类个体之中，作为一个向导，一种内化的治理方式（mode de gouvernement intériorisé）”①。这个说法是颇具透视感的。在瓦纳格姆看来，弗洛伊德“将超我（Superego）的怪物

① ［法］鲁尔·瓦纳格姆：《日常生活的革命》，张新木等译，南京大学出版社2008年版，第93页。中译文有改动，参见 Raoul Vaneigem, *Traité de savoir-vivre à l'usage des jeunes générations*, Paris, Gallimard, 1992.p.122。

悬挂在自我的大门上”，恰恰简单化地错认了现实对人的奴役，因为他不能理解，过去世俗暴政的确是外部强制，而精神领域中神的恩泽是**牧领式的内心引导**。资产阶级正是将这种牧领式的内心引导转换和塑形成了全新的社会治理方式。gouvernement 作为一种“内化的治理方式”，它已经是**看不出统治的统治**。甚至，奴役就成了走向幸福生活的“恩泽”。福柯对此有十分精深的解读。

我在本书开头已经指出，瓦纳格姆常常在论述中直接使用“我”的第一人称视位。正是在这里，瓦纳格姆作为第一人称的“我”(me)直接在场了。当然，这是一个异化的“我”，一个在日常生活中苟生的“我”，与迷失的“自我”(moi)相对。可以看到，到这里，瓦纳格姆自己已经不再满足让**话语说我**。所以，在这里我们会看到“我在行走”“我的感觉”(mon sens)这样的表述，那个真实的个人主体急着让自己言说了。瓦纳格姆认为，在资产阶级世界中，存在着“让人与自我分离(sépare de soi)并削弱他人的东西，通过虚假的联系(faux liens)与权力结合起来，因而权力得到强化”①。这个东西就是上述异化和抽象的**中介**，具体

① [法]鲁尔·瓦纳格姆:《日常生活的革命》，张新木等译，南京大学出版社 2008 年版，第 93—94 页。中译文有改动，参见 Raoul Vaneigem, *Traité de savoir-vivre à l'usage des jeunes générations*, Paris, Gallimard, 1992.p.123。

地说，在资本主义的商品-市场经济中，所有人都被分离成孤立的原子，只是通过商品交换关系这种“虚假的联系”的中介重新链接起来，其中，这种中介关系（金钱）本身就成为无形的强大权力。这是黑格尔在《法哲学原理》中已经揭示的资产阶级市民社会中，原子化的个人通过交换中介的需要体系重新构序社会整体的秘密。在黑格尔那里，中介的本质是关系，他的逻辑体系之构式中正（肯定）、反（否定）、合（否定之否定）的第三环节总是前二者的矛盾关系，也是双方相互扬弃的中介。马克思在《关于费尔巴哈的提纲》中也是肯定了实践对主-客体对立的能动现实关系，而青年卢卡奇在《历史与阶级意识》中，恰恰是根据中介的观点批判资产阶级直观实证认识论的。在瓦纳格姆这里，中介成了他批判当代资产阶级景观意识形态的否定性关键词。这是我们需要注意界划的构序意向。在他看来，

> 中介（médiation）摆脱了我的控制（mon contrôle），立刻就有一种步骤将我引向怪诞和非人性（l’étrange et l’inhumain），我还以为这是自己的方法。恩格斯恰如其分地指出，一块石头，即有异于人类的一个自然碎片，一旦它延长出手臂被当作工具时，就会变成人类（石块反过来又使亚人类的手臂更具有人性）。不过，当工具（l’outil）被主人、老板、计划委员会

和领导组织所占有时，它的意义就会发生改变，令工具使用者的行动偏向其他的延伸方向。①

这是**中介从手段变成目的**的辩证法。人创造出来的中介和工具，当它脱离人的控制反过来成为控制人的力量时，往往会被误认成比人的存在本身更重要的东西。瓦纳格姆这里列举的恩格斯的石头与石器，是自然人化的关系，其实在资本主义经济世界中，最典型的例子是抽象的货币**从中介的手段到上帝**的转换。金钱，开始只是一种中介性的工具，当它被主人和老板所掌握则会成为魔鬼。瓦纳格姆这里的观点并不错，但他没有深入马克思所揭露的货币（资本）关系作为关系性的中介，其本质是人与人的劳动交换关系事物化颠倒为事物与事物之间的关系，准确地说，这并不是**第一层级的关系性中介**，而是事物化之后的虚假关系中介。瓦纳格姆说，

正如上帝以恩泽委员会委员的身份进行统治一样，治理原则的魅力（le magnétisme du principe gouvernant）夺取了尽可能多的中介。权力是被异化的和

① ［法］鲁尔·瓦纳格姆：《日常生活的革命》，张新木等译，南京大学出版社 2008 年版，第 94 页。

> 使人异化的中介的总和(somme des médiations aliénées et aliénantes)。科学(*scientia theologioe ancilla*[①])进行了一种转换,将神圣的假象转换成可操作的信息,变成有组织的抽象(abstraction organisée)。[②]

资产阶级社会治理的原则之所以会产生魅力,正是它由无数异化了的关系化的中介构成,在这里,资产阶级像死去的上帝一样扮演着"恩泽委员会委员",在这种虚假的恩泽(自由、平等、博爱)中,金钱是中介,消费是中介,景观是中介,这是一个有组织的抽象。瓦纳格姆不能透视的构境层为,异化现象只是资本主义经济关系事物化后的表象,最根本的抽象不是发生在可见的实证层面,而是历史性商品交换进程中发生的客观抽象。景观中介背后仍然是人与人的社会关系,这是德波已经意识到的问题。在后来的《景观社会》中,德波极为深刻地指认,"景观并非是个图像集合,而是人际间的一种社会关系,通过图像媒介而建立的关系"[③]。从根本上说,景观中介已经是资本主义经

---

① 拉丁语,意为"奴仆的神学科学"。

② [法]鲁尔·瓦纳格姆:《日常生活的革命》,张新木等译,南京大学出版社2008年版,第94页。中译文有改动,参见Raoul Vaneigem, *Traité de savoir-vivre à l'usage des jeunes générations*, Paris, Gallimard, 1992.p.123。

③ [法]德波:《景观社会》,张新木译,南京大学出版社2017年版,第4页。

济关系的表象化颠倒，而如果货币（资本）关系已经是劳动交换关系的事物化颠倒，那么，景观则是**双重颠倒的中介关系**，或者**异化的二次方**。

首先，瓦纳格姆分析道，原先封建专制的那种外部强暴“逐渐消解在以异化中介为中心的组织中。意识形态的魅力取代了刺刀。这种经过完善的治理方式（mode perfectionné de gouvernement）不得不令人想起控制论的电子计算机”，因为，正是这个工具性的中介——“电子百眼巨人（l'Argus électronique）构建了专制制度和福利国家”①。在资产阶级的世纪中，强暴性的刺刀被甜蜜的意识形态谎言所代替，无数中介了的异化工具，尤其是被资本控制下的计算机系统，像百眼巨人一样建构起了福利主义之下的新型资本主义专制。这是正确的分析。在新型的科学中介系统——网络信息技术的构式和塑形之下，今天资产阶级对整个社会的控制已经达到了无以复加的地步，不是“电子百眼巨人”，而是由长着亿万只电眼和可以每秒 30 万公里速度伸手干预每个人生活的“千手观音”了。只是这已经不是看不到、摸不到的事物化经济关系抽象中介，而是非常具象的客观力量，在人们已经无法离开

① ［法］鲁尔·瓦纳格姆：《日常生活的革命》，张新木等译，南京大学出版社 2008 年版，第 97 页。

的智能手机和便携式电脑中，无数应用程序正实实在在地支配着我们的所有存在。由此，资产阶级甜蜜的统治在进一步加深和扩展了。

其次，正是在这种异化了的抽象中介和纯粹形式中，人们失去自我，坠入日常生活的苟生。由于苟生之人“出没于社会空间的纯粹形式(forme pure)就是人们死亡的面孔，这不难识别。它是坏死之前的神经官能症，是苟生的痛苦，它随着形象、形式、对象物取代实际经验，随着异化中介(médiation aliénée)将实际经验转化为物(chose)，变成石珊瑚(madrépore)，苟生的痛苦不断地扩散”①。这还是过于诗化的描述。他的意思是说，当金钱、景观和消费这些抽象的中介取代日常生活本身的真实经验时，人们的生命存在本身成为“石珊瑚”般的物化对象，有如形形色色的奢侈消费品、豪车和别墅，然而，当生命物化为物的时候，资产阶级日常生活中人的苟活就会是活着的死亡面孔。瓦纳格姆说，“也许正是人对自身迷失的遗忘，使人被稳稳地钉在了服从的耻辱柱上。不管怎样，将权力与唯一可能的生活形式结合起来，即与苟生结合起来，这是一个奴隶的观念里自然而然的感觉。鼓励这种感觉，也是奴隶

---

① [法]鲁尔·瓦纳格姆:《日常生活的革命》，张新木等译，南京大学出版社 2008 年版，第 97—98 页。中译文有改动，参见 Raoul Vaneigem, *Traité de savoir-vivre à l'usage des jeunes générations*, Paris, Gallimard, 1992.p.127-128。

主自然想到的"[①]。苟生的人并不知道自我的迷失，他在幸福地追逐消费品的过程中成为资产阶级世界中的新型奴隶，然而却无法意识到"我"被钉在"服从的耻辱柱上"，这也正是今天的奴隶主（无脸的资产阶级）所自觉意识到的。

可是，苟生的人会迷失自己？为什么无法意识到自身的被压迫、被奴役状态呢？依瓦纳格姆的分析，发生在资产阶级世界中的——

> 抽象机制（mécanisme d'abstraction）并非纯粹而简单地遵循专制原则（principe autoritaire）。由于受到被窃的中介的削弱，人类变得极为渺小，带着忒修斯[②]式的挑衅性意志的武器，进入权力的迷宫。如果人类在那里迷失了方向，那就是事先已经丢失了阿莉阿尼线团（Ariane）。这个线团是将人类与生活连接在一起的温柔纽带，是成为自我存在的意志（volonté

---

① ［法］鲁尔·瓦纳格姆：《日常生活的革命》，张新木等译，南京大学出版社 2008 年版，第 95—96 页。中译文有改动，参见 Raoul Vaneigem, *Traité de savoir-vivre à l'usage des jeunes générations*, Paris, Gallimard, 1992.p.125。

② 忒修斯（Thésée），希腊神话中的人物。阿莉阿尼（Ariane）是克里特（Crète）国王弥诺斯（Minos）的长女。国王养了一头怪物，每年要吃七对童男童女。雅典王子忒修斯决心到岛上的迷宫里除掉怪物。在进迷宫前，他偶遇阿莉阿尼公主，公主爱上了他，交给他一个线团，让他将一端放在迷宫外，一端拿在手中，以免迷路。忒修斯杀死怪物后，顺着线安全走出了迷宫。

> d'être soi)。因为只有理论与所经历的**实践**(*paxis*)之间不断的联系才能给人们一种希望，去结束所有的二元性，建立总体性的王国(le règne de la totalité)，结束人统治人的权力。①

虽然，瓦纳格姆无法说明资本主义社会定在中"抽象成为统治"的历史生成机制，但他却感到了这种抽象中介的统治就是今天无形的专制。依我的理解，这是说，正是资产阶级世界中商品、货币和资本关系构序起来的这些抽象的中介网络，通过消除可见的专制，用景观建构了一个令人迷失的物性迷宫，用马克思的历史现象学的话语，就是人们每天都在追逐金钱和消费品，却无法透视，这些看起来具象的物品的本质是人与人关系的事物化抽象。景观物在变大，人却在变得渺小，从而陷入无法自拔的异化生存之中。瓦纳格姆认为，在日常生活中苟生的我们，失去了走出这个金钱迷宫的"阿莉阿尼线团"，这个引路的线团就是瓦纳格姆心中的"自我存在的意志"，它体现了理论与实践直接关联的真实生命存在，也只有它，才可能让我们真正"结束人统治人的权力"，重新回到总体性的王国之

---

① [法]鲁尔·瓦纳格姆:《日常生活的革命》，张新木等译，南京大学出版社2008年版，第94—95页。中译文有改动，参见 Raoul Vaneigem, *Traité de savoir-vivre à l'usage des jeunes générations*, Paris, Gallimard, 1992.p.124。

中。可是，瓦纳格姆并没有告诉我们，如何才能做到这一点。在如何改变日常生活的苟生问题上，瓦纳格姆总是给出唯心主义的答案。

3. 符码＝消失点：词语意识形态场中的争夺战

瓦纳格姆认为，资产阶级用于治理日常生活的武器，并非只有上述的现实经济关系抽象和物性生活中的异化中介，还有一个更重要的方面，是景观对语言符码和词语等象征体系的征用。我理解，这是瓦纳格姆对拉康的援引。因为拉康的象征域就是语言符号大他者对主体的篡位。[①] 显然，他的这种观点也影响到了后来的鲍德里亚（《符号政治经济学批判》）。所以瓦纳格姆说，今天在资产阶级疯狂的世界里，“人类所做的一切和所毁坏的一切，都必须经过语言的中介。语义场（champ sémantique）是主要战场之一，活着的意志（volonté de vivre）与服从的思想就在这个战场上进行对抗”[②]。这是说，语言的中介可能是

---

① 关于拉康语言符码大他者的讨论，可参见拙著：《不可能的存在之真——拉康哲学映像》（修订版），上海人民出版社 2020 年版，第 5 章。

② ［法］鲁尔·瓦纳格姆：《日常生活的革命》，张新木等译，南京大学出版社 2008 年版，第 99 页。中译文有改动，参见 Raoul Vaneigem，*Traité de savoir-vivre à l'usage des jeunes générations*，Paris，Gallimard，1992.p.130。

资产阶级景观意识形态生产更大的抽象异化的温床，因为，诗性的**活着的意志**在语言和词句的异化海洋里，畸变为“服从的思想”——奴性的意识形态观念。他说，正像马克思在《黑格尔法哲学批判》中所说的那样，“当理论深入人心时，就会变成物质的力量(force matérielle)”。资产阶级对中介性语言和词语的征用，是这一表征很好的反向说明。瓦纳格姆想要做的事情，当然就是以“活着的意志”反抗日常生活中苟生的“服从的思想”。

第一，瓦纳格姆认为，作为资产阶级意识形态出场的语言和词语，可能会铸就比其他异化中介更强有力的**支配存在**的物质力量。其实，这也是福柯《词与物》(*Les mots et les choses*, *Une archéologie des sciences humaines*, 1966)的真正隐喻，此书由福柯钦定的英译本译为《物的秩序》(*The Order of Things*)，如果更精准一些，应该是从文艺复兴以来，欧洲资产阶级不同时段的认知型对存在的构序——**词对物的构序**。在瓦纳格姆看来，

> 与人类运用词语(mots)相比，话语能更好地服务于权力；词语比大多数人更能忠诚地服务于权力，比其他中介(空间、时间、技术等)更能严格地服务于权力。因为一切超验性(transcendance)都来源于语言(langage)，形成于一个符号和象征体系(système de

signes et de symboles，话语、舞蹈、礼仪、音乐、雕塑、建筑……）。①

这是有道理的。一是相比货币、资本一类异化中介，语言和话语是更抽象、更便捷的中介，符码总是在存在的消失点（points de fuite）中出现，**语言即存在之尸**，语言在场即存在不在场，这是拉康的名言②，语言和词语是一切直接感性现实的不在场，“语言会夺取实际经验，把它监禁起来，掏空它的质量，将其**抽象化**”③。如果我没有理解错，这应该也是对马克思“抽象成为统治”观点的进一步构式演绎。所以，长期以来，语言和词语更容易被统治者用来奴役和支配人，有如中世纪锁住人心的宗教神学和封建专制同步生成的皇权意识形态。有如中国古代董仲舒的“三纲五常”和王阳明的“破心贼”。在今天资产阶级的意识形态

① ［法］鲁尔·瓦纳格姆：《日常生活的革命》，张新木等译，南京大学出版社2008年版，第100页。中译文有改动，参见Raoul Vaneigem，*Traité de savoir-vivre à l'usage des jeunes générations*，Paris，Gallimard，1992.p.131。

② ［法］拉康：《拉康选集》，褚孝泉译，上海三联书店2001年版，第287页。中译文有改动，译者在此将absence译作“远隐”，其实这个**不在场**是非常关键的，就像他将哲学关键词**在场**（pésence）译成“现显”一样。参见Jacques Lacan，*Écrits*，Paris，Éditions du Seuil，1966.p276。

③ ［法］鲁尔·瓦纳格姆：《日常生活的革命》，张新木等译，南京大学出版社2008年版，第100页。

中，异化了的语言和词语体系，对统治阶级权力所需要的“支配性的符号体系（système sémiologique dominant）而言——即占统治地位的阶级的符号体系——只存在雇佣符号（signes mercenaires）”[①]。今天资产阶级手中的“超验性”的语言和象征系统的话语，是雇佣关系特有的抽象中介，这当然就是景观符码。二是舞蹈、礼仪和音乐这样**根本不及物**的艺术活动，虽然并不是直接的语言话语，但作为抽象中介的无言象征体系同样也可以巧妙地为权力服务。过去的宫廷舞，本身就是上流贵族生活的核心构成部分，而西方的古典音乐则缘起于宗教中对上帝的吟颂；而雕塑和建筑虽然会有物性的承载，但它不可见的功能性象征结构也可以用于奴役和压迫。列斐伏尔在《空间的生产》中，很深入地讨论过这一问题。他认为，中世纪“封建主义的高塔，它直插云霄，在政治上狂妄自大，已经宣布了**自我**和**阳具**之间的联盟正在到来”[②]。我们在欧洲各国，都能看到这种高耸入云的建筑物尖塔和广场上的纪念碑，它象征了专制性的空间权力，俯视所有臣服于它的存在。在

---

① [法] 鲁尔·瓦纳格姆：《日常生活的革命》，张新木等译，南京大学出版社 2008 年版，第 101 页。中译文有改动，参见 Raoul Vaneigem，*Traité de savoir-vivre à l'usage des jeunes générations*，Paris，Gallimard，1992.p.132。

② Henri Lefebvre，*La production de l'espace*，Paris，Ed. Anthropos，2000.p.299.中译文参见刘怀玉译稿。

今天的美国，各种各样的战争纪念雕塑和象征着资本的雕塑（如勒克菲勒纪念雕塑和华尔街的铜牛），无形布展着当代资产阶级意识形态。于是，资产阶级世界中这些抽象的符码，“把处于虚无之中的东西，在大写的构序（l'Ordre）中尚无位置的东西召唤到权力存在（l'existencedans-le-pouvoir）中来。公认的符号经不断重复，便缔造了意识形态”①。在拉康的构境中，语言象征系统是用不在场构式起来的在场，瓦纳格姆则认为资产阶级正是利用了这种抽象的虚无，制造了景观意识形态中的无形权力。请注意，语言、词句和各种不及物的非语言行为中出现的**无位置**，并非是真正的空无，而是不可直观的“有”，一种成为日常生活习惯的舞蹈和每天都在路边被观望的雕塑纪念碑，会以无形的意识形态锁链让我们成为统治者的奴仆。

第二，瓦纳格姆认为，人类创造语言和词语，原本是为了补充现实劳作协动行为中的沟通和交流。可是，当语言这种抽象的中介异化为统治者奴役的工具时，它就会通过虚假的**伪交往**改变人的生活，使原来应该是诗意生存的日常生活成为苟生。在他看来，在这种情况下，

---

① ［法］鲁尔·瓦纳格姆：《日常生活的革命》，张新木等译，南京大学出版社 2008 年版，第 100 页。中译文有改动，参见 Raoul Vaneigem, *Traité de savoir-vivre à l'usage des jeunes générations*, Paris, Gallimard, 1992.p.131。

> 语言改变了绝对姿势(gestes)、创造性姿势，尤其是人性姿势(gestes humains)的实现方向，进入了反诗性(antipoésie)境地，它确定了权力的语言功能及其信息科学(science informationnelle)。这种信息是虚假交往的模式(modèle de la fausse communication)，是不真实性的(inauthentique)、祛-活着(non-vécu)的交往。在我看来，有一条原理似乎已经既定：一旦某种语言不再听从实现的意志，它就会伪造交流(falsifie la communication)；它只交流一种说滥了的真相承诺，这就是谎言。但这种谎言正是摧毁我、腐蚀我、制服我的东西的真相。①

这是一段比较重要的表述。瓦纳格姆的意思是说，在人的生命存在中，不同于自然界中的物性实存，人的生产、生活和艺术行为的本质就含有一种诗意的姿势，这种非自然的感性表意是人性最深沉的体现，它会使得人与人之间获得理解并生成合作的心灵基础，当人在行动中的表意姿势无法表达确切意向的时候，语言作为填补工具被发明出

① [法]鲁尔·瓦纳格姆：《日常生活的革命》，张新木等译，南京大学出版社2008年版，第100页。中译文有改动，参见Raoul Vaneigem, *Traité de savoir-vivre à l'usage des jeunes générations*, Paris, Gallimard, 1992.p.131。

来，成为人独有的主体际交流与沟通的渠道。这一表述的构式逻辑基本是对的，但语言交往的历史发生学事实可能不完全如此——不会因为表达诗意而发明语言，而是因为生产劳动之间的实践塑形-构序协作关系必然导致人不同于动物的复杂交流，这是语言交往得以生成的真正基础。然而，瓦纳格姆正确地意识到，当语言和词语这种中介关系在阶级社会中被统治阶级所捕获，为权力所用，它就会很深地改变自身主体际“诗性”交流的性质。一是它会使人的内在姿势丧失人性的意蕴，成为反人性的东西，直接破坏人与人的灵魂互动。景观作为异化的语言符码，其内在的姿势就丧失了本有的主体交流的诗性，而成为控制消费和意识形态支配的工具。我如果没有记错，阿甘本后来也讨论过资产阶级失去了内在姿势。阿甘本说，到 19 世纪末，“西方资产阶级姿态已经无法挽回地丧失了”①。二是异化了的语言将是制造“伪交往”的最佳法宝，以广告为核心构序线索的景观意识形态的布展，资本家在生意场上相互骗钱的谎言和资产阶级法庭上为罪恶的辩护，都是这种消除了真实交往的异化语言的最佳表现。真实交往与伪交往的关系，是德波已经讨论过的方面。他提出：“我们

① ［意］阿甘本：《幼年与历史：经验的毁灭》，尹星译，河南大学出版社 2011 年版，第 125 页。关于阿甘本姿势问题的讨论，可参见拙著：《遭遇阿甘本——赤裸生命的例外悬临》，南京大学出版社 2019 年版，第 2 章第 5 节。

必须使全部伪交往(pseudo-communication)的形式走向彻底的毁灭,并走向真实的直接交往(communication réelle directe)的那一天(在我们更高的文化手段的工作假设中:建构情境)。"[①]三是在资产阶级的信息科学中,已经没有了让人真实生活的交流,只剩下虚拟编码中骗人的谎言,为的是使人更加易于被奴役和驱使。准确地说,不是信息科学本身,而是信息网络技术被资本所利用和塑形为获取财富的异化力量。

第三,将**话语异轨**构式为反对资产阶级语言异化的武器。在语言和词语的问题上,诗人瓦纳格姆似乎没有那么消极。他也告诉我们,不同于货币、资本那样的异化关系中介,抽象的语言由于自身的特点也会具有两面性和对立视角,资产阶级可以用它服务于权力,而被压迫者也可以用它来反对压迫。这是一种乐观的革命态度。于是,在资产阶级和被压迫者那里,语言和词语"对立的视角互相划分着世界,构建着世界:形成权力的视角和活着意志(vouloir-vivre)的视角。每个语词、每个念头、每个象征都拥有双重代理(d'agent double)的卡片"[②]。同样的语言和

---

① [法] 德波:《关于文化革命的提纲》,载《景观社会》,王昭风译,南京大学出版社 2006 年版,第 169 页。

② [法] 鲁尔・瓦纳格姆:《日常生活的革命》,张新木等译,南京大学出版社 2008 年版,第 101 页。中译文有改动,参见 Raoul Vaneigem, *Traité de savoir-vivre à l'usage des jeunes générations*, Paris, Gallimard, 1992.p.132。

词语，资产阶级用它来鱼肉百姓，而人民也可以用它来打破苟生和反抗压迫。瓦纳格姆有些激动地说，“既然我们注定要存在于谎言中，那么应当学着往谎言中塞进一部分腐蚀性的真相（vérité）。鼓动者不会采取其他行动；他给他的话语和符号赋予一种所经历的现实的分量，将所有其他符号引向他者的航道（les autres dans leur sillage）。他**产生异轨**（Il *détourne*）”①。如果说资产阶级让我们生活在意识形态的谎言之中，那么，我们就可以在这种谎言体系中通过负载一些真实的现实内容，使之产生他性的革命转换，这就是情境主义国际发明的著名的话语**异轨**策略。在情境主义国际那里，所谓话语异轨的本质，在于对一种历史文本内在的话语和词语的“抄袭”和故意挪用，所以，异轨是一个当下话语生产与经典文本之间的差异性关系范畴，由此，异轨后的话语构境会是一个**诗意的此-彼之间的复杂转喻构式**：此文本的塑形外壳是彼，但彼的构序和赋形实质内容已经不再存在，此在彼中生成全新的构境。②在瓦纳格姆这里，话语异轨将变成主动性的活着的意志，反

---

① ［法］鲁尔·瓦纳格姆：《日常生活的革命》，张新木等译，南京大学出版社 2008 年版，第 101 页。中译文有改动，参见 Raoul Vaneigem, *Traité de savoir-vivre à l'usage des jeunes générations*, Paris, Gallimard, 1992.p.132。

② 关于异轨概念的讨论，可参见拙著：《烈火吞噬的革命情境建构》，第 14 章。此书近期将由南京大学出版社出版。

抗语言异化和景观伪交往的有力武器。

瓦纳格姆指出,“一般来说,为语言进行的斗争就是为生活自由进行的斗争。为了视角的颠倒”①,这个“视角的颠倒”是指对景观的颠倒,如果说,统治者在景观意识形态中“用词语填喂它的奴隶,直至将其变成词语的奴隶(les esclaves ie ses mots)”②,那么,我们的斗争则是要破境景观迷雾,把苟生的象征符码重新赋形为诗意的话语,将反动的词语颠倒为革命的武器。具体说,这可以有三种斗争策略:一是“面向诗意的感性修正信息(L'information corrigée dans le sens de la poésie)”。这是瓦纳格姆特有的革命方向,不同于德波的新浪潮电影,也不同于康斯坦特的“新巴比伦”建筑革命,瓦纳格姆的革命是诗意的革命。具体说,就是将虚假的景观抽象回落到感性的具体,让广告背后资本家和统治阶级的骗人话语被揭穿,可以针锋相对地编写一部与统治权力和消费意识形态的词语体系完全相反的革命词汇百科全书。二是用革命的辩证法语言构式真正开放的

① [法] 鲁尔·瓦纳格姆:《日常生活的革命》,张新木等译,南京大学出版社 2008 年版,第 101 页。

② [法] 鲁尔·瓦纳格姆:《日常生活的革命》,张新木等译,南京大学出版社 2008 年版,第 101 页。中译文有改动,参见 Raoul Vaneigem, *Traité de savoir-vivre à l'usage des jeunes générations*, Paris, Gallimard, 1992.p.132。

讨论，以重新塑形人与人之间真实的交流，彻底拒绝被金钱和资本毒化的伪交往和骗人的信息科学。三是重塑基于真正生活的“感官语言”（*sensualische Sprache*），这是一种反对异化了的抽象中介的“自发性的语言，‘行动’的语言，个人和集体诗意（la poésie individuelle et collective）的语言；它是位于实现规划轴（l'axe du projet de réalisation）上的语言，是将实际经验带出‘历史的洞穴’（des cavernes de l'histoire）的语言”[①]。感官语言，就是非中介化、非异化的诗意语言，它将摆脱资产阶级意识形态的洞穴幻影，真正将生活的实际经验还给个人和集体生活本身。

瓦纳格姆提醒我们，语言革命也可能存在一种歧途，即废除语言的荒谬之举。他承认，在人与人的交流中，的确存在某种“无声的交流”（communication silencieuse），如同恋人间的爱意传递。但是，在社会层面上，如果因为有了服务于权力“神话的语言和景观的语言”，就制造出恐怖主义式的“反对语言的谋杀”（l'attentat contre le langage），这也是可笑的无效之举。这里，他列举了达达主义开始的另类“语言革命”，“通过揭露伪造的交流，达达派（mouve-

① ［法］鲁尔·瓦纳格姆：《日常生活的革命》，张新木等译，南京大学出版社 2008 年版，第 102 页。

ment Dada)开始了对语言的超越，对诗意的追寻”[①]，可是，如果将语言变成离开现实生活的不知所云的胡话，这恰恰会成为资产阶级意识形态的话语同谋。其实，我们前面讨论过的伊索的字母主义和后来出现的所谓后现代思潮，恰恰是以碎片性的无意义字母和无深度的平面化话语同构于后工业资本主义现实存在的。瓦纳格姆明确地说，语言革命的目的绝不是为了消灭语言，让人无话可说，而是要建立全新的与活着的生命相一致的总体性的诗意语言。列斐伏尔的那个非异化的“总体的人”又在场了，“总体的人(l'homme total)的语言将会是总体的语言(langage total)；这或许就是古老词汇语言的终结。创造这种语言，就是重新构建人类，直至构建人类的无意识”[②]。这当然是很难进入的形而上学构境。在拉康的意义上，人的无意识已经是他者的话语，语言是存在之尸，人的主体是被语言大他者篡位的伪主体，这一切在资产阶级的意识形态景观控制中成为现实，这里的大他者是资产阶级意识形态，语

---

① [法]鲁尔·瓦纳格姆：《日常生活的革命》，张新木等译，南京大学出版社2008年版，第103页。

② [法]鲁尔·瓦纳格姆：《日常生活的革命》，张新木等译，南京大学出版社2008年版，第103页。中译文有改动，参见Raoul Vaneigem, *Traité de savoir-vivre à l'usage des jeunes générations*, Paris, Gallimard, 1992.p.132。

言是被资本征用的商业交易逻辑和广告欺诈的伪交往话语，伪主体是资产阶级日常生活中受制消费意识形态的苟生之人。瓦纳格姆试图创立的革命语言，则是终结资产阶级的景观意识形态话语，重建人自身的真实欲望——无意识，回归人的总体性诗意存在。好吧，革命总是诗意的主观造反，这恐怕是瓦纳格姆心中无法消除的隐性唯心主义逻辑构式。

第六章
异化苟生中的分离、表象与角色

瓦纳格姆认为，当代资本主义社会中资产阶级的统治，是一个建立在充满诱惑和存在分离的世俗世界之上的，所有人无一例外地都生活在市场经济碎片化的盲目苟生之中。资产阶级通过景观的谎言编织起虚假的欲望和有组织的外观，维系平庸日常生活的延续，而平庸日常生活中的物化人，只是充当无止境追逐和占有消费品的社会角色。本章，我们就来看一下瓦纳格姆的这一批判性观点。

1. 资产阶级世界中的诱惑与分离

一方面，瓦纳格姆发现，今天的资产阶级世界中除去压迫和谎言，其实更强有力的东西是**诱惑**。这是那个“我羡慕故我在”的对象性前提。这也是鲍德里亚后来专门关注的当代资产阶级意识形态幻象，为此他写下了《论诱惑》

(*De la séduction*,1979)一书。瓦纳格姆说,

> 在力量与谎言无法摧毁人和驯服人的地方,诱惑(séduction)便有了用武之地。权力展现的诱惑是什么呢?它是内化的束缚(contrainte intériorisée),是包裹在明知是谎言的意识中的束缚,是正人君子的受虐狂病。人们不得不把阉割的东西称作自我的赠予,用自由的不同颜色去描绘对众多奴役的选择。"尽了义务的感觉"使每个人成为杀害自己的光荣的刽子手。①

诗性的话语总是难解的。这是说,不同于专制体制下的公开和可见的奴役,启蒙了的人是可以拒绝外部强制力量和识别直接的谎言,所以,资产阶级世界中的统治通常会是以被压迫者的认同为前提,这是葛兰西的文化霸权理论已经觉识到的新型意识形态控制方式。在瓦纳格姆看来,这种认同的基础不再是强暴性的力量和赤裸裸的骗人,而是通过各种名利地位的诱惑,让人们在追逐欲望对象中自觉地屈从于奴役,人人都想当"成功人士",个人自我实现的标识成了当老板、当大官,开上豪车、住上别墅成

---

① [法]鲁尔·瓦纳格姆:《日常生活的革命》,张新木等译,南京大学出版社 2008 年版,第 107 页。

了人生奋斗的目标，能没完没了地购买高档奢侈消费品就是幸福生活。其实，这恰恰是资产阶级布展的一种新型的“内在的束缚”，在这种诱惑之下的苟生中，奴役被感觉为自由，阉割被当作赠予，死于物欲则成了尽义务。在诱惑中，人们自己杀死自己。这是一种资产阶级制造出来的可怕的“牺牲的辩证法”(dialectique du sacrifice)。在这本书中，瓦纳格姆自觉地运用了马克思主义的辩证法构式，但在大多数情况下，都表现了否定性的批判辩证法构境。这是值得肯定的地方。

如果说在传统的神性统治之下，信徒们将生命献祭于上帝，而今天，人们献身于可炫耀的消费物，人的存在颠倒地表现为金项链、钻石和法拉利跑车。瓦纳格姆说，“事实上，资产阶级并未使我们摆脱上帝，它只不过为其尸体打开了空调”①。神性上帝死于败坏的物欲中，苟生之人看起来是活着，但真实的生命已经死去，因为苟生之人只为消费品的物性在场而“奋斗”，为了掩盖苟生人的这种活死人状态，资产阶级只能让其“买、买、买”，这是为尸体不直接腐烂打开的冷气。

---

① [法]鲁尔·瓦纳格姆：《日常生活的革命》，张新木等译，南京大学出版社 2008 年版，第 151 页。

资产阶级思想从牺牲中揭示出物质性，使它非神圣化(désacralise)，将它分成碎片；但是并不完全清除它，因为如果清除了，这对资产阶级来说就意味着停止剥削，也就是说停止存在。碎块的景观(spectacle parcellaire)不过是神话解体的一个阶段；这种解体如今在消费物的专政(dictature du consommable)下加快了它的步伐。①

走向非神圣化，即韦伯所指认的现代性生成前提——社会生存世俗化。原先在教堂中诱惑人的圣性法器被世俗化到人间，它摇身一变，成为满足人的欲望的商品和货币，一神论中不可触及的三位一体的圣父-圣子-圣灵，被无数可见可感的消费品碎片化了，消解宗教神话的碎片化景观所制造出无形的欲望对象构序了人的生命轨迹，为了获得高档轿车、别墅和其他财富，人可以牺牲身体、牺牲亲情，甚至毫不犹豫地献出一切。当然，与神话的高尚神性牧领下的信徒不同，景观的作用是生产**无脑儿式**的物欲观众：

---

① [法]鲁尔·瓦纳格姆：《日常生活的革命》，张新木等译，南京大学出版社2008年版，第108页。

> 在于通过观众的义务参与，通过最为被动的人员的参与，来填补景观的空洞。日常发生的事情及其衍生物可以有某种机会，向无主人的奴隶社会（société d'esclaves sans maîtres），向控制论专家给我们预备的社会，提供该社会要求的无观众的景观（le spectacle sans spectateur）。①

景观与观众的关系，是德波依循布莱希特戏剧观所提出的批判性观点。在瓦纳格姆这里，他是说，与从教堂圣殿出场的装模作样的牧师不同，资产阶级社会支配苟生人的景观也是世俗化的，它们在日常生活中的每个细节和瞬间中出场，并且不是宗教的神性话语，而所有可能的符码都会被征用来塑形景观意识形态。瓦纳格姆说，资产阶级意识形态的"思想、艺术和文化景观的功能就在于把自发性的野狼变为有知识和漂亮的牧羊犬"，明明在商品-市场的无序自发性中，大多数人会沦落为社会底层，但景观一定要将这种杀人的野蛮过程美化为高尚的合法合理的致富。景观控制的秘密是让所有人失去判断力，成为"被动的人员"，在这个意义上，它恰恰是无观众的。资产阶级世

① ［法］鲁尔·瓦纳格姆：《日常生活的革命》，张新木等译，南京大学出版社2008年版，第115页。

界看起来是没有皇帝、领主面孔的统治者,可是它仍然是让人成为献身于消费品的无主人的奴隶社会。

另一方面,瓦纳格姆认为,**分离**是所有阶级统治的基础,奴役和支配的前提永远是,“人们生活在互相的分离(séparés)中,他们与他人中的自己分离,与自我分离(séparés d'eux-mêmes)”①。瓦纳格姆并没有详细说明的这个分离概念,也是德波景观批判理论中的重要范畴。在《景观社会》中,德波指认“**分离**(*séparation*)是景观的阿尔法和奥米加”②,也就是景观控制的全部基础。德波从工人与产品的分离、生产者交往的分离和非劳动时间的分离三个方面,讨论了资产阶级世界中的分离现象。③ 显然,德波是想通过分离来替代青年马克思那个难懂的劳动异化概念。

这张相片是很有构境意味的。让我立刻想起的相近

---

① [法] 鲁尔·瓦纳格姆:《日常生活的革命》,张新木等译,南京大学出版社 2008 年版,第 118 页。

② [法] 德波:《景观社会》,张新木译,南京大学出版社 2016 年版,第 11 页。阿尔法和奥米加,即希腊字母 A 和 Ω,分别位于字母表的开头和结尾,意为开始和结束。

③ 德波还专门拍摄了一部电影《分离批判》(*Critique de la séparation*, 1961)。关于德波的分离概念的具体讨论,可参见拙著:《文本的深度耕犁——西方后马克思思潮文本解读》(第二卷),中国人民大学出版社 2008 年版,第 2 章第 2 节第 4 目。

德波与瓦纳格姆(镜像中),1962 年

场境,是福柯在《词与物》中一上来解析的《宫娥》①中复杂的镜像关系。这里的视图中,瓦纳格姆的人在场,但背对观众,他从德波背后墙上的一面镜子中,反射式地映现出一张笑脸,与德波正面的笑容相合。瓦纳格姆与德波的关系,从根本上看,是一种他性镜像的关系,自从 1961 年列

① 《宫娥》(*Las Meninas*)是西班牙绘画大师委拉斯开兹(Diego Velazquez)于 1865 年创作的一幅名画。画中在画板对面的墙上挂有一面镜子,反射出站在观众(现实中的画家)视觉主体位置上的阳光直射中的国王菲利普四世和王后玛丽安娜的镜像。福柯认为,它深刻表现了一个无限复杂的看见与看不见的关系情境的交织表象构境空间。关于福柯对此的讨论,可参见拙著:《回到福柯——暴力性构序与生命治安的话语构境》,上海人民出版社 2016 年版,第 2 章第 1 节。

斐伏尔将瓦纳格姆介绍给德波开始，瓦纳格姆很快就成为德波身边的重要核心成员，其中一个非常重要的原因，就是他对德波思想和政治决断的无条件认同和迎合。这恐怕也是德波的早先合作伙伴（包括他最亲密的朋友和战友约恩以及德波自己的爱人伯恩斯坦）先后离开后，瓦纳格姆始终与德波站在一起的原因。在一定的意义上，瓦纳格姆的《日常生活的革命》也在进一步阐释德波的思想观念。这是我们应该格外留心的地方。瓦纳格姆说，人的存在中的分离，并非今天才出现的事情，早在黑暗的中世纪，罪恶、阴暗的人间与美好、光亮的天堂的二元分离，就已经是封建专制统治的基础，只是“在黑暗中，在不可及的标准中，在无可争辩的超验性（上帝、鲜血、神圣、恩泽……）中衡量自己。在若干世纪中，无数的二元结构像熬鲜汤似的，在神话的统一之火上煨炖着”①。在堂皇的神性和上帝之城面前，现实生活中的个人显得那么粗俗和渺小，这样，替天行道的君王才能趾高气扬地使唤奴隶。二重世界的分离神话，像小火“熬鲜汤”似的维系着圣性世界高高在上的地位，由此，瓦纳格姆说，“人对人的统治只有在神话中

① ［法］鲁尔·瓦纳格姆：《日常生活的革命》，张新木等译，南京大学出版社 2008 年版，第 120 页。

才得以合法化”①。这是对的。这种历史性的分析，显然是瓦纳格姆对德波分离观的进一步说明。

在推翻封建统治的时候，资产阶级已经意识到了这种现世生活与虚假的彼岸世界二元分离的统治秘密。可是，资产阶级从来没有打算真正结束这种分离，这是因为，“分离的结束势必带来资产阶级的灭亡，导致一切等级化权力的结束”。所以，首先我们看到的事实是，“自 18 世纪末以来，分裂在舞台上随处可见，分成碎片的速度也越来越快。互相竞争的小人物的时代开始了。人类的存在碎片变得更加绝对：物质，精神，意识，行动，普遍的，特殊的……哪位上帝来收捡这件瓷器呢？”②这里，瓦纳格姆显然是将德波的二元分离构式替换成粉碎性的**碎片化分散逻辑**。从本质上看，德波的分离概念还是在黑格尔-费尔巴哈-马克思的异化逻辑构式中变换性地突显一种深刻的矛盾关系。分离总是矛盾双方关系的对抗和分裂，而当瓦纳格姆将这种矛盾性的分离替换成碎片式的分散构式时，也就消除了德波分离概念的矛盾本质，这恐怕是瓦纳格姆没有意识到的问题。在瓦纳格姆看来，在资产阶级世界中，虽然没有

---

① ［法］鲁尔·瓦纳格姆：《日常生活的革命》，张新木等译，南京大学出版社 2008 年版，第 119 页。

② ［法］鲁尔·瓦纳格姆：《日常生活的革命》，张新木等译，南京大学出版社 2008 年版，第 121—122 页。

了天堂与世间的分离，但是商品-市场构式将人的现实生活变得更加分裂和碎片化，感性生活、日常行为和所有的感觉和观念，都像被**打碎的瓷器**，分散在日常生活的细节之中。如果加上黑格尔的市民社会构式，就成了原子化的个人生活在碎片化的日常生活之中。瓦纳格姆问道：如同中世纪将碎片粘合起来的上帝一样，什么东西还能统合这样分裂和分离的存在碎片呢？他认为，资产阶级的"经济并没有神秘之处。它从奇迹中只保留了市场的**偶然性**（*hasard* du marché）"①。用斯密的话来说，过去上帝之手发挥作用的地方，今天就是商品交换市场中碎片式个人盲目活动中自发形成的"看不见的手"。资产阶级世界不是被打碎的，它存在的基础就是分离性的碎片。金钱之神，正是碎片式分离苟生的主人。

其实，瓦纳格姆还是不想离德波的分离概念太远，于是他承认，在资产阶级世界中，除去粉碎性的分散，也还有一种可见的、全新的二元分离被生产出来：无产阶级与资产阶级、劳动与资本、个人与市场等，这种宏观分离恰恰是资产阶级剥削的秘密前提，"剥削的关系是二元的，此外，这些关系与经济关系的物质性密不可分"，然而，

---

① ［法］鲁尔·瓦纳格姆：《日常生活的革命》，张新木等译，南京大学出版社 2008 年版，第 122 页。

> 去掉血统和门第的神秘优势，剩下的只有一种剥削机制（mécanisme d'exploitation），只有对利润的追逐，它以自身来为自己辩护。金钱或权力在数量上的差别，把老板和劳动者分隔开来，而不再是人种的质量障碍。这就是剥削那可恶的特征，它被运用在“平等的人”（égaux）之中。①

在今天的资产阶级世界中，可见的血统关系和门第等级的社会构序的确被清除了，这当然是一种历史进步。然而，在资产阶级鼓吹的启蒙解放后的自由、平等、博爱之中，同样神秘的经济剥削机制，造就了金钱数量差距巨大的二元分离，没有了世袭宗法关系的“平等的人”，在形式上公平的雇佣交换中，却再一次分离为坐在资本权力宝座上的老板、显赫权贵和打工谋生糊口的劳动者及无名百姓。这是对的。

2．组织化的外观：建构虚假现象的景观

瓦纳格姆有些感慨地说，资产阶级是从砍掉国王头的革命起家的，但是，让他们没有想到的是，革命就像一个历

---

① ［法］鲁尔·瓦纳格姆：《日常生活的革命》，张新木等译，南京大学出版社 2008 年版，第 122 页。

史辩证法的“绞绳活结”，今天，这个绞绳又套在了资产阶级自己的脖子上，它将在不可逃避的悬空“晃荡中走向虚无”[①]。瓦纳格姆对辩证法逻辑构式是亲近的。当然，资产阶级“不是一尊雕塑”（列斐伏尔语），可以清楚地看到，几个世纪以来，“资产阶级思想完全吊悬在自己编织的激进绳索上，以绝望的力量死死抓住所有的改良性解决办法，抓住一切可以让它苟延残喘的东西，即使它的身体不可抗拒地将它拖向最后的痉挛亦然”[②]。如果把瓦纳格姆这里的诗性话语用马克思的话来表述，就是资产阶级如果有一天不变动自己的生产关系，它就会灭亡。的确，从 19 世纪的自由资本主义到 20 世纪的国家垄断资本主义，西方资产阶级确实绞尽脑汁改良自身的生产模式、经济结构，甚至政治制度，然而，在瓦纳格姆看来，这都是走向死亡前的无效痉挛。

第一，资产阶级为了维护自身的统治，就不得不**编织各种意识形态的谎言**。瓦纳格姆说，资产阶级的世界是一个充斥着谎言（mensonge）的地方。因为从根子上说，当资产阶级通过看起来合法的公平交易，无偿占有了劳动者的剩余价值时，它所制造的一切辩解都会是骗人的谎言。瓦

---

① ［法］鲁尔·瓦纳格姆：《日常生活的革命》，张新木等译，南京大学出版社 2008 年版，第 126 页。

② ［法］鲁尔·瓦纳格姆：《日常生活的革命》，张新木等译，南京大学出版社 2008 年版，第 126 页。

纳格姆说，

> 当盗窃行为需要合法的机构(d'assises légales)支持时，当权威机构自我标榜为大众利益服务时，当营私舞弊又要逃避处罚时，谎言怎会不蛊惑人的思想，使它屈服于谎言的法则，直至使这种屈服变成人的似自然(quasi naturelle)的状态呢？确实，人都在说谎，因为在一个谎言支配的世界中，他不可能有别的行动方式。他本身就是谎言，与自己说的谎言紧密相连。公共常理向来只认可以全体名义颁布的、与真理相悖的政令。这是普及了的谎言编纂体系(codification)。①

这是一个深刻的断言。资产阶级对劳动者的剥削是一个不争的事实，钱是不会凭空自我增殖的，你没有偷别人的东西，又怎么会积累起财富？这是自李嘉图式的社会主义的"不劳动者不得食"、普鲁东的"财产就是盗窃"的声讨以来，路人皆知的雇佣关系之下的事情。只是马克思最终通过科学的剩余价值理论揭露了其中的真相。其实，资产阶级的存在本身就是一个无法自圆其说的谎言，因为资产阶级的权力机构正是以大众利益的合法面目，掩盖其盗

① [法]鲁尔·瓦纳格姆:《日常生活的革命》，张新木等译，南京大学出版社2008年版，第125—126页。

窃行为和逃避处罚的，所以资产阶级的意识形态就是一个“谎言编纂体系”。在一个由谎言支配的日常生活中，人们已经习惯了说谎，说谎中的臣服已经成了一种苟生中的**似自然性**。20世纪90年代，我在《马克思历史辩证法的主体向度》中也提出了似自然性概念。①

第二，资产阶级遮蔽谎言的**组织化的外观——景观**。这是对德波景观批判范式的重新规制。瓦纳格姆说，“没有人能在非真实的压力之下一天二十四小时扮演鬼脸”，资本家自己每天现场的满嘴胡言是骗不了多久的。正因为如此，资产阶级就发明了赋形虚假现象的新型组织化的外表（apparence）——景观，以代替并不能时时在场的谎言。从认识论的视角看，如果康德发现了人所面对的直接感性世界是先天综合判断无意识建构起来的“现象界”，那么资产阶级则是故意制造和发明了一种有组织的世界外观。景观占据了过去康德指认先天综合判断出场的位置，这有一定的道理。但深入去看，资产阶级世界的现象界本质，主要是经济关系客观颠倒的事物化，在认识论障碍（巴什拉语）上，当人们将人与人的劳动交换关系事物化的颠倒视为商品的自然属性时，就构成了经济关系物化现象，而经济拜物教只是这种物化错认的现象外观。在这一点

---

① 参见拙著：《马克思历史辩证法的主体向度》，河南人民出版社1995年版，第3章。

上,经济拜物教是非故意的。如果这种拜物教外观是**自组织化**的机制,也是资本主义生产方式自身的内部机制。而资产阶级的景观生产却真的是对拜物教认同的组织化的外观。瓦纳格姆说:"外表的组织希望自己静止不动,像正在飞的鸟的影子那样。但这种静止与统治阶级旨在巩固其权力的努力紧密相连,它只是想摆脱带它而走的历史的一个白日梦。"[①]今天资本主义制度的统治者利用组织化的外观,目的就是为了维护自己手中的权力,就像是让飞鸟的影子不动一样,当属白日做梦。瓦纳格姆认为,在阶级社会历史发展的进程上,

> 外表的组织(L'organisation de l'apparence)是一个事实的保护体系(système de protection),是一种诈骗。它在间接现实(réalité médiate)中再现(représente)事实,使得直接现实(réalité immédiate)不能表现这些事实。神话是统一权力对外表的组织,而景观(spectacle)则是碎片权力对外表的组织。[②]

---

① [法]鲁尔·瓦纳格姆:《日常生活的革命》,张新木等译,南京大学出版社2008年版,第126—127页。

② [法]鲁尔·瓦纳格姆:《日常生活的革命》,张新木等译,南京大学出版社2008年版,第125页。中译文有改动,参见Raoul Vaneigem, *Traité de savoir-vivre à l'usage des jeunes générations*, Paris, Gallimard, 1992.p.160。

这里有两个构境层：一是这里瓦纳格姆在分析统治阶级意识形态时，突出强调了其可见的表象系统，这种由再现式的外观建构起来的**间接现实**遮蔽了真实的存在（“直接现实”）本身。这一点，与德波对景观的思考是接近的，只是瓦纳格姆没有意识到德波指认这种遮蔽现实的**关系性**存在。二是在一种历史对比关系中对组织化外表的分析，遮蔽过去专制的统一权力的外表组织是宗教神话，如替天行道的“真龙天子说”；而资产阶级用来遮蔽碎片化权力的外表组织则是同样碎片化的景观。可以察觉到，瓦纳格姆在此书中，并没有深入德波景观概念的原有定义域，通常只是在讨论自己的问题中简单地提及景观，但不做具体的讨论。

依瓦纳格姆的分析，如果说传统专制的同一性权力对组织化外观的利用，通常是以**神话的严密结构**（*cohérence du mythe*）为前提，而资产阶级则是在打碎了的权力中，将组织化的外观——景观建构成**非严密**（*incohérence*）的弥散结构。德波则区分了集中的景观和分散的景观。我认为，在这一点上，德波是对的。因为的确存在着法西斯主义和国家垄断资本主义制造的集中式景观。如果说，原来“外表是一面镜子（miroir），镜中的人们对自己的决定佯装不见，如今这镜子被砸得粉碎，掉进了由个人供需关系构成的公共领域中。它的消失将是等级化权力的消失，这是一个‘背后空无一物'(derrière laquelle il n'y a rien)的门面"①。因为,专制权力建立起来的组织化外观中,君君、臣臣、民民的关系性镜像,是每个人都可以看见并直接遵循去做的东西,而在资产阶级的再现性景观中,"等级化权力"的统一幻象被打碎了,新的幻象是"由个人供需关系构成的公共领域"(斯密-黑格尔的市民社会)为中轴的组织化外观。可是,在这个热闹无比的自由公共域的景观背后却空无一物。在专制暴力背后,人们可以直观到君主和权贵们的无耻嘴脸,而在今天的资产阶级景观背后,是看不见有脸的压迫者的。这正是资产阶级景观意识形态的高明之处。

第三,**景观意识形态的影子化**。在瓦纳格姆看来,今天资产阶级"生产社会的机器整体上趋向于变成一种景观社会的机器"(machines de la société du spectacle),这是对德波异轨马克思,指认资本主义商品世界向景观世界转换构式的同向肯定。在瓦纳格姆看来,这个无处不在的景观机器由碎片化的影像和媒介组成,它的存在方式就像中国的皮影戏那样,只是真实存在的幻影,所以他说,"景观是一座形象的博物馆(musée des images),一座皮影戏仓库

① [法]鲁尔·瓦纳格姆:《日常生活的革命》,张新木等译,南京大学出版社2008年版,第127页。

(magasin d'ombres chinoises)。也是一座实验剧院"[①]。今天的资产阶级日常生活,正是建立在这种骗人景观的空中剧场之上的。

> 从事件中,我们只拥有一个空洞的剧本(scénario vide)。触及我们的是其形式而不是其物质。这种形式在触及我们时,其力量可大可小,并根据它的重复特性(caractère répétitif),根据它在外表结构(structure de l'apparence)中所占据的位置触及我们。因为作为一个组织性体系,外面是个巨大的文件柜,各种事件被分成碎块,被分离,贴上标签,排列在柜子里(感情事件、政治领域、美食行业等)。[②]

如果说中世纪黑暗中的神话是靠有质性的神灵形象进行欺骗,那么今天的景观则靠各种存在事件的影子制造谎言,"图像、照片、风格等经过组合技术的组装和调试(construits et coordonnés selon des techniques combinatoires),构成了一种自动售货机(distributeur automatique),

---

① [法]鲁尔·瓦纳格姆:《日常生活的革命》,张新木等译,南京大学出版社 2008 年版,第 130 页。

② [法]鲁尔·瓦纳格姆:《日常生活的革命》,张新木等译,南京大学出版社 2008 年版,第 131 页。

销售现成的解释和被控制的情感”[①]。景观世界的虚幻基础是无限量的影像和媒介的自我复制和内爆，它像一台发疯的自动售货机，向所有人推销动人的欲望对象，以勾起人们的购买冲动。其实，依我的理解，瓦纳格姆这里批判的资产阶级景观意识形态的**影子化**背后，最根本的构式逻辑是韦伯所指认的**从价值合理性向形式合理性的格式塔转换**，这一“价值中立”的**形式存在论**，是资产阶级法律形式上平等（实质上不平等）、经济交易上公开形式上公平（实际上无偿占有）、社会生活形式上自由（本质上是资本的自由和无钱的不自由）系统假象。景观再伪饰这种假象关系系统的影子化，已经是资产阶级造假系统的二次方了。这是瓦纳格姆没有入境的更深的意识形态构境层面。所以，瓦纳格姆说，“在神话外表的内部并通过品质力量起作用的形象，若要从景观外表内部汲取光耀的话，就得依靠这些形象的迅速复制，而且是有制约性的复制（如口号、照片、明星、词语等）”[②]。这又是历史性的比较分析，中世纪专制的神话故事是通过有质性的玛丽亚和耶稣的形象来打动信众的，而资产阶级的景观则是永远新鲜的欲望对

① [法]鲁尔·瓦纳格姆：《日常生活的革命》，张新木等译，南京大学出版社2008年版，第131页。

② [法]鲁尔·瓦纳格姆：《日常生活的革命》，张新木等译，南京大学出版社2008年版，第131页。

象和可无限复印的碎片式流动影像。光耀的明星永远是过气他人身上不断涌现的鲜亮面孔，广告是让我们怎样生活的流行口号的生产天堂，这是我们不难体会到的现象。在我们的身旁，现在让人心生向往的智能手机和名牌包包，不久就会是无人问津的旧物；无数今天亮相广告中的运动健将和影视明星，明天就可能不再活跃。

瓦纳格姆愤怒地说，也是通过这种廉价的影像复制，资产阶级的日常生活中到处都是"贱卖的世界观（*Weltanschauung* en solde）的个性化渣滓，以及成千上万的便携式意识形态（d'idéologies portatives）"，景观代替了存在本身。瓦纳格姆这里"贱卖的世界观"和"便携式意识形态"的提法是生动而深刻的。资产阶级的景观意识形态通常都不是"高大上"的道理，而是生活小窍门一类的"怎样幸福生活"的指南，各种满足虚假欲望的消费品正是依托在"让你过得更好"的口号下塞进你的购物车，它让资产阶级的生活观念成为随处可见可用的便携意识形态小工具。更有甚者，今天的景观意识形态还加上了可怕的无形的隐性翅膀，这就是电视和消费品对日常生活的无形构序和塑形。瓦纳格姆说，

> 如今的电视、文化和洗衣粉将它们作为赠品搭配给每一位顾客。景观的分解（La décomposition du

spectacle)从今以后将通过分解的景观而进行。这是合乎**物**的逻辑(logique des *choses*)的事情,即最后一位喜剧演员将拍摄自己的死亡过程。在这种情况下,物的逻辑就是可消费物(consommable)的逻辑,是用自我消耗的方法进行出卖的逻辑。①

资产阶级的景观并没有出现在有固定时空的教堂圣坛上或皇宫的圣旨中,它通过空中隐形传输的电视文化作品和无处不在的消费品在日常生活中的每一个细节里构序和塑形起我们的苟生,人们无法意识到的真相是,不断消失和重现的时尚消费品逻辑就是资产阶级"**物**的逻辑",它是以自我消耗的方式变卖自己生命的日常苟生的本质。

瓦纳格姆分析说,资产阶级十分了解电影、电视在**制造欲望**中发挥的景观作用。电视是电影超出电影院的固定时空,随时随地来到你的身旁,当你操纵遥控器自由地变换频道时,生成景观更便捷、更日常化的"个性化的形式"。这是资产阶级便携式意识形态最典型的具体实现形式。在今天,当然就是网络信息化的数字化媒介景观了,

① [法]鲁尔·瓦纳格姆:《日常生活的革命》,张新木等译,南京大学出版社2008年版,第128页。中译文有改动,参见Raoul Vaneigem, *Traité de savoir-vivre à l'usage des jeunes générations*, Paris, Gallimard, 1992.p.163-164。

电脑屏幕和智能手机的屏幕，比电视屏幕更加便携和无所不能。

> 在电影或电视上，同一人物被分解为一组精确的细节(détails précis)，在观众的眼球前活动，就像是等量的微妙印象(subtiles impressions)在活动。这是一所目光的学校(école du regard)，一堂表演艺术的课程，演员的一颦一笑，手脚的一举一动，对成千上万的观众来说，都解释着表达一种情感、表达一种欲望的恰当的方法……①

作为景观意识形态的电影和电视并不直接宣教和撒谎，它通过无法摆脱控制的"目光的学校"讲故事，它的迷人手段是高超的表演艺术和剪辑蒙太奇，制造苟生的催泪剧情，那些虚构的人物通过细微的"一颦一笑"和"一举一动"，让资产阶级编好的虚假欲望和异化消费控制变成无法察觉的"微妙印象"，精妙地异轨为你的情感，深深植入你的欲望。现在，我们直接看到电视剧中的软广告已经是明目张胆的硬核推销了，因为影视偶像使用的汽车、电脑

---

① [法]鲁尔・瓦纳格姆：《日常生活的革命》，张新木等译，南京大学出版社2008年版，第130页。

和日用品都会时时用特定方式推送到观众面前，这实际上比真正的广告更容易进入粉丝们的下意识支配中。一段时间里，日韩影视剧中人物的服饰会迅速成为粉丝们热捧和追逐的对象。

第四，**个性化奴役和科学知识是景观统治的秘密武器**。瓦纳格姆说，在资产阶级的日常生活中，为什么景观能够如此轻而易举地捕获民众？秘密生产机制有二：**奴役与支配的个性化和科学知识与权利的隐性同谋**。这也是后来福柯关于"知识-权力"认知考古和谱系批判的中心关注点。在瓦纳格姆看来，

> 碎片的条件制约(conditionnement parcellaire)已经取代了无所不在的上帝的条件制约，权力想通过大量的微型制约(petits conditionnements)，竭力达到服务大写构序(Ordre)的原先质量(qualité de l'ancien)。这意味着束缚和谎言正在个性化，正在尽量靠近每个特别的生灵，以便更好地把他纳入抽象的形式中。这也意味着，在某种意义上，在对人的治理(gouvernement)意义上，人类知识的进步使异化更为完善；人通过正式渠道对自己的认识越深，他就越发异化。科学是治安的托词(La science est l'alibi de la police)。它教我们在什么程度上折磨人而不致死，它尤其教我们在什么程度上，可以当好**自虐**(*héautontimoroumenos*)，即杀死

自己的可敬的刽子手。①

这是一段关于资产阶级现代统治机制剖析有深刻喻义的表述。瓦纳格姆一是告诉我们,不同于维护传统专制权力的万能上帝规训,今天资产阶级的碎片化权力已经解构为毛细血管般布展的"微型制约",权力对人的束缚和谎言正在个性化,甚至量身定做地服务于每个个体生存。资产阶级社会统治的特点,不同于封建专制中的宏观施暴,而是将奴役和支配微观到个人,每个人都会有自己的律师为你悉心量刑入序,每个人都有自己知根知底的心理医生,使你平静地入序于奴役状态。二是他告诉我们,这种微型统治和支配的最关键武器就是科学知识,吃什么怎样吃最科学最健康,什么年纪穿什么怎样穿最合适,如何科学地睡觉如何走路能活更久,如何科学地管理自己的生命**成为政治**。福柯晚年最重要的批判理论贡献就是生命政治的构式。在瓦纳格姆看来,资产阶级的科学管理是新型**治安统治**的托词,知识的进步是与人的异化成正比的。在资产阶级科学治理社会的幌子下,无脸的科学知识专家系统正在教会如何"在什么程度上折磨人而不致死",这是苟

① [法]鲁尔·瓦纳格姆:《日常生活的革命》,张新木等译,南京大学出版社 2008 年版,第 130 页。中译文有改动,参见 Raoul Vaneigem, *Traité de savoir-vivre à l'usage des jeunes générations*, Paris, Gallimard, 1992.p.166。

生的根本特征，并且，科学的自我规训就是慢慢发生的自杀。

3．不讨喜的角色：不是我自己的异化苟生

在瓦纳格姆看来，资产阶级日常苟生的本质属性之一，就是让所有人都进入一种**不是他自己**的社会**角色**。这是一种新人本主义的个人价值（他自己）批判，如果是在费尔巴哈和青年马克思的异化逻辑中，则是“非人”（丧失类本质）。不过，对比广松涉把角色视作个人主体**客我**的在场性的中性构式，瓦纳格姆这里的观点还是具有批判张力的。① 这当然就是指我们大多数人每天上班所做的事情：异化生存节奏中的奴役性分工的角色。在这里，瓦纳格姆先援引了帕斯卡在17世纪说过的话：“我们愿意按照他者的观念（l'idée des autres）去生活，在想象的生活（vie imaginaire）中生活，为此我们尽量地去显露（paraître）。我们努力美化并保住这个想象的存在，却忽视了真实的存在（véritable）。”②在那个时候，神学思想家帕斯卡批评世俗生

---

① 关于广松涉主体角色关系的讨论，可参见拙著：《物象化图景与事的世界观——广松涉哲学的构境论研究》，第12章，天津人民出版社2020年版。

② ［法］鲁尔·瓦纳格姆：《日常生活的革命》，张新木等译，南京大学出版社2008年版，第134页。中译文有改动，参见Raoul Vaneigem, *Traité de savoir-vivre à l'usage des jeunes générations*, Paris, Gallimard, 1992.p.171。

活中的人们失去神的引领，人云亦云地沉沦于想象他者的色香物欲，从而失去有上帝目光注视的真正神性生活。而在今天的资产阶级世界中，这个他者的观念即**金钱统治下的苟生**。其实，用马克思更精准的科学话语来说，即作为谋生手段的雇佣劳动。可是，瓦纳格姆让我们关注的异化角色，并不是马克思关心的生产和被剥夺剩余价值的那个真实的无产阶级劳作，而是当代资产阶级社会日常生活中的**幻象他性认同**中的苟生。依瓦纳格姆的看法，

> 在日常生活中，角色（rôles）浸透到每个个体中，使他远离存在着的那个他，远离他想真正成为的那个他。它们是镶嵌在实际经验中的异化角色。至此，所有游戏都做过了，这就是为什么它们已经停止成为游戏。各种模板（stéréotypes）将意识形态强加给集体的东西，单独地或几乎可以说"隐秘地"强加给每一个人。①

这是典型的新人本主义逻辑构式：第一，本真的在现实中丢失的"他"，在这一点上，"他"不是传统人本主义构

---

① ［法］鲁尔·瓦纳格姆：《日常生活的革命》，张新木等译，南京大学出版社 2008 年版，第 129 页。中译文有改动，参见 Raoul Vaneigem, *Traité de savoir-vivre à l'usage des jeunes générations*, Paris, Gallimard, 1992.p.165。

式中费尔巴哈和青年马克思那种人的**类本质**，而是施蒂纳和克尔凯郭尔式的活着的个体生命，是**应该存在的前异化、非苟生的**个体，这也是经常在这一文本中在场的那个第一人称的“我”。第二，角色是异化了的苟生中的个体，这里，你我他都不再是那个“想真正成为的那个他”，作为景观配置的角色人，苟生人异化在日常生活经验中的每一个**奴役化分工关系**中。第三，这里使每一个人异化的角色**模板**是一个独特的概念，它是指由社会浇铸起来的**异化关系的入序位置**，并由资产阶级的意识形态隐秘地灌输到社会群体和每一个人的头脑中，成为我们规训苟生的固定模板。这是瓦纳格姆的独特发明。显然，瓦纳格姆这里的模板是一种由景观生产的特定观念赋形物，它不是斯蒂格勒所指认的有外部持存物的工具模板，虽然他们二人使用了同一个 *stéréotype*，但在后者那里，如果动物是依靠生物遗传记忆来维系生命接续，而人类的历史存在和发展则是依托**外在化的模板**①(*stéréotype*)**记忆**来助产式实现的。所谓工具模板，就是指作为保存过去发生的生产**操作方式——筑模**的记忆载体，它本身是生产过程的结果，但它

① 一般说来，模板(template)是指作图或设计方案的固定格式，有时也指DNA复制或转录时，用来产生互补链的核苷酸序列。模板是将一个事物的结构规律予以固定化、标准化的成果，它体现的是结构形式的标准化。法文中的 stéréotype，反而有变得死板的意思。

不同于产品，它作为生产工具又是生产的前提条件，正是工具模板保留了让劳动生产活动得以重复和再激活的经验和教训。用我的构境论概念来表征，工具模板，即生产构序活动规则筑模的物性化持存。在农耕生活方式中，工具模板不是指一把镰刀，而是犁、镰、铲、锄等一整套有序生产的农耕工具，它是可以重构全部农耕生产构序活动的工具模板；而到了工业生产中，则会出现越来越复杂的机器构式系统，特别是后来的自操机床，它既是生产工具，又是对以往生产筑模发生自我记忆功能的工具模板。[①] 我理解，瓦纳格姆这里的模板并非真的实体存在，而是各种流行的有名有利的"成功人士"角色赋型。这是拉康所谓的人无意识地认同与大他者的隐性支配，即"欲望着他者的欲望"。当一个社会里，连幼小的孩子脱口而出的话，都是"长大了要当老板"时，足以说明这一社会日常苟生的异化程度达到了一个何等可怕的地步。当然，角色模板并非由像专制社会中一种外部的力量强迫你去做什么，而是轻松地由景观通过贴心的"职场经验"、厚黑的"官场权术"、辉煌的"成功秘诀"书籍、影视作品和广告中他者的欲望制造等方式，细节化地赋型和锚定人们的苟生。而今在不少机场和车站书店中，充斥着大量这种异化角色模板的装帧精

① 关于斯蒂格勒工具的讨论，可参见拙著：《斯蒂格勒〈技术与时间〉构境记解读》，上海人民出版社 2018 年版，第 4 章。

美的书籍。在瓦纳格姆看来,

> 模板(stéréotypes)是一个时代的主导形象(images dominantes),是主导景观的形象。模板是角色的样板(modèle du rôle),而角色又是模范的行为。一种姿态的重复(répétition d'une attitude)创造了角色,而角色的重复创造了模板。模板是一种客观的形式,而角色负责将人们引入其中。扮演和处理角色的技巧决定了在等级化景观(spectacle hiérarchique)中所占的位置。①

这是一段极其重要的表述。在此,瓦纳格姆讨论了景观、角色、姿势和模板的关系。这是德波并没有注意的景观内部构序的复杂层面。按瓦纳格姆这里的构序逻辑:第一,模板是一个时代中布展一定景观的"主导形象",或者说,模板是统治阶级意识形态景观的内部构式机制。比如"时间就是金钱"的布尔乔亚话语实践场。这是有毒的"时代精神"。其实,从上述的讨论中我们已经体知到,瓦纳格姆这里的模板不是物性的浇铸起来的凝固模具,而是一个

---

① [法]鲁尔·瓦纳格姆:《日常生活的革命》,张新木等译,南京大学出版社2008年版,第133页。中译文有改动,参见Raoul Vaneigem, *Traité de savoir-vivre à l'usage des jeunes générations*, Paris, Gallimard, 1992.p.170。

功能性发生着的支配景观布展的活动格局。用我的场境-构境论话语来说，就是动态发生的**筑模**。而在几乎同时出版的《词与物——人文科学的考古学》(*Les mots et les choses*, *Une archéologie des sciences humaines*,1966)①中，福柯将这一“模板”表征为“词”构序物的文化**认知型**。第二，模板是引导苟生人进入角色的样板，它通常是塑形核心景观的关涉意向，比如商品-市场交换中“利益最大化”的构式逻辑，它将构序和塑形整个苟生的无形价值取向。第三，异化的姿势重复维系着角色的在场，每天为了钱而奋斗，这是让苟生人作为经济动物疯狂下去的支撑动力，苟生人每天去扮演景观指定的角色，同一种非人的异化的姿势使角色道成肉身。第四，扮演和处理角色的技巧，构序了景观所序化的等级化位置，在一个企业中，从 CEO 到部门经理，再到普通职场劳动者；在一个官僚机构中，从部长到局长，从处长到科长，再到普通的科员，苟生人在景观技巧的操持中生成着角色中的等级。概言之，这是瓦纳格姆眼中景观支配人的微观发生机制，景观是浮在表象中的诱惑，模板通过他者的欲望引诱苟生的人进入异化

---

① Michel Foucault, *Les mots et les choses*, *Une archéologie des sciences humaines*, Paris, Gallimard, 1966. 福柯这本书获得了巨大的成功。1967—1969 年，该书多次重印，总册数约达 110000 本。关于这本书的深入讨论，可参见拙著：《回到福柯——暴力性构序与生命治安的话语构境》，上海人民出版社 2016 年版，第一篇。

的角色，异化的姿势重复维系着角色提供的等级化异化位置。

我以为，瓦纳格姆这里对景观角色的批判是深刻的。当然，我们还应该进行一些更加深入的分析。第一，劳动者对于异化角色的认同虽然不是显性暴力，但仍然是一种隐性强制，“你不去上班，你将被饿死”，这里资产阶级挥舞起来的，是马克思所说的不同于奴隶主可见的**饥饿的皮鞭**。所以，“我找到工作了”这一令人欣喜的欢呼背后，是“我可交得起房租了”“我可以有饭吃了”。这是**苟生关系场**中劳动者泪水下的开心。第二，每天不断重复的异化角色让每个苟生人失去他自己，而将异化式苟生本身认同为本己性存在：我就是这个售楼小姐，年底的提成让商业笑容成为我发自内心的笑容；我就是 CEO，非人的业绩即生命；我就是生意人（经济动物），时间就是金钱，财富增殖就是一切。久而久之，重复的非人的异化姿势让角色成为生命本身的目标，角色就浇铸了一种凝固化的苟生模板，人不再是人，而是某种景观角色的人格化。不同等级层面的苟生模板，成为一个资产阶级世界中苟生角色的主导形象，当然也是等级化景观的主导色彩。第三，这种认同正是葛兰西开始意识到的资产阶级霸权统治的基础。所以瓦纳格姆说，“认同（identification）是进入角色的方式。自我认同的必要性对于权力的安定（tranquillité du pouvoir）

来说，要比选择认同的模式更为重要”[①]。这是对的。幸福快乐地安于角色关系，是资产阶级发明**治安**统治的秘密。这也是福柯后来提出生命政治学的基本构序意向。

瓦纳格姆追问道，在资产阶级世界中，究竟“是什么魔法让我们把人类激情的活力赋给没有生命的形式呢？我们又是如何屈服于造作姿态的诱惑的呢？角色到底是什么呢”[②]？在他看来，人们之所如此轻易地被景观捕获，自愿地进入苟生的角色，很重要的一个原因，是为了追逐资产阶级制造的权力碎片。这是一场**看不见的与魔鬼的交易**。瓦纳格姆说，

> 角色是权力的消费(consommation de pouvoir)。它位于等级的**表现**(*représentation*)之中，因此就在景观之中，或在上面，或在下面，或在中间，但从不位于景观这边或景观那边。正因如此，它能把人引入文化机制：这就是**入门**(*initiation*)。角色也是个体牺牲的交换货币(monnaie d'échange)，正因如此，它行使着补偿的功能。作为分离的残余，它最终会努力地创造一

① [法]鲁尔·瓦纳格姆：《日常生活的革命》，张新木等译，南京大学出版社2008年版，第133页。

② [法]鲁尔·瓦纳格姆：《日常生活的革命》，张新木等译，南京大学出版社2008年版，第134页。

种行为的统一；正因如此，它将求助于**认同**(*identification*)。①

这是一个很有趣的说明。在瓦纳格姆看来，角色的本质是苟生的人对资产阶级碎片化权力的消费和角逐。过去的封建专制权力是娘胎里带来的血统，九品之下的平民是永远无法获得权力的，而在资产阶级的世界中，启蒙发端于“将权力归还给人民”。然而，在碎片化的人人平等的“市民社会”公共政治场境背后，实际控制资产阶级世界的经济权力，同样碎片化为无脸的市场交换关系的事物化结果，即商品、货币和资本关系，真相是，谁占有了这种能够增殖的金钱（事物化关系的结晶）——资本，谁就能分有支配世界的无形权力。可是，所有人都意识不到的是，在疯狂追逐财富、名望和地位的苟生角色的过程中，像西西弗斯一样推着永远掉下的巨石的我、你、他都会失去个人的真正的活着。这是瓦纳格姆所指认的，角色认同是“个体牺牲的交换货币”，并且，最可悲的是，这种对资产阶级意识形态景观大他者的认同，往往发自每一个苟生者的内心，他者的欲望就是我最本真的生存目标。这是拉康所说的，**我**

---

① [法]鲁尔·瓦纳格姆：《日常生活的革命》，张新木等译，南京大学出版社 2008 年版，第 134—135 页。

不知道我已经疯了！真正的我死于苟生，但角色却堂皇地苟生着。这里，瓦纳格姆举了一个日常生活中常见的例子：

> 这是一个三十五岁的男人，每天早上他开车上班，走进办公室，整理卡片资料，在城里吃午饭，玩扑克牌，重新整理卡片，下班，喝两杯里卡酒[①]，回到自己家，又见到他妻子，拥抱他的孩子，看着电视吃一块牛排，上床，做爱，然后睡觉。是谁把一个人的生活简化成了这一串可怜的规定动作呢？是记者？是警察？调查员？还是民众主义小说家？压根儿就不是。是他自己，是我谈论的这个人自己，他努力把他的工作日分解成了一连串姿势，而这些姿势又是他在主导性模板的系列（stéréotypes dominants）中或多或少不自觉地选择出来的。[②]

这个感性的生活场景，可能是大多数处于日常生活苟生中的常人一天的样态。我们可以把这个开车上班整理卡片的男人，换成任何一个每天从事同样雇佣劳作的角

---

① 里卡酒（Ricard），产自法国里卡地区的茴香酒，被誉为“世界十大名酒”之一。

② ［法］鲁尔·瓦纳格姆：《日常生活的革命》，张新木等译，南京大学出版社 2008 年版，第 135 页。中译文有改动，参见 Raoul Vaneigem, *Traité de savoir-vivre à l'usage des jeunes générations*, Paris, Gallimard, 1992.p.172-173。

色，比如“996”的编程员、流水线上做工的劳动者、销售奢侈品的推销员、绘图的工程师等等，当然，每天上班的你也可能是自己骑电动车、坐地铁或搭公共汽车等等。对此，我们不会感觉到有什么不对，因为这是我们自己的生活选择。然而我们并不知道，苟生角色的扮演动力是**他者的欲望**，是资产阶级景观意识形态中引诱所有人的“成功”。资产阶级景观意识形态故意遮蔽起来的真相是，在异化角色关系中获得“成功”的人永远是极少数，而另外的99％都会沦落到资产阶级世界的社会生存底层。这是前述“占领华尔街运动”中，那些从苟生中觉醒了的示威者脖子上挂着“WE ARE 99％”牌子的真实所指。当一个人在一个模版式的角色扮演中获得成功时，他就更有了一个资本奖励的权力碎片，哪怕这个角色只是一个小老板、一个部门经理、一个业务主管。人们比对着景观模板说，“他是一个成功的生意人”，“他像一个称职的部门经理”！然而，“当他把扮演的一个又一个角色忠实地塑造成模板时，他便获得了满足的快感。这种成功扮演角色的满足感，他从他的激情振奋中获取。这是一种远离自我的激情，否定自我的激情，牺牲自我的激情”①。这应该是苟生中异化角色的成功，一种非人角色的伪激情，而不是那个**应该真实活着**的

① ［法］鲁尔·瓦纳格姆：《日常生活的革命》，张新木等译，南京大学出版社2008年版，第136页。

你、我、他的成功。在瓦纳格姆看来，资产阶级世界中，

> 角色的增多不仅有将角色等同的趋势，而且使它们变得支离破碎，滑稽可笑。主观性的量化为最乏味的动作或最普通的安排创造了一些景观类别：某种微笑方式、某种胸围尺寸、某种头发的发型等。伟大的角色越来越少，大众的角色越来越多。①

然而，如同变动不居的景观一样，苟生中今天被疯狂模仿的模板角色，明天可能就会成为被唾弃的娼妇。“某个形象施展魅力，为成千上万个个体角色充当模范，随后按照可消费物的规律（loi du consommable）化为粉尘，销声匿迹。这便是更新和消亡的特征”②。这是因为，角色并不是个人的真实存在，“角色既无现在，也无过去与将来，因为它是**摆姿势**（*pose*）的时间，可以说是一个时间的停顿（pause du temps）”③。不像封建时代的王孙贵族，他们的过去是从祖上传来的，并且，他们在专制制度下的未来将

---

① ［法］鲁尔·瓦纳格姆：《日常生活的革命》，张新木等译，南京大学出版社2008年版，第152页。

② ［法］鲁尔·瓦纳格姆：《日常生活的革命》，张新木等译，南京大学出版社2008年版，第136页。

③ ［法］鲁尔·瓦纳格姆：《日常生活的革命》，张新木等译，南京大学出版社2008年版，第137页。

继续是上流社会的人；然而，任何一个资产阶级的景观角色都是**没有过去和将来的**，比如作为政治角色最成功的总统和首相，不过是一个临时权力"摆姿势"的时间停顿；在经济领域暴富的"成功人士"，不过是一定资本关系的人格化姿势，破产之日则是死期；景观是无情的，角色的存在本质就是赴死。所以，瓦纳格姆刻薄地说，"随着景观组织的破碎，它也逐步包含条件差的领域，以自身的残渣为食物。失声的歌手、可怜的艺术家、不幸的获奖者、乏味的明星定期地划过信息的天空，他们出现的频率决定了各人在等级中所处的位置"①。在今天，我们可以看到那些不再被聚光灯照到的过气演员、歌星和各式景观中塑形出来的冠军们沦落至被景观遗弃的悲惨境地。有如德波所说，景观如果三天不讨论一个事情，那它就是不存在的。②

当然，革命诗人还是要反抗景观控制下的异化角色苟生的。瓦纳格姆认为，作为一个真实活着的人，必然是拒绝苟生角色的"不归属者"(irrécupérables)。你要成为你自己，就不能苟生于异化的角色认同。这是对的。可是如

---

① ［法］鲁尔·瓦纳格姆：《日常生活的革命》，张新木等译，南京大学出版社2008年版，第137页。

② ［法］德波：《景观社会》，王昭风译，南京大学出版社2003年版，第143页。德波的原话为："当景观有三天停止谈论某事时，好像这事就已不存在了。因为那时景观在继续议论别的事，总之，自此以后别的事又存在了。"

何反抗呢？他以诗人的语调说，

> 毫无疑问，正是从景观与社会的不适应中，出现了活着的新诗意(nouvelle poésie du vécu)，生活的再创造。角色的缩小加快了景观时间的分解，从而增大了实际经验的时空(l'espace-temps vécu)。热烈地生活(Vivre intensément)，不就是要改变迷失在物性他者(autre chose)和外表(apparence)之中的时间的流向吗？而生活不就是在它最为快乐的时刻一个膨胀了的瞬间(moments)吗？这个瞬间拒绝被权力加速(accéléré)了的时间，拒绝以空洞岁月的小溪形式流淌的时间，拒绝衰老的时间。①

其实，到这里为止，瓦纳格姆一直都是在证伪的构序逻辑中，猛烈地抨击让他不开心的资产阶级日常生活苟生中的各种异化现象，这是他第一次从正面提出自己内心里的理想生存。对他来说，此处的 poésie(诗意)正是让平庸的日常生活苟生重新成为艺术的本真性。其实，这也就是他的老师列斐伏尔那个“让生活成为艺术”口号的践行，也是整个情境主义国际的努力方向，只不过，在他们那里，这

---

① [法]鲁尔·瓦纳格姆:《日常生活的革命》，张新木等译，南京大学出版社 2008 年版，第 138 页。中译文有改动，参见 Raoul Vaneigem，*Traité de savoir-vivre à l'usage des jeunes générations*，Paris，Gallimard，1992.p.177。

种让苟生成为艺术的革命叫建构情境(构境)。同时我们还可以看到,瓦纳格姆也将自己的诗意(一个人作为自己真正地活着),与老师列斐伏尔的瞬间理论勾连起来,诗意的实现就是一个让日常生活的每一个瞬间充满人类生命存在的诗意,而彻底摆脱他性的物欲和角色般的异化苟生。这当然是浪漫主义的革命想象。我们还是不知道,诗意的醉生梦死之后,第二天醒来我们是否还得继续去异化地上班,因为诗意的浪漫主义是不能吃饱肚子、交房租和买地铁票的。

第七章
外化的认同与没有灵魂的名分

在瓦纳格姆看来，当代资本主义的统治并非建立在直接的可见暴力基础之上，而是转隐为被景观控制的认同性，不同于葛兰西所指的政治意识形态的文化霸权，今天的他性认同，除去景观设置的社会关系角色认同，还有一个重要的方面，就是外部社会力量的壮大下无能的个体通过日常生活存在的消费品化来实现的。在这里，失去主体性的人的真实生命存在异化为消费角色，平庸日常生活苟生中的物化人通过物性补偿和景观名分得到虚假的物的快乐。

1. “苦恼意识”中的失能、贫乏与焦虑

在瓦纳格姆看来，在过去的传统专制社会中，“沉思的态度与封建神话，与被永恒的神灵嵌入其中的，几乎静止的世界十分相称”，而资产阶级则“用运动的形而上学

(métaphysique du mouvement)代替神学的一成不变"[①]。可以感觉到,历史性的对比分析是瓦纳格姆经常使用的有效方法。在四季循环劳作的农耕自然经济之上,宗法式的黑暗生活是静止的循环神学时间;而资本主义工业生产则通过创造无穷的运动,彻底打碎了土地上的不动产,而构式出"社会财富"(配第语)的**动产筑模**,这既表现为科学技术构序和工业产品塑形的无止境增长,也内化为资产阶级生产关系的不断革命。这是马克思、恩格斯在《共产党宣言》中就已经揭示的历史性真理。

可是,瓦纳格姆指认,资产阶级世界在带来社会财富的巨大积累的同时,也给这个世界带来了灾难。这是资产阶级二元分裂和自相矛盾的"苦恼的意识"。这也暗合了黑格尔在《精神现象学》中所说的理念自身二元分裂和矛盾的"苦恼的意识"。这一观点,在20世纪30年代为科耶夫和伊波利特在法国学界所放大。[②] 这种二元分裂和矛盾表现为三个方面:

第一是**社会力量的强大与个人创造性的失能**。这是

---

① [法]鲁尔·瓦纳格姆:《日常生活的革命》,张新木等译,南京大学出版社2008年版,第164页。

② 在法国最早讨论黑格尔"苦恼意识"的学者,应该是瓦尔(Jean Wahl)1929年出版的著作《黑格尔哲学中的苦恼意识》(*Le malheur de la conscience dans la philosophie de Hegel*)。

苦恼意识的第一个矛盾构境层。瓦纳格姆指出，“从贵族适应体系到‘民主’适应体系的过渡，突然拉开了个人服从的被动性(la passivité de la soumission)与改造自然的社会能动性(dynamisme social)之间的距离，拉开了人的无能(impuissance)与新技术的强大力量之间的距离”①。这是说，从封建贵族的世袭等级制到资产阶级人人平等的民主，本来是应该解放个人的主体性，布尔乔亚意识形态的核心就是个人主义的话语，然而，资本主义社会改变自然的科学技术生产力的确获得了巨大的创造性，可是，越来越无能的个人却陷入被统治的被动性之中。这是因为，“在等级化组织征服自然并在斗争中改造自身的过程中，留给个人的自由和创造性却被适应社会规范及其变体的需要吸收了”②。这是很难入境的表述。我的解析为：一是从政治经济学已经打开的视域中，斯密最早发现了劳动分工基础上生产协作中产生的力量，但是，这种协作极大地提高了劳动生产率，但是以劳动分工后的主体碎片化为前提的，就像我们今天可以看到的情况一样：越是在创造性生产的流水线上，劳动者个人的自由和能动性就越小。二

① [法]鲁尔·瓦纳格姆：《日常生活的革命》，张新木等译，南京大学出版社2008年版，第164页。

② [法]鲁尔·瓦纳格姆：《日常生活的革命》，张新木等译，南京大学出版社2008年版，第163页。

是与手工业个人主体技能不同，征服自然的科学技术越来越多地将手艺技巧从劳动者的主体中剥离出去，干瘪无能的个人主体从劳作中就开始屈从于机器系统的纪律，以及公民场域中的法治自律。这也是后来福柯所发现的资产阶级法理型社会赋型个人的自我规训和惩戒机制。

瓦纳格姆说，在这种无能个人仍然臣服于统治的现实面前，整个资产阶级意识形态就是一个双重谎言：

> 一方面，资产阶级通过革命证明，人们**能够**加快世界的改造，**能够**通过个人改善他们的生活，改善在这里可被理解为跻身于统治阶级，变得富有，取得资本主义的成功。另一方面，资产阶级通过互相干扰(interférence)取消个人的自由，增加日常生活中的停顿时间(生产、消费、计算的必要性)，它屈服于市场的冒险规则，屈服于不可避免的、注定遭遇战争和苦难的周期性危机(crises cycliques)，屈服于合乎常理的障碍(我们改变不了人的状况，穷人总是会有的……)。①

第一个谎言是，资本主义通过工业生产改变自然，目

---

① ［法］鲁尔·瓦纳格姆：《日常生活的革命》，张新木等译，南京大学出版社 2008 年版，第 163 页。

的是为了获得丰厚的利润，资产阶级以“改善”为幌子的成功学就是人人都有可能发财，人人都有可能成为大老板。用今天的话语就叫“幸福都是奋斗得来的”。可是，在资产阶级的世界中真正发财的，从来都只会是极少数人(1%)，一句“穷人总是会有的”，在这个世界中苦苦挣扎的大多数人(99%)就都绝望地沦落到社会底层成为被剥削者。

“占领华尔街运动”中的99%和1%

第二个谎言为，资产阶级以人天生平等的自然法为基础，摆脱了封建专制的人将会获得充分的自由与爱，可是面对“人对人是狼”的市场机制，人们在灰色的市场中无意识地“相互干扰”，最终不得不屈从于“看不见的手”所播撒的自由盘剥的苦难。这个关于双重谎言的分析当然是正确和深刻的。

第二是当代资产阶级世界中**消费人的生存贫乏**，这也是苦恼意识的第二个构境层。这是瓦纳格姆前面已经涉及过的问题。在他看来，与早先资本主义社会中工人仅仅沉浮于市场，后来又规训于流水线不同，当代资产阶级世界支配个人的主要手段，是将劳动者在内的所有人都转换为无脑的消费者。由此，奴役性劳作的物性生产节奏就转换为消费狂欢的节奏，个人的存在就是为了不断地购买，正是在这种无止境的不可理喻的消费狂潮中，人在虚假的欲望对象中失去自己的真实存在。可以说，这是德波的消费意识形态批判理论的基本观点，也是瓦纳格姆诗性批判构式中思考的重点。依瓦纳格姆的看法，在当代资产阶级世界制造出来的消费社会中，

> 虚假需求(besoins falsifiés)的积累会增加人的苦恼(malaise)，人越来越痛苦地被维持在他唯一的消费者的状态中。另外，消费资料的丰富使真实地活着(vécu authentique)变得贫乏。财富带给生活的贫乏是双重的；首先它给真实的生活一个**物**(*choses*)的对等物，然后又不可能让人们依赖这些物，即便人们想这样亦然，因为必须消费物品，也就是说要毁灭物品。从而出现一种要求越来越苛求的缺失，一种吞噬自身

的不满足感。①

与前述征服自然的能力的增长和个人主体的无能悖论一致，今天的资产阶级消费意识形态构式二元分裂和自我矛盾的悖结，是资产阶级塞给消费者财富的同时也带来了新型的贫困。如果说，在传统社会和资本主义早期发展中，“能够买得起东西”是贵族和资本家的特权，而进入当代资本主义消费社会之后，超出真实需求的消费成了拉动市场需求的内在动力，“人人能够买得起东西”的大众消费则成了资本得以幸存的必要条件。这是当代资产阶级在社会统治构序中阴毒的一招。准确地说，整个新型景观意识形态控制的核心构式就在这里。瓦纳格姆发现，疯狂的消费在带来虚假物“丰裕”的同时，却让个人消费主体自身存在变得贫乏起来。因为，在这种虚假的消费中，疯狂地追逐他者的欲望对象使个人不再是人，而是被异化需求操控的无脑消费者。我们只要想一下如今身边整夜陷入“11.11”“12.12”焦虑中的“跺手族”们的现状，就可以理解瓦纳格姆这里的观点。此时，消费者心中只有被制造出来

---

① ［法］鲁尔・瓦纳格姆：《日常生活的革命》，张新木等译，南京大学出版社 2008 年版，第 166 页。中译文有改动，参见 Raoul Vaneigem, *Traité de savoir-vivre à l'usage des jeunes générations*, Paris, Gallimard, 1992.p.209。

的虚假欲望，消费品(物)的不断拥有和毁灭成了简朴真实生活的替代，从而，人不再拥有属于自己心灵的丰满的生命存在。在这里，瓦纳格姆援引克尔凯郭尔[①]的一句话，“我的生活只有一种颜色(seule couleur)”，转到这里消费者苟生中，那就是：“买！买！买!”瓦纳格姆认为，克尔凯郭尔的这句话“形象地表达了苟生的痛苦”[②]。

第三是资产阶级世界中**存在论意义上的焦虑和麻木**。这是苦恼意识的第三个构境层。这是诗人瓦纳格姆自己的独有创见了，因为这会是对苟生人主观精神状况的批判性反思。瓦纳格姆认为，资本主义的文明从来是在**焦虑**中推进的，这是“文明中苦恼的增长”。这还是上述那个资产阶级二元分裂和自我矛盾的“苦恼的意识”。与封建专制下的暴力不同，资产阶级的统治和压迫并没有造成直接的痛苦，对社会底层的被压迫和被剥削者而言，这个看起来公平正义的世界中，自己却沦落为底层的奴隶，他们想不清楚的事情是，明明不合理的社会中什么都是合法的，什

---

① 克尔凯郭尔(Sören Aabye Kierkegaard, 1813—1855)：丹麦哲学家和神学家。代表作有《或此或彼》(1843)、《恐惧和颤栗》(1843)、《既然非说不可；那么现在就说》(1855)等 。

② [法]鲁尔·瓦纳格姆：《日常生活的革命》，张新木等译，南京大学出版社 2008 年版，第 165 页。中译文有改动，参见 Raoul Vaneigem, *Traité de savoir-vivre à l'usage des jeunes générations*, Paris, Gallimard, 1992.p.208。

么都是对的，错的只是自己，这是**现代性焦虑**的根本缘起。这是今天资产阶级世界中众多“聪明的”苟生人走向发疯和自杀的根本原因。

所以，瓦纳格姆注意到，与整个资产阶级日常生活苟生同步的，是**不同类型的景观麻醉剂的泛滥**。瓦纳格姆说，今天“组织世界的人也组织痛苦与麻痹”(organisent la souffrance et son anesthésie)[①]。这是一个重要的批判性断言。一切平庸日常生活的苟生，本质上都基于一种没有灵魂的麻木状态。这暗合韦伯那个“专家没有灵魂，纵欲者没有心肝”[②]的深刻说法。于是，资产阶级在支配日常生活的时候也就生产出一种相应的麻醉剂。当然，这里的麻醉剂不是前面瓦纳格姆提到的毒品和酒精，而是各种有形无形的生命塑形中的麻醉方式。瓦纳格姆认为，这其实是一种资产阶级刻意炮制的虚假慰藉的魔魇法(envoûtement)。

---

① ［法］鲁尔·瓦纳格姆：《日常生活的革命》，张新木等译，南京大学出版社 2008 年版，第 156 页。

② 韦伯在《新教伦理与资本主义精神》最后写道：“没有人知道将来是谁在这铁笼里生活；没有人知道在这惊人的大发展的终点，会不会又有全新的先知出现；没人知道会不会有一个老观念和旧思想的伟大再生；如果不会，那么会不会在某种骤发的妄自尊大情绪掩饰下产生一种机械的麻木僵化呢？也没人知道。因为完全可以这样来评说这个文化发展的最后阶段：‘专家没有灵魂，纵欲者没有心肝；这个废物幻想着它自己已达到了前所未有的文明程度。’”参见［德］马克斯·韦伯：《新教伦理与资本主义精神》，于晓、陈维纲译，北京：生活·读书·新知三联书店 1987 年版，第 143 页。

> 今天对被压迫的人的慰藉(医学、意识形态、角色的补偿、舒适的**小玩意**、改造世界的方法……),有时会更有保证,并滋养压迫本身。事实上存在一种病态的**物的秩序**(*ordre de choses*),这就是官员们不惜一切代价试图掩盖的东西。①

在今天的资产阶级世界中,弥漫着各种看不见的意识形态控制,景观角色中获得的补偿性的小名小利,无法拒绝的保健良方,满眼的小玩意和各种生存技巧,这一切都是为了"滋养压迫"所生产出来的麻醉剂。从本质上看,这些麻醉剂都是为了让苟生的人在没有了知觉的麻木日常生活中臣服于资本的逻辑,即**非人的物的秩序**。瓦纳格姆非常感叹地说:"在这个技术与安逸向外扩展的世界中,生灵自我蜷作一团,变得麻木,无足轻重地生活着,为鸡毛蒜皮的事去死。噩梦给完全自由的诺言一个立方米的个人自治,而且是受到旁人严格控制的自治。真是一个吝啬而又卑微的时空。"②人变得麻木,并非内心中自愿,而是日常

① [法]鲁尔·瓦纳格姆:《日常生活的革命》,张新木等译,南京大学出版社2008年版,第155页。中译文有改动,参见Raoul Vaneigem, *Traité de savoir-vivre à l'usage des jeunes générations*, Paris, Gallimard, 1992.p.196。

② [法]鲁尔·瓦纳格姆:《日常生活的革命》,张新木等译,南京大学出版社2008年版,第164页。

生活让苟生的存在样态就是“无足轻重地生活着”。

2. 被控制的认同：消费社会中的“斯容帝测验”

然而，为什么今天资产阶级世界的人，会安于这种可怕的新型奴役的苟生之中呢？这是瓦纳格姆特别希望进一步深挖的问题。在他看来，资产阶级世界中人们屈从于日常生活苟生的主要原因，还是从葛兰西就意识到的霸权——无形的他性**认同**(Identification)开始的。瓦纳格姆认为，恰恰是在景观的作用下，人们才会无脑地认同于异化生存的角色，依从疯狂消费物的构序，这是资产阶级新型社会治理和“治安”的重要内容。

瓦纳格姆新的分析是从匈牙利心理学家斯容帝[①]的所谓“疯子”测试开始的。他描述说，在斯容帝的心理测试中，

> 患者应邀在四十八张处于极度病态的病人照片中，挑选能引起他同情或者厌恶的面孔，他必然会偏爱那些他可以接受其冲动的个体，而排斥那些他不能接受其冲动的个体。通过肯定和否定的认同，他给自

① 斯容帝(Leopold Szondi，1893—1986)：匈牙利神经精神病学家。

己定义。根据他的选择，精神科医生可以画出一张冲动测验图(profil pulsionnel)，以此为依据，决定把患者开放，还是送往疯人院这个带空调的焚尸炉。①

其实，这是一个疯子类型的认同试验，你从四十八张不同类型的疯子照片中挑选自己顺眼的人脸，从中呈现你自己的疯狂类属。

"斯容蒂实验"图例

瓦纳格姆当然不是要教我们心理学，而是要揭露资产阶级消费社会中景观支配的秘密机制。他说，我们可以将斯容帝的测试放到今天的商品-市场世界中来，于是，我们就可以看到，

---

① [法] 鲁尔・瓦纳格姆:《日常生活的革命》，张新木等译，南京大学出版社 2008 年版，第 138 页。

> 在这个社会中,人的存在就是消费(l'être de l'homme est de consommer),消费可口可乐、文学作品、思想观念、情感、建筑、电视、权力等。消费品,意识形态和模板是一些绝妙的斯容帝测试(test de Szondi)中的照片。我们每个人每时每刻都被鼓动参加这种测试,但这回并不是作一个简单的选择,而是通过介入(engagement),通过实践活动(activité pratique)参与其中。①

"消费就是存在",这与前面瓦纳格姆所指证的"我羡慕故我在"是同构的,这是一个对资产阶级消费存在论很形象的异轨式说明。如同斯容帝拿给疯子看的四十八张照片一样,我们身边疯狂生长着的消费品就是一种认同测试,它远远不止四十八张,而是无限膨胀的天文数字的东西,从有形的可乐、金项链、豪华轿车和独幢别墅,再到可见的数字化影视媒介和可变卖的无形情感和文学观念,最后是不可见的碎片化权力。依瓦纳格姆的看法,所有苟生

① [法]鲁尔·瓦纳格姆:《日常生活的革命》,张新木等译,南京大学出版社2008年版,第138页。中译文有改动,参见 Raoul Vaneigem, *Traité de savoir-vivre à l'usage des jeunes générations*, Paris, Gallimard, 1992.p.176。

于资产阶级日常生活中的异化人都是不断地在做这个商品-市场经济建构起来的交换关系测试，不过这一次，不是斯容帝的主观心理上的疯狂类型认同，而是景观通过制造虚假的欲望对象，消费者把自己的存在本身无意识地嵌入其中。**你疯狂地迷入什么消费品，你就是什么东西**。这是消费存在论！这一构式挪移也表明，被景观控制的苟生人正是通过认同不同类型的消费品，确证自己的无意识发生的疯狂类型。这是一个生动而深刻的分析。

瓦纳格姆说，“从景观的角度看，迫使人成为消费者被认为是一种富足。人拥有越多的东西，扮演越多的角色，就越是在生活”①。资产阶级通过景观意识形态的脑浆搅拌，让苟生人觉得，人生的奋斗目标就是能买得起越来越多的消费品，占据更多的异化角色。这就是“成功人士”梦想成真的幸福，其实，这只是一种异化苟生中平庸日常生活的假象，人不再拥有自己真实的需求，而是追逐景观通过广告生产出来的他者的欲望；人不再是自己的真实存在，而是作为占有更多消费物的异化在场；人不再知道体验自己真实生命的价值，而是炫耀性展示占有的物品和地位。我们想一下那些一身名牌服饰，背着名牌包包，开着

① ［法］鲁尔·瓦纳格姆：《日常生活的革命》，张新木等译，南京大学出版社2008年版，第142页。

豪车招摇过市的"阔人",实际上,这已经不再是人,而是**消费品的人格化**,此在**不在**,而**物化人疯狂于世**。瓦纳格姆说,"不真实的生活以真切感受到的欲望为养料。通过角色进行认同可谓一箭双雕:它利用了变形游戏,既伪装了自己,又处处展示世上的人间百态,何等的快乐"①。金钱和财富是直接可以看到的东西,获得金钱和财富就能使你的欲望得到快乐的实现,这是一个可悲的变形游戏:你内心空无一物,却用手指粗的金项链来表征自己的富有,你在生存意义上一无所有,却用高档汽车和别墅来填补,这样,你既掩饰了自己的内心败坏,又向他人展现了苟生中的虚假幸福快乐。关于这一点,我们可以通过身边那些无法控制自己的疯狂"跺手族"现象来体知,商家制造出"双十一"一类虚假的购物狂欢节来引诱贪图小便宜的消费者,不是真的需要,而是"便宜",人们不知道,在这些网购消费品的疯狂占有中,恰恰会失去自己的真实生命,你已经不再是你自己的存在,你就是面前堆积成山的快递盒。用瓦纳格姆的话来说,就是在平庸的日常生活苟生"表象方面所赢得的东西,会在存在和应该存在(être et en

---

① [法]鲁尔·瓦纳格姆:《日常生活的革命》,张新木等译,南京大学出版社2008年版,第141页。

devoir-être)的方面失去"[①]。虽然,这里的"应该"可能是一个人本学的价值悬设,但却是具有透视感的有效价值批判。

也由此,资产阶级的世界必然表现为一个永不间断的花样翻新的肤浅"时尚"变化进程。瓦纳格姆说,"这是一个局部的变化,一个碎片的变化。而变化的习惯就处于承载着颠覆的原则之中。然而变化是统治消费社会的迫切需要"[②]。这是对的。资产阶级刻意制造出来的**流行时尚**告诉你,什么是应该立刻占有的东西。这个"应该"是景观意识形态的核心。当然,这个"应该"并非瓦纳格姆自己的本真性存在意义上的价值悬设,而是由景观意识形态刻意制造出来的**消费存在论构境**中的**流行**。这个存在论中的流行,即无脑状态中的"大家都"。在这个"大家都"的强暴性构式中,当所有人都追逐的东西,你却不能拥有时,你就出局于时尚场境。一句"你 out 了!"则是消费存在论的判决。其实,这也是海德格尔曾经讨论的常人本质,常人在,此在不在。公众常人所生成的**平均状态**(*Durchschnittli-*

---

① [法]鲁尔·瓦纳格姆:《日常生活的革命》,张新木等译,南京大学出版社 2008 年版,第 142 页。

② [法]鲁尔·瓦纳格姆:《日常生活的革命》,张新木等译,南京大学出版社 2008 年版,第 151 页。

chkeit)即**众役**。①

> 人们应该更换汽车、时装和思想观念。应该这样做,以免一个根本的变化终结这种权威的形式,这种权威已经没有其他出路,只能把自己呈现为消费,在消耗自我的同时消耗着每一个人。不幸的是,在向死亡而去的逃避中,在不愿停止的奔跑中,并没有真正的未来,只有一个被匆匆装扮一新后又扔向将来的过去。约四分之一个世纪以来,同样的新产品在小玩意儿市场和观念市场一个接一个地亮相,几乎是前一天没有化妆的旧货。在角色的市场中同样如此。②

买了不久的小轿车明明可以使用,但景观告诉你应该换SUV了;衣服明明可以穿,但流行时尚告诉你,应该换最时兴的了;电视和微信上刚刚推送的"新知识"和生活小窍门你还没有彻底学会,景观已经宣布它们过时了;买回家没有多长时间的小玩意儿(智能手机、ipad或者无人

---

① [德]海德格尔:《对亚里士多德的现象学阐释》,《形式显示的现象学:海德格尔早期弗莱堡文选》,孙周兴译,同济大学出版社2004年版,第86页。

② [法]鲁尔·瓦纳格姆:《日常生活的革命》,张新木等译,南京大学出版社2008年版,第151页。

机），明天商场和网店中就有替代它们的东西。苟生之人永远疯狂地奔跑在追逐碎片般变化的景观泡沫之中，这是一种没有真正的未来的生命耗费。瓦纳格姆伤心地说，在资产阶级消费社会的角色世界中，如果你不参与这种异化式认同的狂欢，很可能就被人们看作一个另类的“疯子”（folie）。你不加入景观制造的疯狂派对，却会被视作不入流的怪物和疯子（“你 out 了！”）。瓦纳格姆依循福柯的构境意向说，“精神病（maladie mentale）并不存在。它是一个为了方便安排、将认同的意外事件放置一边的简便类别。那些权力既驾驭不了，又杀不死的人，它一概斥为疯子”[①]。你如果认同于“治理机器”（machine à gouverner）通过五彩缤纷的景观制造的消费狂欢，你就是疯子，而真相相反，恰恰是“认同制造了疯狂，而不是孤独”（L'identification fait la folie, et non point l'isolement）[②]！然而，你并不知道，消费品的疯狂本性，会让你在任何各类的消费认同中成为并不自知的疯子！这让人想起拉康关于疯子的著名断言，这个世界所有的人都是疯子，只是我们不知道而已。还有拉康喜爱的帕斯卡的那句格言：“人们不能不疯狂，不疯狂只

① ［法］鲁尔·瓦纳格姆：《日常生活的革命》，张新木等译，南京大学出版社 2008 年版，第 139 页。

② ［法］鲁尔·瓦纳格姆：《日常生活的革命》，张新木等译，南京大学出版社 2008 年版，第 140 页。

是疯狂的别一种形式。”[①]这也是福柯写在他那本著名的《疯癫与文明》前言中的第一句话。[②]

瓦纳格姆认为，实际上，资产阶级通过景观设定的“角色是自我的漫画像(caricature)，它被带到一切场合，在一切场合它都引起自我的缺席(absence)。但这种缺席被作了安排、包装、美化”[③]。资产阶级让我们嵌入消费关系建构起来的异化角色，明明是真实自我活着的不在场，是异化了的苟生漫画，却被美化和包装成一个正常人向往“成功人士”的幸福生活，如果不跟着进入角色，你就会被边缘化为落伍的怪物和另类的疯子，彻底淘汰出局。

当然，瓦纳格姆认为，完全可以颠倒一下视角。如果一个人真的从自己的真实生活快乐出发，从异化角色的消费认同中摆脱出来，那他将看到一个完全不同的世界。依瓦纳格姆的观点，

> 如果一个人在观察世界时，不再从权力的视角(perspective du pouvoir)出发，而是以自己为出发点

---

① [法]拉康：《拉康选集》，褚孝泉译，上海三联书店2001年版，第295页。

② [法]福柯：《疯癫与文明》，孙淑强等译，浙江人民出版社1991年版，“前言”第1页。

③ [法]鲁尔·瓦纳格姆：《日常生活的革命》，张新木等译，南京大学出版社2008年版，第140页。

(point de départ)的视角出发，那么他很快就会发现，那些使他真正获得解放的行为，那些他最真切地活着的瞬间(moments les plus authentiquement vécus)，它们仿佛是角色那一片灰暗之中几个透光的亮洞(trous de lumière)。①

这也就是说，可能在个人不是消费角色的那些无意识进入的真实瞬间，也就是艺术化诗意的那些瞬间中，有可能找到彻底打破角色统治的光亮。但到底如何打破景观支配下的消费异化，瓦纳格姆却语焉不详。

3. 补偿与准入：角色游戏中的幻觉

瓦纳格姆追问道："为什么有时候人们赋予角色的价值比赋予自己生命的还要高？"②在生活现实中，我们不难看到一些人为了争夺一个职称或领导的位置打得头破血流，亲人之间为了争夺一处房产撕破脸皮，一些人为了金

---

① [法] 鲁尔・瓦纳格姆：《日常生活的革命》，张新木等译，南京大学出版社 2008 年版，第 141 页。中译文有改动，参见 Raoul Vaneigem, *Traité de savoir-vivre à l'usage des jeunes générations*, Paris, Gallimard, 1992.p.179。

② [法] 鲁尔・瓦纳格姆：《日常生活的革命》，张新木等译，南京大学出版社 2008 年版，第 142 页。

钱能坑蒙拐骗，甚至走上杀人放火的绝路。这都是将异化的角色生存看得过重的必然结果。为什么会这样？在瓦纳格姆看来，除去景观意识形态的迷雾，还由于资产阶级在设计消费社会中的角色游戏时，通过物性存在的**补偿**(compensation)和权力存在的部分**接纳**(initiation)制造了令人沉醉其中的幻觉。这才会使得苟生于平庸日常生活的物化人迷入其中，不能自拔。这倒是一个新的观点。

首先，资产阶级让人在失去真实生命存在的时候，通过异化角色占有消费品，从而获得一种可以直接感受到的**物性补偿**。假象是，你通过购买消费品，因而富有了，这表明你摆脱了贫困，过上了成功人士的幸福生活。瓦纳格姆说，"对消费社会而言，贫困就是失去(échappe)了可消费物的东西。因此从景观的角度看，迫使人成为消费者被认为是一种富足(enrichissement)"①。这是上面我们已经讨论过的现象，进入资产阶级的消费社会，平庸的日常生活苟生中的贫困表现为无法获得可消费的东西，所以，作为角色的存在，拥有消费品就是摆脱贫困，占有比其他角色**更贵更多的**消费品就带来了幸福满足感。这里，资产阶级是

---

① [法]鲁尔·瓦纳格姆：《日常生活的革命》，张新木等译，南京大学出版社2008年版，第142页。中译文有改动，参见 Raoul Vaneigem, *Traité de savoir-vivre à l'usage des jeunes générations*, Paris, Gallimard, 1992.p.180。

用物的堆砌来补偿真实生命的缺失。在瓦纳格姆看来，苟生人在资产阶级消费社会中扮演的

> 角色使活着的经验(l'expérience vécue)变得贫乏，但角色保护了它，以免生活中令人难以承受的苦难被揭示出来。孤立的一个人面对如此突然的揭示是无法幸存的。角色属于有组织的孤立(l'isolement organisé)，有分离和假统一的特征。补偿像是烧酒，它提供了实现非真实状态的权力-存在(pouvoir-être inauthentique)的必要的兴奋剂(*doping*)。①

其实，每一个扮演异化角色的人，都会在疯狂于异化关系和消费品的占有中失去自己对真实活着的体验，你不再作为人面对不同于动物的生命存在，这当然是人所无法承受的天大的苦难，角色和物在而人不在，人将处于极度的孤独之中。可是，角色中与众不同的孤立是资产阶级消费社会有组织的策划，此时，数钱与拥有大量消费品就作为一种补偿，它会像烧酒一样使苟生的人兴奋，他们会展

---

① [法]鲁尔·瓦纳格姆：《日常生活的革命》，张新木等译，南京大学出版社2008年版，第143页。中译文有改动，参见Raoul Vaneigem, *Traité de savoir-vivre à l'usage des jeunes générations*, Paris, Gallimard, 1992.p.181。

示财物，将之排列出来供众人观看。炫耀比别人拥有的物更贵更多，会成为苟生人幸福幻象的虚假支撑。现在，我们可以在“抖音”上看到这些物性显摆和炫耀性展示。

在瓦纳格姆看来，资产阶级消费社会的

> 日常生活越是贫乏（pauvre），不真实的诱惑（l'attrait de l'inauthentique）就越强烈。幻觉越是占优势，日常生活就越贫乏。由于众多的禁令、约束和谎言，经历的现实丧失了本原，似乎没有引人注目的地方，以至于外表的途径备受关注。人们更加看好角色而不是自己的生命。补偿在**物的状态**（l'*état des choses*）中赋予了更有分量的特权。角色弥补着某种缺失：时而弥补生命的不足，时而弥补另一个角色的不足。[①]

资产阶级的日常生活越是贫乏，它就越是会制造大量“不真实的诱惑”，让人眼花缭乱的消费品就会疯狂于世，建构一个物欲横流的幻觉，用以补偿失去的真实活着。瓦纳格姆认为，在平庸的日常生活苟生中的物化人并不知道，角色通过物性补偿得到的快乐只是虚假的物的快乐，

---

① ［法］鲁尔·瓦纳格姆：《日常生活的革命》，张新木等译，南京大学出版社2008年版，第142页。中译文有改动，参见 Raoul Vaneigem，*Traité de savoir-vivre à l'usage des jeunes générations*，Paris，Gallimard，1992.p.180-181。

而不是真实生命存在的快乐。用不真实的诱惑建构起来的消费品堆砌，在“在非真实中‘面露喜色’”(« bonne figure» dans l'inauthentique)，永远无法补偿生命的贫乏和不幸。那些成天炫耀财富的人，其实非常可怜，因为离开了名牌包和豪车，作为人的存在，却是内里空空。

其次，为了更好地让苟生人扮演自己的角色，资产阶级采用的另一个重要策略，是给予苟生人一些**进入权力存在的部分接纳**。这样，认同—补偿—准入就会生成一个完整的景观意识形态控制链。瓦纳格姆说，

> 补偿运动在既维护又抗议苟生的苦难之时，向每个生灵分配了一定数量的参与景观(participer au spectacle)的可能形式(possibilités formelles)，这是某种类似通行证(laissez-passer)的东西，它准许人们将生活的一个或数个切片搬上舞台，公共的生活或私人的生活，这都无关紧要。上帝施恩于每一个人，人人拥有上天堂或者下地狱的自由，同样，社会的组织给予每个人成功或不成功地进入人世间各种圈子(cercles)的权利。①

---

① [法]鲁尔·瓦纳格姆:《日常生活的革命》，张新木等译，南京大学出版社2008年版，第144—145页。

这是不难理解的。之所以苟生之人在资产阶级的消费世界中能够被治安，除去消费品物性的补偿，还有一个法宝就是通向权力存在的部分被接纳。过去，上帝允诺每一个人都可以上天堂，现在，资产阶级只向那些苟生中的物化人发放通向权力存在和上流社会圈子的通行证。这是很多人想“当老板做大官”和形形色色的高尔夫球场、马会和高档会所存在的根本原因。依瓦纳格姆的分析，“上帝从整体上异化主观性(aliénait globalement la subjectivité)，而资产阶级则将主观性粉碎，变成异化的部分的总和(ensemble d'aliénations partielles)”①。这是一个非常深刻的说法。如果在中世纪的神学意识形态控制中，上帝是我们类本质的主观异化(费尔巴哈语)，在离开物性世间之后，我们可能上天堂，那么在资产阶级世界中，景观意识形态则打碎了一切精神性的主观幻想，在原子化的碎片生活中，除去消费品的物性补偿，对于普通的苟生人来说，还有一个幻象就是走向权力和景观的被接纳。当然，这种被接纳并不是真的进入统治关系，而是在“异化的部分的总和”之上部分参与景观的生产和鱼肉他人的游戏。仅此而已。

也是在这个构序逻辑中，所有苟生之人的生活道路都

---

① [法]鲁尔·瓦纳格姆:《日常生活的革命》，张新木等译，南京大学出版社2008年版，第145页。

被资产阶级意识形态诱导成朝向权力和财富的不懈努力。成功人士的幸福生活是奋斗得来的，这当然是一个彻头彻尾的骗人鬼话。在瓦纳格姆看来，资产阶级消费社会中的

> 存在就是掌握着权力的表现（posséder des représentations de pouvoir）。要成为某个人，个人应该像人们所说的那样，考虑到各种可能发生的情况，维持他的角色，将它们抛光磨亮，重新投入职业中，他应该逐步被接纳（s'initier progressivement），直至他值得进行景观的升级（promotion spectaculaire）。学校式工厂，广告，一切大写的秩序（Ordre）的条件制约，都不无关切地帮助着孩子、青少年和成年人，以使他们在消费者大家庭（grande famille des consommateurs）中赢得自己的位置。①

在消费社会中，掌握权力就是角色存在的他性目标。一个苟生之人，从童年开始就被引诱着要“当老板”“当大官”，在周围亲人的赞许声中，在他后来的成年和逐步地被

---

① ［法］鲁尔·瓦纳格姆：《日常生活的革命》，张新木等译，南京大学出版社 2008 年版，第 145 页。中译文有改动，参见 Raoul Vaneigem，*Traité de savoir-vivre à l'usage des jeunes générations*，Paris，Gallimard，1992.p.184。

接纳中，学校和无处不在的各式广告不断起着进一步的引导作用，这使苟生人从小就坚信，他的成功就是在景观存在中获得不断晋升，从没钱到有钱，从“第一桶金”到亿万富翁；从雇员到部门负责人，再到总经理；从科员到科长，再从科长到局长，不断地被接纳，不断地在消费者大家庭和权力游戏格局中赢得更高的位置。

瓦纳格姆还告诉我们，在景观游戏中被接纳也是有层级的，因为“在总统与其活动分子之间，歌手与其**崇拜者**之间，议员与其选民之间，延伸着众多的升级之路。某些团体结构稳固，另一些则轮廓松散；不过，所有团体都建立在参与的虚幻感觉之上，其成员们共同分享着这种参与感，即用会议、徽章、零星活儿、职务等来维持的感觉”[①]。实际上，真正爬上景观的顶端是不容易的，毕竟当总统和明星只会是苟生人中的极少数。对于绝大多数苟生者来说，永远只会是“政治活动分子”“选民”和“崇拜者”，被接纳成为资产阶级统治者永远是一个海市蜃楼，99％的苟生者都只是被景观泡沫拍死在消费沙滩上的牺牲品。跳出景观幻象，事实是，这一定是99％的被景观蒙上双眼的被奴役和压迫的劳动者。

---

① [法]鲁尔·瓦纳格姆：《日常生活的革命》，张新木等译，南京大学出版社2008年版，第145页。

4. 景观生产中的专家与非人的名分

瓦纳格姆认为，今天，整个资产阶级世界在景观的浮云中危机重重、日薄西山。可以看出，资产阶级的碎片“权力与其外表的组织(organisation de l'apparence)紧密相连。摔落成意识形态碎片(fragments idéologiques)的神话如今铺成了一层角色的灰尘。这也意味着权力的贫困要想自我掩盖的话，也只有借助它那破碎的谎言的贫困了”①。瓦纳格姆习惯于用诗性话语来表达批判之思。在他看来，这是一种碎片的叠加，即碎片化的权力(交换市场与作为上层建筑的科层制)、碎片化的外表(景观)和碎片化的意识形态(不计其数的种种拜物教和欲望对象)，说到底，这都是资产阶级为了维系自己的政治统治而制造的碎片化谎言。

首先，瓦纳格姆有一个新的看法，支撑资产阶级这种谎言或者最重要的撒谎主体，就是掌握了科学知识的**专家**(spécialiste)。这一观点与法兰克福学派的科技意识形态批判构式是内在同向的，也是后来福柯“知识-权力”批判构式的核心焦点。在瓦纳格姆看来，资产阶级的谎言体系

① [法]鲁尔·瓦纳格姆：《日常生活的革命》，张新木等译，南京大学出版社2008年版，第146页。

从来就是一个充斥着无实体幽灵的巨大幻象，而不同类型的科学专家则是这种幻象的生产和制造者。他说，资本控制下的“专家们预示了这个幽灵的形象，这个齿轮，这个机械装置，它被安装在社会组织的合理性中，常驻在鬼魂们的完美秩序中”[1]。这显然是韦伯的构境。资本主义的精神本质是以形式合理性为核心的工具理性，整个资产阶级社会的结构必然显现为人之外运转的机械装置，专家是一群**没有灵魂的工程师**，构成这部巨大机器上的固化齿轮和无脑的螺丝钉，专家代表着科学知识的价值中立和客观公正，专家是科学的肉身，这是一个最容易骗人的景观角色。所以，专家的意见会构序起苟生人日常生活的准则，然而，在资产阶级这台无脸的统治机器中，没有人真实地活着，只有非主观的物性构序和鬼魂般出没的苟生幽灵。

第一，专家是**角色扮演中的佼佼者**。在瓦纳格姆看来，“分工是角色的科学(science du rôle)，它把从前由高贵、精神、豪华或银行账户赋予的光辉给了显现(paraître)”[2]。这是对德波景观意识形态批判的进一步说明，已经事物化颠

---

① [法]鲁尔·瓦纳格姆:《日常生活的革命》，张新木等译，南京大学出版社2008年版，第146页。

② [法]鲁尔·瓦纳格姆:《日常生活的革命》，张新木等译，南京大学出版社2008年版，第146页。中译文有改动，参见Raoul Vaneigem, *Traité de savoir-vivre à l'usage des jeunes générations*, Paris, Gallimard, 1992.p.185。

倒的经济关系再颠倒为外观的显现，并且与分工关联起来。*准确地说，应该是奴役化的劳动分工*。走向存在本质的形而上学被拒斥了，价值合理性被祛魅了，资产阶级通过景观制造的可见的"事实"背后空无一物，高贵的质性在分工的科学中被交换价值彻底夷平，而实在意义上的富有("银行账户")开始让位给景观式的显现。瓦纳格姆认为，专家则是角色分工和景观生产中的最佳导演和功勋演员。

> 他是连接生产和消费技术(technique de production et de consommation)与景观再现技术(technique de la représentation spectaculaire)的链节，但这是个孤立的链节，可以说是个单子(monade)。他了解一小块里的一切，雇用别人在这一小块领域内进行生产和消费，以便获得一种权力的剩余价值(plus-value de pouvoir)，扩大他在等级制中所代表的部分。他会在需要的时候放弃众多的角色，以便只保留一个，他会浓缩他的权力，而不分散权力，将他的生活简化为单亲繁殖物(unilinéaire)。于是他变成一位经理。①

---

① [法]鲁尔·瓦纳格姆:《日常生活的革命》，张新木等译，南京大学出版社2008年版，第146页。中译文有改动，参见 Raoul Vaneigem, *Traité de savoir-vivre à l'usage des jeunes générations*, Paris, Gallimard, 1992.p.185-186。

这段表述中的信息量真是太大了。一是在资产阶级的消费社会中，专家无处不在。资产阶级社会控制的构式就是一个专家系统，专家既是商品生产和消费技术的设计者，也是今天景观表象的生产者，资产阶级世界没有哪一个构件不是科学技术和知识构式塑形起来的。专家手中掌握的是没有价值判断的无罪的自然科学，作为没有灵魂的工程师，他们所建构的资本主义社会定在中，资产阶级永远有不在犯罪现场的证据，科学管理下的社会生活总是合理合法的，一切问题均在于被统治者自己的愚蠢。二是也由此，维系资产阶级统治的专家们必然获得奖赏，他们可以得到资产阶级手中那种同样碎片化权力中的剩余价值。但是精细分工下的碎片存在关系，使专家必然成为莱布尼兹式的单子，他只精心地了解世界的一小块，“供他行使权力的圈子总是太狭小，太碎片化”，任何专家都只是一个狭小领域的权威，然而，“他称霸其中的团体的大小使他对自己的权力产生幻想”。在这一狭小的领域中，他就是老板，他说的就是绝对真理。瓦纳格姆竟然十分深刻地看到，专家的生存方式是浓缩权力下的“单亲繁殖”。三是在新的资本主义发展中，专家会以科学管理者身份成为并非资本所有者的经理，从而挤进统治者的行列——管理专家（“经理”）。他会是被雇佣者，但他分有剩余价值，这是资产阶级阶级结构中统治者阶层的新变数。

第二，专家治国中的**盲人摸象与相互干扰模式**。专家治国是资产阶级发明的社会治理法宝，但专家的世界只是狭隘分工中的一个角色，专家不会是全才，什么都懂就不是专家。所以，“他的处境和胃肠病医生一样，他治好了他诊治的病痛，同时毒害了身体的其余部分”。并且，每个专家都是一个领域中的自大狂，由他们来直接管理全部社会生活，这必定是一种盲人摸象式的以点代面、以偏概全，并且，专家之间也会导致相互否定和干扰。在瓦纳格姆看来，这种相互干扰模式，从根子上看，源自斯密的市场自发构序规律，这恰恰是资产阶级新型统治所需要的治理方式。他说，

> 专家们也通过互相的干扰(interférences)，研制并在最后启动一台巨大的机器(gigantesque machine)——权力，社会的组织——它控制着他们所有人，并根据每个人在齿轮中的位置，以或多或少的爱惜之心去碾碎他。专家们盲目地制作和开动机器，因为这台机器就是他们互相干扰的总和(l'ensemble de leurs interférences)。[①]

---

① [法]鲁尔·瓦纳格姆：《日常生活的革命》，张新木等译，南京大学出版社2008年版，第147页。

这台相互干扰的机器，正是斯密那个更大的商品-市场相互干扰经济交换机器的缩影。也由于专家都是依据自己那块“碎块的利益”来参与社会管理的，所以相互之间自然会发生矛盾和竞争，当他们都打着科学的旗号编织支配和控制的微观机制时，无形中就生成了资产阶级所需要的超级巨大的统治机器。科学的支配，会根据每个苟生者扮演的齿轮角色，以博爱知识的通情达理去碾碎他的生命，使之成为听穿白大褂专家话的臣服者。其实，我们今天的日常生活，越来越成为由专家科学知识支配的现实。因为，专家代表了客观公正的科学，代表了合理性、健康和美好社会。

第三，在资产阶级的消费和景观社会中，另一个让瓦纳格姆心里不快的现象是**角色的名分和景观化的**问题。他说，在今天，人的姓名成了资产阶级政治支配中的身份识别和平庸的日常生活苟生中的**景观化替代**。首先，资产阶级世界中，第一次将人的姓名和照片变成物性的身份编码，这是对人生命最大的污辱。其实，正像福柯所说的词对物的构序一样，命名事物，正是从外部支配和控制它的把手，人的名字本身也是一种支配和质询个人主体的产物。并且，人的照片即一种生命不在场的证据，“照片主要显示角色、姿态。灵魂则被囚禁在里面，必须通过阐释来

表现;这就是为什么照片显得有些忧伤”[①]的原因。在瓦纳格姆看来,在资产阶级社会中,

> 姓名和照片最普通的用途,正如奇怪地被称为“身份”(identité)证件所推广的那样,相当充分地表明了它们与现代社会中警察机构的勾结。不仅和下层警察,如搜查的、跟踪的、收烟草通行税的、调查蓄意谋杀案的,而且还和秩序中更为隐秘的力量(forces plus secrètes de l’ordre)勾结。[②]

瓦纳格姆说,姓名和照片使用于身份识别,这是资本主义政治统治最粗暴的直接表现,不仅是作为国家暴力机器的警察机构的监控手段,它可以随时随地找到任何人;同时,身份识别也可以成为一种更隐秘的等级化奴役工具,比如,无身份的“黑人”将沦落到社会生存的底层,遭受非人的盘剥和压迫。后来,阿甘本对此进行过更深入的讨论。阿甘本说,在今天的资本主义社会中,通过电子设备——比如信用卡或手机——对人进行的控制已经达到

① [法]鲁尔·瓦纳格姆:《日常生活的革命》,张新木等译,南京大学出版社2008年版,第149页。

② [法]鲁尔·瓦纳格姆:《日常生活的革命》,张新木等译,南京大学出版社2008年版,第149页。

了先前不可想象的程度，指纹和视网膜的电子档案化，皮肤上的印记，“这些登记、识别赤裸生命的技术设备，与控制、操纵公共言论的媒体设备是一致的：这两个极端——无言的身体与无身体的言语——之间，是我们一度称之为政治的那个空间变得更加浓缩而狭小”①。

其次，瓦纳格姆认为，在今天的资产阶级世界中“角色的毁坏与姓名的无价值（l'insignifiance du nom）历史性地结伴而行”②。如果说，在中世纪的封建制度下，贵族的姓名可以透露“出生和家族的秘密”（ mystère de la naissance et de la race），而资产阶级革命取消了姓名的神圣性，然而，在资产阶级的消费社会中，姓名又成了景观生产的对象，铺天盖地的广告可以“把一个平庸的画匠变成了著名的画家。玩弄名字（manipulation du nom）可以用来制造领导人，同样也能用来推销洗发水。这也意味着一个出了名的名字（nom célèbre）不再属于叫这个名字的人”③。我们不难看到，“超女”或“好声音”的景观生产过程，一个普通学生的姓名，通过耀眼的电视光环放大和网络媒体的反复

① ［意］阿甘本：《对生命-政治文身说不》，《世界报》2004年1月10日。中译文参见王立秋译稿。

② ［法］鲁尔·瓦纳格姆：《日常生活的革命》，张新木等译，南京大学出版社2008年版，第148页。

③ ［法］鲁尔·瓦纳格姆：《日常生活的革命》，张新木等译，南京大学出版社2008年版，第148页。

炒作，会一夜之间爆燃成一个家喻户晓的明星的姓名；画家在二流小报上反复刊登自己那些平庸的作品，当他们的名字被这种反复性制造成名人时，那些画作就可以卖出天价。瓦纳格姆说景观生产名牌洗发水和制造希特勒那样的“伟大领袖”是同一套路。可是，一个出了名的名字属于景观，而不再是那个真实存在的人，所以，当景观破碎时，那个名人的虚假幻象也必定破灭。

第八章

反抗的本体论：以诗歌与游戏对抗腐败的世界

在瓦纳格姆看来，面对当代资产阶级“打着自由旗号”的无脸统治和隐性的景观支配，传统的革命主体与斗争方式都已经不再适用，个人主体将成为新的革命主体，而斗争的策略则是对景观视角的重新颠倒。在这里，瓦纳格姆充分肯定了前卫艺术思潮中达达主义和激进虚无主义的先导性作用，并且，他力主情境主义国际的革命情境建构，即用艺术的游戏革命性地反抗资产阶级的景观统治。

1．拒绝与超越资产阶级的碎片权力

哪里有压迫，哪里就会有反抗。在瓦纳格姆的眼里，当代资产阶级的景观世界中，也一定会显现对日常生活苟生的拒绝和反抗。但较之传统的巴黎公社和十月革命，今天对景观的反抗要艰难得多。他说，资产阶级在反对封建专制的过程中，口口声声将启蒙说成是“教会了人如何在奴役中寻得自由”(enseigne aux hommes la liberté dans l’esclavage),可真相却是,他们“在把自然的异化转变为社会的异化”,这个社会的异化就是人再一次沦落为自己创造出来的经济力量和工具理性的奴隶。这是前面他已经提及的观点,这一观点与霍克海默和阿多诺在《启蒙的辩证法》中的批判逻辑相一致。在那里,他们已经意识到,原来人在幻想中异化给上帝的神奇造物力量,今天实现为人手中的机器(物化了的知识)力量。也是在此时,他们说了一句分量很重的话:启蒙精神与物(Ding)的关系,就像独裁者(Diktator)与人们的关系一样。**启蒙强暴物!** 霍克海默和阿多诺指出,正是在这种工具理性和资本主义市场抽象量化的同一性进程中,必然出现一个从对自然进而到对人的新型统治和奴役的过程。所以,瓦纳格姆说,资产阶级是“在自由的旗号下修筑着新的监狱”(construisent de nouvelles prisons sous l’enseigne de la liberté),这是一种没有可见铁丝网和牢房的监狱;在此发生的真相是,“以自由的名义囚禁自由”①(qui emprisonne la liberté au nom de la liberté)。所不同的是,原来封建专制下外部强制的权力,现在让位给以自由的口号遮蔽起来的无脸统治和隐性的

① [法]鲁尔·瓦纳格姆:《日常生活的革命》,张新木等译,南京大学出版社2008年版,第174页。

碎片权力(pouvoir parcellaire)。在他看来,

> 权力越是分配为可消费的碎片(fragments consommables),苟生的空间就越狭小;直至变成一种爬行物的世界(monde de reptation),人们的快乐,寻求解放的努力和弥留之举,都用同样的惊跳来表现。卑劣的思想和短浅的目光久已表明,资产阶级属于进步中的穴居人文化,属于一种苟生的文化,它如今在舒适的反原子掩体中发现了自己的最终目标。它的伟大是借来的伟大,更多地来自与敌人的接触而不是战胜敌人;它是封建道德、上帝、大自然……的一个影子(ombre)。①

"爬行物""惊跳""影子",诗人总摆脱不掉此-彼隐喻的诗性话语。依他所见,资产阶级革命的伟大是借来的伟大,启蒙之光仍然是新型洞穴生活中的壁上幻影,仍然是原先自然力量、神灵力量和封建专制统治解构后的一个权力阴影,因为资产阶级并不真的反对权力,只是将可见的

---

① [法]鲁尔·瓦纳格姆:《日常生活的革命》,张新木等译,南京大学出版社 2008 年版,第 177 页。中译文有改动,参见 Raoul Vaneigem, *Traité de savoir-vivre à l'usage des jeunes générations*, Paris, Gallimard, 1992.p.223。

统治变成了看不见的景观控制和消费碎片中的支配，这是一种杀不死的权力。如果说早期资本主义的统治是从可见的皮鞭变成了饥饿的皮鞭，而今天的资产阶级统治则是进一步将暴力从可见的强制转换为消费诱惑中的支配，把皮鞭下的奴隶变成了跟随时尚疯狂购物中的可怜爬虫。瓦纳格姆说，“消费的迫切需求越是包含着生产的迫切需求，强制型政府(gouvernement par contrainte)就越是让位于诱惑型政府(gouvernement par séduction)”[①]。这是一种重要的统治构式的改变，现在资产阶级不再采用传统专制社会中的外部强暴，而是通过制造虚假欲望对象勾引起来的巨大消费拉动生产需求，这种鼓励人们消费的无脸统治者是隐而不见的，“幸福生活”诱惑中施展的统治是无法拒绝的，这使得人们对资产阶级世界的反抗和拒绝变得困难重重。这也决定了反抗和拒绝资产阶级景观统治的革命主体和革命形式都会发生根本性改变。

第一，在他看来，今天的“革命理论不应再以群体为基础，而应以主体性(subjectivité)，特殊情况(spécifiques)，以个人经历为基础”[②]，这是**革命主体从抽象的集体主体向个**

---

① [法]鲁尔·瓦纳格姆:《日常生活的革命》，张新木等译，南京大学出版社2008年版，第169页。

② [法]鲁尔·瓦纳格姆:《日常生活的革命》，张新木等译，南京大学出版社2008年版，第170页。

人主体的重要转换。这是瓦纳格姆哲学"唯我论"在革命主体观中的表现。当然,这不是说一个人闹革命,而要从抽象的群体转向以个人主体为基础的文化觉醒,由此再生成一种不同于那种泯灭个性的集体主义的新型"个人共同体"(communauté d'individus)。在一定的意义上,这种共同体有些形似马克思所指认的"自由人联合体"。但遗憾的是,瓦纳格姆这里并没有详细讨论这个共同体的具体内容,也没有深入说明这一革命主体如何发挥作用。"五月风暴"中那种无组织的个人自由聚众,是不是瓦纳格姆所说的"个人共同体",我们不得而知。

第二,今天反抗和拒绝资产阶级景观社会的革命的根本路径,只能是针对景观统治的**倒置视角**(renversement de perspective)。瓦纳格姆解释道,之所以采用倒置视角的方式反抗景观,是因为在资产阶级景观的支配下,"每个人都与自身的否定擦肩而过"①,景观制造的他者认同(无思的肯定)视角让苟生人失去了本来应该具有的否定性,成为"单向度的人"(马尔库塞语)。这里的问题在于,我们离景观太近,景观就是我们看到世界和唯一发生自动觉识机制的先天综合视角,进而景观塑形着我们日常生活的场

① [法]鲁尔·瓦纳格姆:《日常生活的革命》,张新木等译,南京大学出版社 2008 年版,第 170 页。

境存在，这就像是当我们——

> 看画凑得太近，远景（lointains）的魅力自会消失，视角同样如此。权力在把人们囚于它的事物背景（décor de choses）中时，在笨拙地钻入人体时，它散布了不安与苦恼。于是目光变得迷离，思维变得混乱，价值观模糊，形式在稀释，不成形的形象在烦扰人，就和我们把鼻子贴到画布上一样。①

如同苏轼所言，“不识庐山真面目，只缘身在此山中”。在今天的资产阶级日常生活中，我们掉在景观所制造出来的欲望对象之中，从睁开眼开始，各种景观就通过脸书、微信等摆脱不了的智能应用程序传递无穷无尽的消费品画面，景观让我们的目光变得迷离，思维变得混乱，从而没有判断力地臣服于景观。瓦纳格姆是想说，就像距离产生美，一定的批判性距离也会让我们看清权力的真面目。今天我们能够从苟生中反抗的前提，一定是我们从景观中间距性地剥离出来，看到革命性的“远景”。瓦纳格姆给出的方式就是倒置视角，因为，这会使景观整体解构。如果不

---

① ［法］鲁尔·瓦纳格姆：《日常生活的革命》，张新木等译，南京大学出版社 2008 年版，第 170 页。

能倒置视角，我们就只能在景观的视域中看到**让我们看到**的东西，即便我们从局部破坏景观，也只能是以统治者希望我们的方式发生，因为在景观的迷墙中反对景观，不仅无法推倒它，反而会成为迷墙的无脑捍卫者。

> 反抗者除了约束的围墙(mur des contraintes)外，他看不到其他的前景，他有可能在墙上撞得头破血流，或者某天愚蠢而顽固地捍卫这堵墙。因为在束缚视角方面为自己担心，始终都是以权力所希望的方向看，不管是排斥它还是接受它都是这样。①

而倒置视角，就可以跳出景观布下的天罗地网，真正推倒资产阶级统治的迷墙。这当然是一种美好的想象。因为，倒置一下主观的视角，就可以破解景观的复杂控制机制，这是绝对不可能的事情。我觉得，瓦纳格姆这里的思路，十分接近马尔库塞的“文化大拒绝(great refuse)运动”②，在一定的意义上，也与后来发生的红色“五月风暴”的基本情况是相近的。

---

① [法] 鲁尔·瓦纳格姆:《日常生活的革命》，张新木等译，南京大学出版社 2008 年版，第 178 页。

② [德] 马尔库塞:《单向度的人》，张峰等译，重庆出版社 1993 年版，第 55 页。

第三，颠倒景观视角，拒绝被控制的革命目标是重新获得被资产阶级景观夺走的**生命的质**(qualitatif)。这个理论定位是对的。瓦纳格姆说，“激进的核心(noyau radical)，即质在哪里？这就是应该将思考和生活习惯解体的问题，这就是进入超越的战略，进入构建新的激进网络(nouveaux réseaux de radicalité)的问题”。[①] 前面我们已经讨论过，今天资产阶级意识形态的本质是将人的生命存在变成无质性的量，它开始是金钱的数量，在当代资本主义消费社会中，又转换为景观和符码的数量，“去掉了质量，剩下的就是绝望”。如果想要超越资产阶级的苟生，关键性的问题就是要打破冰冷的量的统治，回到诗意的生命质性。这又是一个美好的愿望，然而，如何真的找回生命的质性，重建日常生活的诗意本质，瓦纳格姆并没有给出可实践的道路。

2. 失败的虚无主义拒绝与达达革命

瓦纳格姆说，当然今天也可以看到一些表面上的拒绝，但是从革命者的立场来看，这却不是可取的邪路。从目前的情

① [法]鲁尔·瓦纳格姆：《日常生活的革命》，张新木等译，南京大学出版社2008年版，第176页。

况来看,存在着软弱的拒绝——改良主义(réformisme)和荒谬的拒绝——虚无主义(nihilisme),这是两种错误拒绝的极端。显然,第一种拒绝是资产阶级制造的骗局,所有在资产阶级议会中发生的改良主义活动都不是真正的革命,因为任何不彻底变革社会结构的改良,从本质上都是维护统治。第二种虚无主义的拒绝,的确是对资产阶级世界的彻底拒绝,然而,这仍然是失败的拒绝。对此,瓦纳格姆进行了具体分析。

什么是文化拒绝中的虚无主义?在这里,瓦纳格姆援引了罗扎诺夫[①]的一个说法,后者写道:"演出已经结束。观众起立。是穿上大衣回家去的时候了。他们转过身,发现既没了大衣也没了家。"[②]这是一个很形象的说明。在诗的此-彼隐喻结构中,大衣是景观表象,而家是生存依托,在资产阶级世界中,当热闹的景观表演真正结束时,我们会发现什么都没有了。在瓦纳格姆看来,在资产阶级世界中,否定一切的虚无主义表现为正反两个方面:一是资本主义制度在**存在论构境中的虚无本质**。这是我们在研究虚无主义问题时,必须首先弄清楚的前提。我以为,这是

---

① 瓦西里·瓦西里耶维奇·罗扎诺夫(V.V.Rozanov,1856—1919):俄罗斯思想家和文学家。

② 转引自[法]鲁尔·瓦纳格姆:《日常生活的革命》,张新木等译,南京大学出版社2008年版,第180页。

一个非常深刻的观点。瓦纳格姆说，

> 交换的事实，正如我已指出的，支配着一切掩盖的企图，一切制造幻觉的把戏(artifices de l'illusion)。直到被取消之前，景观永远只是虚无主义的景观(spectacle du nihilisme)。《思想录》的作者帕斯卡曾经希望，要让人们意识到上帝至高荣耀的世界是万物皆空的，而现在历史的现实传播了这一意识；而如今上帝已不复存在，确切地说，上帝是神话破产的牺牲品。虚无主义征服了一切，包括上帝。①

这是说，资产阶级的商品-市场经济的本质是客观存在意义上的虚无主义，劳动交换关系颠倒为事物与事物之间的关系，被经济拜物教制造出来的幻觉遮蔽起来了，而新出现的景观又将这种颠倒的物性关系再替换为符码虚拟存在。所以德波才会说，“在现代生产条件占统治地位的各个社会中，整个社会生活显示为一种巨大的**景观**的积聚(accumulation de *spectacles*)。直接存在

① [法]鲁尔·瓦纳格姆：《日常生活的革命》，张新木等译，南京大学出版社2008年版，第181页。

(était directement)都已经离我们而去,进入了一种表象(représentation)"①。如果说,帕斯卡曾经将神性的最高境界指认为一切皆空的话,那么,资产阶级通过市场交换中的事物化颠倒和虚假景观表象的双重虚无化让它成为现实。

二是**拒绝资产阶级意识形态的激进虚无主义话语**。如果说,资产阶级世界在存在论上就是虚无主义的,那么,用一种虚无主义的话语拒绝和反对虚无主义,这就是一道奇特的风景线。弄得不好,虚无主义会成为资产阶级统治的同谋。瓦纳格姆列举了他眼中的当代虚无主义话语:

> 一个半世纪以来,艺术与生活中最清晰的部分是在被废价值的场域(champ des valeurs abolies)上自由探究取得的成果。萨德充满激情的理性,克尔凯郭尔的挖苦,尼采动摇不定的嘲讽,马尔多罗的粗暴,马拉美的冷漠,杰瑞的乌布王,达达的否定论,这就是那些被无限施展的力量,为的是把腐朽价值的霉气(moisissure des valeurs pourrissantes)带一点儿到人们的意识中去。和霉气一块儿,可以得到完全超越的希

① [法]德波:《景观社会》,张新木译,南京大学出版社2017年版,第3页。中译文有改动,参见Guy Debord,*La Société du Spectacle*,Paris, Gallimard, 1992.p.15。

望，视角颠倒的希望。①

依我的理解，这里的“被废的价值”可以是多义的，一是它可以指封建宗法关系的目的合理性价值的废除，上帝的神性价值死亡，但也可以指资产阶级自身建立起来的败坏性的虚无存在，因为资产阶级从来没有建立起一个实质内容的价值观，韦伯所发现的“价值中立”就是一切价值合理性的不在场。二是被废除的价值也会是指以虚无主义的方式否定资产阶级文化的所有另类反叛，这是**用空无反对空无**。从新人本主义的克尔凯郭尔和疯子尼采到文艺畸形杀手萨德，从悲情诗人马尔多罗、马拉美到先锋的达达主义，这些与资产阶级世界格格不入的另类文化反抗，应该都会是对景观控制的视角颠倒。瓦纳格姆尖刻地说，这些拒绝会揭开景观堂皇的外观，让资产阶级腐败的臭味散发出来，这会让人清醒，也可能会彻底颠倒景观的视角。这显然是一个肯定性的描述。

然而，瓦纳格姆也感叹道，现代虚无主义的激进话语在自身内部还是缺少一些重要的东西，即“对历史现实(réalité historique)的感悟，现实的感悟就是分解、分裂、碎

① [法]鲁尔·瓦纳格姆:《日常生活的革命》，张新木等译，南京大学出版社 2008 年版，第 181 页。

片的(la décomposition, de l'effritement, du parcellaire)现实"[①]。这是对的。如果缺少了对历史现实的透视感,简单的否定和拒绝就会是肤浅和空洞的东西。这是说,一是激进的虚无主义者并没有真正意识到,他们用虚无主义所反对的资产阶级世界的本质就是"分解、分裂和碎片"化的现实废墟,因为正是资本主义经济关系的"物化把空虚印在了日常现实中"[②](La réification imprime le vide dans la réalité quotidienne)。他们无法意识到自己所反对的东西,在本质上也是虚无主义的。二是他们更无法意识到的悖反逻辑是,话语虚无主义有可能正是这种现实虚无主义的观念产物。就像奈格里和哈特对后现代思潮作为帝国无意识同谋的批判。在他们看来,如果后现代思潮所鼓吹的碎片化主体和混杂的主权形式正是资本帝国全球布展的存在方式,这种看起来革命的话语恰恰在无意识中成为帝国统治的**观念同谋**,虽然这可能是**无意识和倒错式**发生的事件。[③]

---

① [法]鲁尔·瓦纳格姆:《日常生活的革命》,张新木等译,南京大学出版社2008年版,第181页。

② [法]鲁尔·瓦纳格姆:《日常生活的革命》,张新木等译,南京大学出版社2008年版,第182页。

③ 关于奈格里、哈特对后现代思潮的批判,可参见拙著:《文本的深度耕犁——当代西方激进哲学的文本解读》(第三卷),中国人民大学出版社2019年版,附录一,第2节。

三是**消极的虚无主义与积极的虚无主义**(nihilisme passif et nihilisme actif)。依瓦纳格姆的观点,资产阶级世界中出现的虚无主义还可以再细分为两种:一种是上述他所反对的消极的虚无主义。也因为他们并不知道历史现实和自身内部的逻辑悖结,所以从它实际发挥作用的情况看,它通常会是以外表激进的方式"通向因循守旧(conformisme)的桥梁"。当一切都处于冷漠的毁灭之中时,这种虚无主义在现实生活中的立场必定会是暧昧的,"一头通往卑躬屈膝的服从,另一头通往持续不断的反抗",反对一切的虚无主义通常是围绕一个空洞的零点(point zéro)打转,"在零点,毁灭不再延伸权力造成的毁灭,更确切地说,它预防着这种毁灭,超前这种毁灭,对这种破坏进行加速,过于匆忙的运动使**感化院**(*La Colonie pénitentiaire*)的机器碎片横飞。马尔多罗式的人把社会组织的分解功能发挥到极致,直至它的自我毁灭"①。消极虚无主义的意义,就在于将这种毁灭的可能展现给人看,然而他们并不知道,观念中的疯狂和自我毁灭并不能真正触动资本主义的现实统治机器。

另一种就是瓦纳格姆欣赏的积极的虚无主义。在这里,

---

① [法]鲁尔·瓦纳格姆:《日常生活的革命》,张新木等译,南京大学出版社2008年版,第183页。

他心目中所意指的是达达主义运动。这本身就是奇怪的指认。在瓦纳格姆看来，与消极的虚无主义的简单否定不同，积极的虚无主义总是“通过加快运动，把分解意识和揭示其原因的欲望结合起来。挑起的混乱只是主宰世界的混乱之倒影。积极虚无主义是先革命的(prérévolutionnaire)，而消极虚无主义则是反革命的”。① 这里的意思是说，积极的虚无主义也制造混乱，但这挑明了是现实资产阶级虚无现实的倒影，这里发生的虚无式否定，乱了敌人，鼓舞了革命者自己。在瓦纳格姆看来，这是一种有正解的“先革命”行动。我觉得，这种区分是过于外在的，因为从根本上说，“积极的虚无主义”也并没有动摇资产阶级世界的根基。

也是在这里，瓦纳格姆专门评价了作为积极的虚无主义代表的达达运动(mouvement Dada)所取得的成绩和不足。在这一点上，瓦纳格姆对达达主义的评介，明显不同于德波，我觉得，之所以给予达达主义如此高的地位，这应该是由诗人瓦纳格姆自己的个人好恶所决定的。他说，“达达主义运动把对腐败的意识(conscience du pourrissement)推到了最高点。达达主义真正包含了超越虚无主义

① [法]鲁尔·瓦纳格姆：《日常生活的革命》，张新木等译，南京大学出版社2008年版，第184页。

的萌芽,但它听任这些幼芽腐烂变质”①。这是说,看起来荒谬的达达主义行为,其实是对现实资产阶级世界腐败的自觉批判,只是这种批判采取了反讽和黑色幽默的方式,在这一点上,达达主义内含着超越虚无主义的革命可能。在这一点上,瓦纳格姆甚至认为超现实主义对达达主义思潮的简单否定是非历史的。他分析道,

> 达达主义者却在艺术的脓包中看到了扩散了的癌症的病兆,一种全社会的疾病的症状。艺术中令人不快的东西只反映令人不快的艺术,这种不快像权力的统治一样无处不在。这就是1916年的达达主义者明明白白确立的观点。超出这样一种分析的思想,将直接派遣人们去搞武装斗争。②

瓦纳格姆给予了达达主义很高的历史评价,因为,一是它以艺术的方式挤破了资产阶级体制上的现实脓包,让人们看到了资本主义病体中正在扩散的癌症。二是达达主义“建立了第一个净化日常生活的实验室(laboratoire

---

① [法]鲁尔·瓦纳格姆:《日常生活的革命》,张新木等译,南京大学出版社2008年版,第185页。

② [法]鲁尔·瓦纳格姆:《日常生活的革命》,张新木等译,南京大学出版社2008年版,第185页。

d'assainissement de la vie quotidienne)，其行动大大超越了思想"[①]。这是说，达达主义在批判资产阶级世界基础上建立革命性的正面导引。在诗人瓦纳格姆的眼里，达达主义的**诗歌革命**是净化平庸日常生活的实验室，其意义远远超出了文化观念。这是由于真的有人去践行了提升日常生活质性的革命，即对资产阶级景观视角的真实颠倒。显而易见，达达主义的诗歌浪漫主义革命，很合瓦纳格姆的胃口。

> 达达派是个漏斗(entonnoir)，世上无数的平庸事，大量微不足道的事涌入其中。而从另一头出来时，一切都变样了，变得独特而新颖。存在和对象(Les êtres et les objets)依旧如初，但意义和符号都发生了变化。视角颠倒在寻回的活着的魔力(magie du vécu)中开始。异轨(détournement)，这是视角颠倒的战术，它打乱了旧世界永恒不变的环境，**大家一起创造的诗意**(*La poésie faite par tous*)在这混乱中获得了真正的意义，一个远离于文学精神的意义。[②]

---

① [法]鲁尔·瓦纳格姆：《日常生活的革命》，张新木等译，南京大学出版社2008年版，第185页。

② [法]鲁尔·瓦纳格姆：《日常生活的革命》，张新木等译，南京大学出版社2008年版，第185—186页。中译文有改动，参见Raoul Vaneigem, *Traité de savoir-vivre à l'usage des jeunes générations*, Paris, Gallimard, 1992.p.233。

这是瓦纳格姆很重要的一段表述。第一，在达达主义的颠覆苟生日常生活的诗歌革命实验室中，资产阶级世界中一切平庸苟生之事被深刻地揭露出来，它是一个神奇的漏斗，倒进去的日常生活平庸苟生，再另一头出来的时候，则成了人的生命存在和对象物没有被异化的独特“活着”的原相。这是指达达主义各种看起来无序反叛背后的批判意图，其最核心的东西是让人们从麻木的日常生活苟生中警醒。第二是达达主义的革命诗歌实验的本质，正是瓦纳格姆所指认的将资产阶级景观重新颠倒过来的视角倒置，其中最重要的战术就是著名的异轨。这一点，瓦纳格姆会在后面具体分析。第三是达达主义在对现实的否定中获得了瓦纳格姆所拥戴的诗意。当然，这里的诗意并非文学场境中的诗歌，而是打破日常生活苟生的革命性诗意。有趣的是，瓦纳格姆竟然认为，与达达主义运动接近的激进反抗文化现象，还有流行于西方世界的“黑夹克阿飞”(manifestations de blousons noirs)运动。我曾经在加拿大遇到过这些人。

他说对达达主义运动意义的理解，可以“到黑夹克阿飞最有声势的游行示威中去辨认它。那是同样的对艺术和资产阶级价值观的蔑视，同样的对意识形态的拒绝，同样的生活意志。同样不了解历史，同样是初步的反抗，同

“黑夹克阿飞”(张一兵拍摄,2001 年)

样不讲策略”[①]。这是一个十分奇特的指认,我无法辨识这其中的相似性。

然而,瓦纳格姆说,达达主义虽然是诗意革命的同盟军,但也有它致命的弱点。在他看来,“它缺少一种本能,一种在历史中寻找可能超越的经验的本能,寻找到反抗的群众得以掌握自己命运的时刻”[②]。这是说,如果达达实验室里生产的革命性诗意,离开了历史的现实可能性,仅仅

① [法]鲁尔·瓦纳格姆:《日常生活的革命》,张新木等译,南京大学出版社 2008 年版,第 187 页。

② [法]鲁尔·瓦纳格姆:《日常生活的革命》,张新木等译,南京大学出版社 2008 年版,第 186 页。

成为少数艺术家个人疯狂于世的玩意，而不能真正与反抗的群众运动结合起来，它到头来一定会一败涂地。瓦纳格姆反讽地说，当达达主义者“查拉[①]每天早上重复笛卡尔的话，‘我甚至不想知道在我之前就已经有人’”时，他只能是一个“严肃的小丑”[②]。这应该算是中肯的批评。

3. 颠覆景观统治的先锋艺术与革命游戏

瓦纳格姆说，在今天，虚无主义和达达主义都只是一个拒绝资产阶级景观统治的同盟军。真正让平庸的日常生活重新获得诗意，成为艺术般的存在，这需要深刻理解日常生活革命的意义，并且还要进行切实可行的现实超越行动。他说，“超越，也就是说日常生活的革命（la révolution de la vie quotidienne），在于重拾被抛弃的激进核心”[③]。请注意，这个 la révolution de la vie quotidienne，是德波在 1961 年提出的。1961 年 5 月 17 日，列斐伏尔在

---

① 查拉（Tristan Tzara，1896—1963）：法国诗人。祖籍罗马尼亚，达达主义运动在瑞士苏黎世的倡导人。

② ［法］鲁尔·瓦纳格姆：《日常生活的革命》，张新木等译，南京大学出版社 2008 年版，第 186 页。

③ ［法］鲁尔·瓦纳格姆：《日常生活的革命》，张新木等译，南京大学出版社 2008 年版，第 187 页。

法国国家科学研究院(Centre national de la recherche scientifique,C.N.R.S)举办的日常生活研讨会上,受邀的德波人在现场,却以"陌生化"的录音方式发表了《论对日常生活的有意识的改变》(*Perspectives de modifications conscientes dans la vie quotidienne*)[①]的演讲。在这一演讲中,德波明确说,"日常生活的革命(La révolution dans la vie quotidienne),切断了它现在对历史的依赖(而且也是对所有变化的依赖),将创造出现在统治过去的条件和总是压迫日常生活的重复部分的创造性部分"[②]。德波的这一"日常生活革命"口号,直接对应于列斐伏尔在理论上提出的"日常生活批判"。"日常生活革命",也是瓦纳格姆此书英译本的书名。具体说,这就是在现实资产阶级日常生活的苟生中,通过革命性的努力,重新真正获得每个人生命存在的诗意瞬间。这里,我们来看他的具体分析。

首先,作为诗人的瓦纳格姆告诉我们,日常生活革命的前提是颠覆景观的视角,其目的使人从景观角色中彻底摆脱出来,因为真正的生命存在瞬间恰恰是**无名的快乐**,每个人真实地活着恰恰是无法命名的。这很像海德格尔

---

① 这篇讲话后来发表在《情境主义国际》第6期,1961年,第20—27页。

② Guy Debord, *Œuvres*, Paris, Gallimard, 2006.pp.581-582.中译文参见刘冰菁译稿。

所说的“让物物着”的浪漫主义构境。瓦纳格姆这里是想说，必须让人像自己那样活着，而不是为一个资产阶级的景观角色而苟生，比如，CEO、局长、工程师、教授等“成功人士”，你不再是作为他者欲望对象塑形的一个头衔和位置而苟生，必须作为你自己“活着”。瓦纳格姆说，

> 名字与物(les noms aux choses)走得太近，以致存在沦丧(les êtres les perdent)。将视角颠倒后，我很高兴能意识到，任何名字既不能将我榨干，也不能涵盖我自己。我的快乐没有名字(Mon plaisir n'a pas de nom)。我构建自身(me construis)的罕见瞬间(rares moments)，并没有提供被别人从外界进行操纵的任何把手。只有失去了自我，才会陷入将我们碾碎的事物名称中。①

那个第一人称的“我”又出场了。我已经说过，凡是瓦纳格姆打算正面表达自己的主体性革命时，他往往就会从

---

① [法]鲁尔·瓦纳格姆:《日常生活的革命》，张新木等译，南京大学出版社 2008 年版，第 148 页。中译文有改动，参见 Raoul Vaneigem, *Traité de savoir-vivre à l'usage des jeunes générations*, Paris, Gallimard, 1992.p.188。

个人的主观情境出发。依瓦纳格姆的观点，当一个人摆脱一切外部的控制和支配，从内心里建构属于自己的生命跃动瞬间时，这种本己的诗意存在是不可能被词语符码体系命名的。这个让景观突然失去控制把手的罕见瞬间，当然是情境主义国际反对日常生活时间的**革命瞬间**[①]。此时，个人主体将在存在论的无名状态中重新获得自我。在拉康-阿尔都塞-福柯的话语中，这就是使人从大他者的奴役中逃离出来，斩断词与物的存在关系，个人主体不再是意识形态质询建构起来的伪主体。瓦纳格姆为自己这一发现而欣喜：

> 这真是视角转换的绝妙辩证法（Admirable dialectique du changement de perspective）：既然事物的

① 早在1957年情境主义国际成立前夕，德波就在《关于情境构建以及情境主义国际倾向的组织和行动之条件的报告》中指出："我们的核心目的是情境构建(construction de situations)，即对生活中瞬间氛围的具体构建(construction concrète d'ambiances momentanées)及其向一种高级激情质(qualité passionnelle supérieure)的转化。"参见［法］德波：《关于情境构建以及情境主义国际倾向的组织和行动之条件的报告》，方宸、付满译，载《社会理论批判纪事》，第7辑，南京大学出版社2014年版，第55页。情境主义国际的革命瞬间理论与列斐伏尔的瞬间观念有一定的关联性。1960年，德波在《情境主义国际》第4期上发表《瞬间理论和情境建构》(*The Theory of Moments and the Construction of Situations*)。这是他刻意界划情境主义国际的情境建构观念与列斐伏尔瞬间理论的差异。

> 状态不准我像封建主那样拥有一个显示**我的**力量的名字,那么我就放弃一切称呼;与此同时,我在无名状(l'innommable)中找回了活着(vécu)的富足,难以言说的诗意(poésie indicible)和超越的条件;我走进了没有名字的森林(forêt sans nom),路易丝·凯洛①的牡鹿在此向爱丽丝解释说:"想象一下学校老师想要叫你,既然没名字,她就喊哎!喂!可没人这么称呼自己,所以谁都不应该答应。"真是根本主观性(subjectivité radicale)的幸福的森林。②

这简直就是写诗歌了。只要瓦纳格姆一高兴,他就会沉浸在自己的唯我论的"主观性的幸福的森林"中。在他看来,如果颠倒了资产阶级用词语命名存在物的暴力构序逻辑,那么就会获得一种摆脱景观奴役的超越性解放。这个爱丽丝奇境中"根本主观性的幸福森林",就是瓦纳格姆

---

① 路易丝·凯洛(Lewis Carrol, 1832—1898),也译作路易斯·卡罗尔,英国数学家、作家。其作品包含了形式逻辑思想和孩童天真的幻想。代表作有《爱丽丝漫游奇境记》(1865)等。《爱丽丝漫游奇境记》讲述了小姑娘爱丽丝追赶一只揣着怀表、会说话的白兔,掉进了一个兔子洞,由此坠入了神奇的地下世界的故事。

② [法]鲁尔·瓦纳格姆:《日常生活的革命》,张新木等译,南京大学出版社2008年版,第148—149页。中译文有改动,参见Raoul Vaneigem, *Traité de savoir-vivre à l'usage des jeunes générations*, Paris, Gallimard, 1992.p.188。

自己那个诗意瞬间的在场。它是无名状的真实生命的活着，它不会因景观意识形态命名而被询唤。我觉得真是诗人的童话。如果人失去自己的名字，不再应答景观意识形态的询唤，就能获得无名状中的自由，日常生活的革命就真是太简单了。可是景观对人的统治是绝不可能仅仅通过命名来实现的，这会是一个极其复杂的控制系统。

其次，是**革命性的艺术实践**对景观统治下日常生活苟生的反抗。这应该是列斐伏尔和德波所说的“让日常生活成为艺术”的一种践行方式，也是情境主义国际最主要的艺术造反方式。瓦纳格姆在此所举的例子是意大利当代形而上学画家乔治·德·基里科（Chirico）[①]的作品，比如那幅著名的空脑袋的《令人不安的缪斯》。

在瓦纳格姆的眼里，基里科这种揭露脑袋空空的苟生人存在本质的形而上学艺术，“以美满的结果返回了通往

---

① 乔治·德·基里科（Giorgio de Chirico，1888—1978）：当代意大利著名画家，形而上学画派创始人之一。他出生于希腊东部的沃洛斯的一个意大利人的家庭。最初在雅典工艺学院和德国慕尼黑美术学院学习。在德国时，受到贝克林（Arnold Böcklin）的象征主义和尼采哲学的影响，与未来派艺术家卡罗尔·卡拉（Carra，1881—1966）提出用“形而上学绘画”称呼自己的作品，并组成形而上学画派。基里科的作品将石膏像、手套、玩具等非生命体作为人类社会的象征。不确定的光源、奇幻的色调、梦幻般的场景、单纯的超现实空间，营造出神秘不详之气。古典传统、日常生活、形而上思维相互糅合，以探讨主题中居于中心位置的神秘性。在画面中，他们把真实与非真实犹如缠绵的梦境融合在一起，以此揭示表象下的象征意义。

爱丽丝森林的道路”，也就是说，艺术革命让人逃出景观控制的苟生角色，走向充满诗意的无名状自由。为什么呢？第一，瓦纳格姆说，这一作品的核心是画家聚焦于存在本身缺失的空无，“从自身的无意义中汲取一种症候”（sémiologie），这种症候象征了一种革命的否定性，当然就是瓦纳格姆的诗意革命症候。这一看法是深刻的。第二，在他看来，“画上的缺失以显性的方式向行为的诗意（poésie des faits）开放，向艺术、哲学和人的实现开放。空白（l'espace blanc）是一个物化的世界留下的痕迹（trace d'un monde réifié），它被引进画中的主要部位，这也同样指出，面孔已经离开了表现和形象的位置，如今应与日常的实践（*praxis*）融为一体”①。

基里科的作品《令人不安的缪斯》
（*The Disquieting Muses*，1950）

① ［法］鲁尔·瓦纳格姆：《日常生活的革命》，张新木等译，南京大学出版社 2008 年版，第 149 页。

这个意思是说，这个空白揭露了存在论构境中的生命不在场，在资产阶级表面上的物性膨胀和丰裕背后，遮蔽着人的生命存在在本质上的荒凉和空无。没有面孔，在另一个更深的革命构境中表现为对景观角色位置的逃离。

基里科的这幅画中的人，是无脑或脑萎缩的。它既隐喻着资产阶级**无主体**政治统治的方式，也映照出全部苟生者确立形似主体性的苟生方式，因为所有苟生人总是靠着**景观角色**在平庸的日常生活中无脑地苟生。瓦纳格姆评论道，

> 他塑造的空脑袋(tête vide)的人物很好地总结了对非人道(l'inhumanité)的控诉。荒凉的处所，僵化的背景展示了被自己的创造物非人道化了的人，这些创造物被固定在都市主义(urbanisme)中，其中浓缩了意识形态的压迫力量(force oppressive des idéologies)，掏空(vident)人的实质(substance)，使他失去人性。①

在瓦纳格姆看来，在资产阶级都市主义日常生活中，景观掏空了人们的头脑，看起来被消费品堆满的地方，存

① [法]鲁尔·瓦纳格姆:《日常生活的革命》，张新木等译，南京大学出版社 2008 年版，第 149 页。中译文有改动，参见 Raoul Vaneigem, *Traité de savoir-vivre à l'usage des jeunes gézSnérations*, Paris, Gallimard, 1992.p.189。

在却是不在场的。具体地说，在画家绘制的《令人不安的缪斯》中呈现了双重批判构境：一是以空脑袋出场的缪斯。我们都知道，在古希腊神话传说中，缪斯是科学和艺术的化身，而从康德的《什么是启蒙?》开始，个人主体性的确立就是以理性知识对抗愚昧，然而在资产阶级世界中，景观背后的知识却是掏空人的生命的工具，所以缪斯是令人不安的空脑袋。二是在资产阶级的当代日常生活中，人们恰恰是通过知识参与的景观建构，在无形的消费意识形态的压迫下，掏空自己的存在本质，进入消费的狂欢之中，因此，所有苟生人都是在“荒凉的处所，僵化的背景”下失去人性的无脑儿。瓦纳格姆认为，基里科的形而上学画作本身就是从诗意出发的深刻批判，这是缪斯的另一面，即通过艺术的方式指向资产阶级平庸日常生活的剑。

瓦纳格姆认为，这正是诗意的艺术对景观世界的反抗。他认为，在这同一战壕中，除了基里科的画，还有“达达主义运动，马列维奇①的白色方块，《尤利西斯》②”，他们

---

① 马列维奇(Kazimir Malévitch, 1878—1935)：俄国画家。抽象至上主义艺术奠基人。1878 年 2 月 11 日生于乌克兰基辅的一个贫困家庭，1912 年在驴尾巴展览会上陈列的《手足病医生在浴室》，具有立体主义和未来主义的特色。曾参与起草俄国未来主义艺术家宣言。“十月革命”后参加左翼美术家联盟，代表作为《白上之白》(1918)。

② 《尤利西斯》(*Ulysses*)，爱尔兰现代主义作家乔伊斯(James Joyce, 1882—1941)的代表作，为意识流小说的高峰。

都是通过批判“沦落为物品的人的缺席(l'absence de l'homme réduit à l'état de chose)”,呼唤**让日常生活重新成为艺术**的“总体性的人的在场(la présence de l'homme total)”①。比如,瓦纳格姆这里提及的马列维奇于1918年创作的《白上之白》。

马列维奇的《白上之白》(1918)

在马列维奇的这幅《白上之白》中,画家绘画时观念赋形的主题是**无**(空白),我们看到,那个叠映于白底上的白方块,可见的塑形微弱到难以分辨的程度,它的存在是**不在场的在场**,它的形而上学构境使所有景观中多样的空间

① [法]鲁尔·瓦纳格姆:《日常生活的革命》,张新木等译,南京大学出版社2008年版,第150页。中译文有改动,参见 Raoul Vaneigem, *Traité de savoir-vivre à l'usage des jeunes générations*, Paris, Gallimard, 1992.p.190。

几何塑形、五光十色的颜色和对象性的东西都被抹去。由此，瓦纳格姆憎恨的景观所依托的视觉中心论被破境了，这是一种终极的艺术逃脱，它为人们从平庸日常生活的景观控制中解脱出来，复归总体性的人的诗意活着瞬间创造了革命性的地平。

当然，战斗在最前列的是瓦纳格姆自己所加入的情境主义国际。在他看来，"情景主义者(situationnistes)组成的这样一个理论和实际的行动团体，它已经有能力进入政治和文化的景观，作为对这一景观的颠覆(subversion)"①。这是很高的评价了。情境主义国际是既有理论武装，又有具体实际行动的革命力量，并且，区别于其他先锋艺术思潮的地方是他们"已经有能力进入政治和文化的景观"，直接颠覆资产阶级的景观意识形态。在这本书中，瓦纳格姆直接谈及情境主义国际的地方并不多见。

在瓦纳格姆看来，今天的革命形势大好。因为他认为，"以榨干日常生活为己任的事物越是枯竭，生命的力量就越能够战胜角色的权力。就这样开始了视角的颠倒。也就是在这一层面上，新的革命理论应该集中起来，以便

---

① [法]鲁尔・瓦纳格姆:《日常生活的革命》，张新木等译，南京大学出版社 2008 年版，第 153 页。

打开超越的缺口"[①]。今天是颠倒资产阶级景观世界的最佳时机，因为景观对人的生命压迫已经到了极限，物极必反，革命者应该联合起来干革命。可是，瓦纳格姆给出的革命道路十分特别，即对资产阶级景观社会进行颠覆的"在秘密的战术阶段进行构建的**游戏时代**（l'ére du jeu）"[②]。

当然，情境主义国际所说的游戏，显然不是日常生活中孩子间的玩耍或成人的商业游戏，而是作为一种**革命存在论**变革的情境建构的大写游戏。这应是达达主义先锋艺术实践中那种非政治祛序"捣乱"的另一种精神升华，与返熵式的行为艺术不同的是，游戏本身也是构序的，只是这种游戏规则的构序是临时和无功利的秩序。情境主义的这种观点自然受到胡伊青加[③]的《人：游戏者》（*Homo Ludens*，1938）[④]的影响。在《人：游戏者》中，胡伊青加讨论

① ［法］鲁尔·瓦纳格姆：《日常生活的革命》，张新木等译，南京大学出版社2008年版，第153页。

② ［法］鲁尔·瓦纳格姆：《日常生活的革命》，张新木等译，南京大学出版社2008年版，第153页。

③ 胡伊青加（Johan Huizinga，1872—1945）：语言学家和历史学家。出生于荷兰的格罗宁根（Groningen），在上学时就掌握了阿拉伯语。1891年考入格罗宁根大学学习文学和梵文。1915年成为莱登大学教授，1932年任校长。1942年他被德国人逮捕囚禁，1945年在荷兰解放前夕病逝。代表作有《中世纪的衰落》（1919）、《人：游戏者》（1938）等。

④ ［荷］J. 胡伊青加：《人：游戏者》，成穷译，贵州人民出版社1998年版。

了**无功利的游戏**先于社会文化秩序的历史现象，以及游戏高于功利性生存的存在论意义。这实际上正是后来“五月风暴”的实质。左派学生和工人上街的一个目的，就是要中断资产阶级的劳作法则和景观支配起来的日常生活场境，革命的游戏精神在整个反抗资产阶级文化和社会秩序的“动乱”之中，相比之传统的社会革命，它更像是一次节日的狂欢。在这里，与“十月革命”那种“一个伟大的晚上”不同，对付无形的景观压迫，打破所有苟生者自愿认同的角色，无法再用苏维埃士兵和工人的枪炮，而是一种全新的“战略性操作”(maniement tactique)——**艺术性的游戏**。游戏的构序并不对象化为客观存在的实际改变，这种主体活动不像劳动生产或资本主义条件下的经济活动，它没有任何物性的实得，却在一种自由的创造性场境活动和非支配的主体际关系中，让人的存在面向神性。这是因为，暂时建立的纯粹游戏构序和主体际关系消除了交换价值，实现了人对人的真诚和直接关联，达及了生活本身的本真共在意义。这种摆脱功利关系的超越性游戏精神，正是情境主义国际建构革命情境的方向。我注意到，列斐伏尔的不少观点，也受到《人：游戏者》的影响。

在此，瓦纳格姆还细心地区分了这种艺术游戏斗争的不同层面：一是**集体狂欢对景观角色的反抗**。在他看来，从集体角度而言，取消角色（supprimer les rôles）是可能的。自发的创造性（créativité spontanée）和无拘无束的节日（fête）所生成的革命性瞬间（moments révolutionnaires）提供了众多实例。一旦欢乐（joie）占据人民的心，便没有长官（chef）和作戏（scène）能将其征服。①

当反抗景观角色的游戏策略转化为集体的斗争方式时，节日的欢乐便成了主角，节日是平庸日常生活的断裂，在无拘无束的狂欢中，人们会忘记景观配给的各种社会角色，人们不再戴着面具逢场作戏，景观制造的长官和专家老板等光鲜角色都会成为反讽的对象。这样，诗性的革命瞬间便占据了存在的上风。仔细想一下，在红色“五月风暴”中，这可能真是实际发生的事件。但瓦纳格姆并没有想到，这种节日般的狂欢硝烟散去，日常生活苟生的迷墙竟然依旧岿然不动。

二是**个人游戏对景观角色的反抗**。这里，瓦纳格姆给

① ［法］鲁尔·瓦纳格姆：《日常生活的革命》，张新木等译，南京大学出版社 2008 年版，第 153 页。中译文有改动，参见 Raoul Vaneigem, *Traité de savoir-vivre à l'usage des jeunes générations*, Paris, Gallimard, 1992.p.193。

出的建议是，我们每个人都“玩玩雅克·瓦谢[①]玩的游戏”(Jouer le jeu de Jacques Vaché)。瓦谢是超现实主义中的灵魂人物，他以游戏的方式来解构平庸的日常生活，在生活中，他“对一切都怀有戏剧性的无用和无味的感觉”，让角色在幽默和反讽的取乐中解构。这与巴塔耶[②]**圣性世界**中的无用构式相一致 。巴塔耶的哲学理念用一句话来概括，即**反抗占有性的世俗世界，追求非功用的神圣事物**。神圣世界的真善美圣都会是世俗世界中期望之空无和**无为**(*désœuvrement*)。

可以看出，瓦纳格姆所肯定的游戏策略与瓦谢有一定的区别，因为他并不赞成直接破坏角色，他采取个人与角色保持必要的间距，以游戏的态度弱化角色的策略：一是“应该善于滋养角色，但绝不以牺牲自己而去滋养角色。

① 雅克·瓦谢(Jacques Vaché，1895—1919)：法国超现实主义者。出生于法国洛里昂，死于过量吸食鸦片。他以冷漠和戴着单片眼镜而闻名。

② 巴塔耶(Georges Bataile，1897—1962)，法国当代哲学家。1814年，17岁的巴塔耶接受了洗礼，开始信奉天主教。第一次世界大战爆发以后，巴塔耶于1916年应征入伍，同年因病退役。1918年，巴塔耶通过大学入学考试，进入国立古文书学校学习。1922年文书学校毕业后，被任命为巴黎国立图书馆司书。1929年创立《实录家》杂志。1936年创立《阿塞法尔》杂志。1946年创立《评论家》杂志。1962年7月8日，因病逝世于巴黎。其主要代表作有《太阳肛门》(1931)、《耗费的概念》(1933)、《内在体验》(1943)、《被诅咒的部分》(第Ⅰ、Ⅱ部分，1949－1951)、《关于尼采》(1945)。

应该通过它们保护自己同时又防备它们”[①]。这是说,要时刻自知与角色的边界,进入角色只能是保护自己,而切不可在角色中失去自己。我觉得瓦纳格姆可能意识到了,人如果完全拒绝一定社会关系中的角色是不现实的,能够做到的事情,就是以游戏的心态,有间距地对待景观角色,保持内心中的真我。二是“如果你的角色令别人敬畏,那就变作这种并不是你的权力,随后让它的幽灵四处游荡”[②]。如果你是一个头面人物,千万不要将权力当真,不管你拥有怎样的景观权力,都别把自己当成权力的化身,而是要小心谨慎地把角色性的权力隔离开来,甚至把权力变成幽灵,分离出自己的存在。这一点,我倒是深有体会。三是“别进行无谓的争吵,不要无益的争论,别搞论坛,别开讨论会,别为马克思主义思想花费几星期的时间!在应该出手真正解放自己的时候,那就往死里打!词语并不杀人”[③]。不要参加学术研讨会,不要与他人争论,因为那只是学术场中的角色,但如果想清楚是真的要解放自己,那就毫不客气地“往死里打”。这当然是在已经摆脱了角色

① [法]鲁尔·瓦纳格姆:《日常生活的革命》,张新木等译,南京大学出版社2008年版,第153页。

② [法]鲁尔·瓦纳格姆:《日常生活的革命》,张新木等译,南京大学出版社2008年版,第153页。

③ [法]鲁尔·瓦纳格姆:《日常生活的革命》,张新木等译,南京大学出版社2008年版,第153页。

情况下的彻底解放。四是当你处于角色关系之中时，在主体际关系中，你必须采用反讽和犬儒精神："他们赞赏你吗？朝他们脸上吐唾沫；他们嘲笑你吗？帮他们在取笑中给自己定一下位。角色本身就带有笑料。在你周围只有角色吗？拿出你的放肆态度，你的幽默和你的间离效果；跟他们玩玩猫捉老鼠的游戏。"[①]这真是游戏人生，但这样做就能真正摆脱掉资产阶级的景观意识形态控制吗？我对此表示深深的怀疑。

① [法]鲁尔·瓦纳格姆：《日常生活的革命》，张新木等译，南京大学出版社 2008 年版，第 153—154 页。

第九章
激进主体：诗意的自发创造性

在批判当代资本主义社会的文化层面上，瓦纳格姆的诗性话语在其他欧洲左翼思想家中算是独特和深刻的。然而，一旦面临表述自己的具体革命举措时，瓦纳格姆却直接落入主观主义的意志论。这是他的激进话语令人大失所望的地方。在重新颠倒资产阶级景观控制的地方，他强调了个人直接生活的意志；在扬弃创造性异化的层面上，他提出了个人的自发活动；在反对资本主义景观制造的量化世界时，他却提供了有质性的诗意瞬间。显然，这是一幅苍白无力的浪漫主义诗卷，而不是真正改变资产阶级现实统治的革命道路。

1. 颠倒视角中的唯意志论

瓦纳格姆告诉我们，"世界一直是一门几何学(géométrie)"[①]，人站在什么角度上观察、展现自我，他就会

① [法] 鲁尔·瓦纳格姆:《日常生活的革命》，张新木等译，南京大学出版社 2008 年版，第 192 页。

获得什么样的生活。这是与马克思改变世界的“从主体出发”实践唯物主义不同的主观主义视角。情境主义国际的主要代表人物约恩也提出建立一种全新的空间几何学和力量关系拓扑学，约恩在自己先锋艺术作品中所追求的当下建构起来的革命性场境和精神氛围，是由非直观的拓扑空间关系中动态的力量交织而成的情境瞬间。不知道约恩的这一观点是不是影响到瓦纳格姆。依瓦纳格姆的看法，从前是神灵统领一切，上帝说要有光，于是圣光照亮了世界，人们只能从上帝的视角看待世界；而资产阶级却将这个神性的视角“恶作剧”(joué ce vilain)般的颠倒了，因为资产阶级揭露了神灵的诞生、发展与死亡(naissaient, se développaient, mouraient)，这样，神的视角在特定的历史性(Historicisé)中被颠倒了。这当然是一个进步。然而，瓦纳格姆指认说，资产阶级谋杀了高高在上的上帝，但并没有打算真的消灭权力和奴役，只是将这种对世界的支配性统治变得更加隐秘而已。这一判断是对的。在他看来，资产阶级的确颠倒了服务于现实专制奴役的神性视角，

> 不过它很快就将这种颠倒限制在表象层面(apparence)上。上帝被废除后，其支柱仍旧矗立着，指向空洞洞的天国，就好像大教堂中神圣之物爆炸后，以

极其缓慢的冲击波延伸开来。在谋杀发生大约两个世纪后的今天，神话般的灰泥残片才在支离破碎的景观(l'émiettement du spectacle)中完成风化过程。资产阶级不过是炸毁上帝的一个阶段，这个上帝如今正在彻底消失，消失到全部抹去其物质根源痕迹的地步：即人对人的统治(la domination de l'homme par l'homme)。①

两个世纪以前，资产阶级在启蒙的祛魅化中确实杀死了上帝，也真的进行了观察世界的视角颠倒，可是，这只是将宗教幻象中神对人的统治变成了**市场交换关系中直接的人对人的统治**，资产阶级掌握了“经济机制(mécanismes économiques)的控制权和实力”，而经济机制通过经济拜物教颠倒式地再塑形了权力的物质性(matérialité du pouvoir)，并且经过碎片化的景观粉饰，神的权力被风化了，人们在颠倒后的外观化世界中，已经看不到商品-货币-资本这一新的神灵杀人吸血的物质痕迹。这是一个深刻的批判透视。

瓦纳格姆认为，不像原先天国中的上帝那么遥远，或

① [法]鲁尔·瓦纳格姆：《日常生活的革命》，张新木等译，南京大学出版社2008年版，第193页。

者像教堂牧师口中的骗人鬼话，现在市场中资产阶级的无形权力就在我们身边的日常生活碎片里，

> 如今是权力在靠近人们，主动接近人们，使自己成为可消费物（consommable）。权力越来越沉重，把生命空间挤压到苟生的地步，将时间压缩到“角色”的厚度（épaisseur de «rôle»）。如果用简易的示意图来表述，可以将权力比作一个角。最初是一个锐角，其角顶消失在天空的深处，随着角度渐渐变大，角顶也就慢慢下降，逐渐可以看见，一直降到变为扁平状，向两边伸展成一条直线，与一系列等值的和无力的点混合在一起。①

与约恩的革命情境几何学不同，这是一个非常形象的权力几何学。如果说，过去天国里上帝的权力就像一个垂直关系中高高在上的锐角，帝王贵族的权威，都是一眼可以看穿的直接暴力，而资产阶级市场经济中的隐性权力，则是一个由金钱从高贵至上“下流”降至角度拉平为直线、点线合一的融合夷平关系。席美尔曾经在《货币哲学》中，

① ［法］鲁尔·瓦纳格姆：《日常生活的革命》，张新木等译，南京大学出版社2008年版，第193页。中译文有改动，参见 Raoul Vaneigem, *Traité de savoir-vivre à l'usage des jeunes générations*, Paris, Gallimard, 1992.p.242。

讨论过这种经济**夷平化**过程。权力不再是你之外可见的力量，它就是你所喜爱的金钱和可消费物，你的劳作就是建构权力的无名角色，你每天的苟生正是资产阶级隐性权力的实现。延伸一点说，资产阶级那种没有了上帝的人人平行享有的零度"自然法"视角，就是标榜资本主义制度符合天然的人的本性，这是其意识形态的核心。

瓦纳格姆告诫我们，资产阶级景观意识形态的视角其实是很难颠倒的，因为它会表现为价值中立的**没有视角**，它的观点就是普世价值。可怕的是，将无颠倒过来，很可能还是无，这是虚无主义已经掉进的深坑。由此，瓦纳格姆主张，我们必须在虚无主义之上走一条视角颠倒的新路，创建一个新的视角（perspective nouvelle）。这一视角并非过去支配性视角的简单颠倒，它不会重新铸造奴役人的等级制中的规制（conditionnement），而恰恰是要建立一种彻底的**反规制**（anticonditionnement）。这就是说，绝不因为反对资产阶级专政，再建立一种新的专政和暴力体制。在这一点上，瓦纳格姆给出的答案是，必须针对看不见暴力的景观统治，开展"一种游戏性战术：**异轨**"（une tactique ludique：le *détournement*）[①]。这当然是达达主义和超现实主义已经做过的艺术游戏，不过，这次异轨不再

① ［法］鲁尔·瓦纳格姆：《日常生活的革命》，张新木等译，南京大学出版社2008年版，第193页。

是另一种空洞的游戏，而是情境主义革命者手中新的实践武器，异轨是另一种全新的革命实践。

首先，新的异轨式革命**实践性**。作为对资产阶级景观视角的颠倒，异轨是要“用**实践**来代替知识（remplace la connaissance par la *praxis*），用自由代替希望，用直接的意志（volonté de l'immédiat）代替中介（médiation）。他认可了所有人类关系的胜利，这些关系建立在三个不可分割的极点上：**参与，交流，实现**（la *participation*，la *communication*，la *réalisation*）”①。这里，瓦纳格姆与达达主义一类的先锋艺术家划了一条很深的界限：异轨不再仅仅是达达主义者波希米亚式的诗歌革命，而是从观念的空想转向客观的实践；不再是简单地将裁纸刀插进辞典，而是真的在现实城市空间中漂移；不再通过任何消费品和小玩意的中介来实现虚假的欲望，而是要让个人的直接意志在直接的现实参与和交流中自由地实现。如果异轨是革命的游戏，那么它将是对资产阶级秩序系统中植入的病毒，它必须造成全部景观视角的崩溃。这讲得真是不错，听起来瓦纳格姆还是一个革命的实践家。那么，他是不是会放弃自己的

① ［法］鲁尔・瓦纳格姆：《日常生活的革命》，张新木等译，南京大学出版社2008年版，第194页。中译文有改动，参见Raoul Vaneigem，*Traité de savoir-vivre à l'usage des jeunes générations*，Paris，Gallimard，1992.p.242-243。

唯心主义唯我论呢？然而，瓦纳格姆口口声声所主张的“实践参与”却是个人的主观创造性活动。

其次，新的视角颠倒中的视位是**个人自我的真实创造性**。这才是瓦纳格姆对革命实践最重要的主体定位。这种观点，也受到了情境主义国际其他革命艺术家的嘲笑。

> 颠倒视角，意即不再运用群体的、意识形态的、家族的和他者(autres)的眼光来看待事物。而是牢牢地抓住自我(soi-même)，选择自己作为出发点和观察中心。把一切都建立在主观性(subjectivité)的基础之上，遵从成为一切的主观意志(volonté subjective)。在我那难以满足的生命欲望的瞄准线上，全部权力都不过是更为广阔的图景中的一个特殊目标。其力量的发挥不会阻挡我的视线，我对其进行定位，估算着危险，研究着对策。不管我的创造性有多可怜，它始终是我的向导，比被迫接受的所有知识都更为可靠。①

我之所以将瓦纳格姆称之为现代的唯我论者，其基本

---

① [法]鲁尔·瓦纳格姆：《日常生活的革命》，张新木等译，南京大学出版社2008年版，第194页。中译文有改动，参见 Raoul Vaneigem, *Traité de savoir-vivre à l'usage des jeunes générations*, Paris, Gallimard, 1992.p.243。

根据就在这里。他观察世界和改变世界的"出发点和观察中心",就是个人自我的主观性和主观意志。在反对了资产阶级景观制造的一切"群体的、意识形态的、家庭的和他者的目光"之后,瓦纳格姆给出颠倒景观后的新视角的目光,却是来自个人自我。并且,瓦纳格姆非常固执,相对于"被迫接受的知识",哪怕这种主观意志和主体创造性"有多么可怜,它始终是我的向导"。这可能也是情境主义大家庭内部,人们称瓦纳格姆为"肚脐凝视者(以自我为中心的人)"最主要的原因——他的革命主体始终是个人主体的主观意志。在根子上,他还是一位唯心主义的诗人。

其实,瓦纳格姆也知道,个人的主观意志在现实生活中是弱小的,但他仍然坚持这种个人生命欲望之上的瞄准线:"在权力的黑夜(nuit du pouvoir)之中,创造性的微弱光芒在远处保持着敌对的力量:文化的规制(conditionnement),各种构序(ordre)的专业化,必然是总体(totalitaires)的世界观(*Weltanschauungen*)。"[①]面对资产阶级权力的黑夜,面对资本的"总体世界观",面对资产阶级意识形态文化规制和专业化构序,个人自我的创造性固然是"微弱的

① [法]鲁尔·瓦纳格姆:《日常生活的革命》,张新木等译,南京大学出版社2008年版,第194页。中译文有改动,参见Raoul Vaneigem, *Traité de savoir-vivre à l'usage des jeunes générations*, Paris, Gallimard, 1992.p.243。

光芒”，但这仍然是对抗反动势力的力量。瓦纳格姆根本不管，光靠着可怜的个人自我，能否真的反抗权力的黑暗，颠倒景观视角的实践性异轨，是否就凭借直接的个人主观意志就能实现。他忘记了，达达主义的游戏还是一个波希米亚式的群体取乐，如果拒绝了任何群体，那情境主义国际的大家庭是否也会被拒斥呢？显然，诗人瓦纳格姆并没有想得那么仔细。

瓦纳格姆似乎听到了人们可能发出的批评声，他辩解说，

> 我们并没有按照任意一种唯意志论(volontarisme)来选择视角的颠倒，而是视角的颠倒选择了我们。正如我们陷入了大写的**虚无**(RIEN)的历史阶段之中，下一步只能是大写的**一切**(TOUT)的改变。意识到要进行全面革命以及这种革命的必要性，是我们保持历史性的最后一着棋，也是在某些条件下改变历史的最后一次机会。我们参与的游戏是我们创造性的游戏(jeu de notre créativité)。其规则与支配我们社会的规则和规律截然对立。这是一个败者为胜的游戏：未说之事比所说之事更为重要，亲身经历之事比呈现表象之事更为重要。这个游戏应当玩到底。曾经感受过压迫的人，直至其身骨不堪忍受的人，怎会不扑

向**无保留地生活**(*vivre sans réserve*)的意志,正如扑向最后一根救命稻草呢?①

唉,否认自己是唯意志论应该无济于事。即使是景观逼迫,也不可能把革命的可能性基于个人自我的主观意志和创造性之上,这样的视角颠倒再好看,“**毫无保留地生活**”的意志再真实,也不可能成为真的让苟生者浮出资产阶级市场之海的救命稻草。败者为胜的游戏固然悲情,但一切用主观性对抗“支配我们社会的规则和规律”的“最后一着棋”,注定是要竹篮打水一场空的。

2. 被操控的创造性与真实的创造性

那么,到底什么是瓦纳格姆所指认的个人主体创造性呢?首先,这种创造性不是**被控制和异化的创造性**。有如作为资本帮凶的科学技术创造性和对象化在景观广告中的艺术想象,这是一个必要的边界划分。在瓦纳格姆看来,所有等级化的社会都有一种可以被容忍的自由,即**更**

① [法]鲁尔·瓦纳格姆:《日常生活的革命》,张新木等译,南京大学出版社 2008 年版,第 194 页。中译文有改动,参见 Raoul Vaneigem,*Traité de savoir-vivre à l'usage des jeunes générations*, Paris, Gallimard, 1992.p.243-244。

换主人的选择。这是很深刻的说法，反对了专制等级的资产阶级社会中的自由同样如此。并且，在资产阶级世界的经济市场和所谓公民社会中，“当个人自由互相限制并互相抵制时，资产阶级民主能够容忍这类个人的自由”①。这也就是说，资产阶级世界中的自由，是市场交换角逐和政治争斗中“人对人是狼”的自由。而在瓦纳格姆看来，革命者通过景观视角的颠倒获得真正的自由，将摆脱人与人的相互限制关系，“最终将重新回到创造的真实性”上来。当然这种创造性，是遵从自己的真实生活意志的**个人的创造性**，而不会再是资产阶级滥用于剥削和奴役关系中被控制的创造性，即异化状态中的畸形创造性。那么，什么是资产阶级操控下的创造性异化呢？对此，瓦纳格姆有进一步的具体分析。

第一，**生产过程中的创造性异化**。瓦纳格姆认为，资产阶级社会中出现的“剥削和统治的抽象制度（systèmes abstraits）属于人类的创造物，它们在误入歧途、被操纵的创造性（créativité dévoyée）中获得自身的存在和完善。当局只能够，也只愿意通过景观了解自由的各种可操纵的形式”②。

① ［法］鲁尔·瓦纳格姆：《日常生活的革命》，张新木等译，南京大学出版社2008年版，第197页。

② ［法］鲁尔·瓦纳格姆：《日常生活的革命》，张新木等译，南京大学出版社2008年版，第197页。

这是对的。这有两个构境层：一是资产阶级的政治统治和经济剥削制度都是建立在一种**客观抽象**之上，马克思将其表述为“抽象成为统治”。这是我们前面已经讨论过的问题。二是资产阶级巧妙地在流通领域实现了资本与雇佣劳动者形式上的平等交换，又在生产过程中通过延长劳动时间或者提高劳动生产率，进而无偿占有工人的剩余价值。提高劳动生产率靠什么？创造性的科学技术和工具理性的管理。科学技术和知识原本是人的主体创造性，现在却被用来盘剥劳动者，这就是误入歧途、被操控的创造性，或者说是马克思已经揭露的“强迫劳动中和对生产者的剥削中出现的创造性的异化(l'aliénation de la créativité)”①。在资产阶级世界中，人们很容易想到科学知识带来的创造性，然而，人们没有想到的是，这种资本主义体制下出现的创造性永远会是资产阶级手中所操控的东西，它必然会成为资本控制自然和压迫人的工具。

> 在创造性能量(l'énergie créative)方面，当它每天激励人们千百次，就像未满足的欲望在涌动，人们在现实中寻找的梦幻，还有模糊却又明晰具体的感觉，

① [法]鲁尔·瓦纳格姆：《日常生活的革命》，张新木等译，南京大学出版社2008年版，第198页。

体现莫名慌乱的念头和行动，这些又代表着什么呢！一切都命定在默默无闻中，手段的贫乏中，一切都被幽禁于苟生之中，或被迫损失质量的富有，根据景观的范畴（catégories du spectacle）去表现自我。①

这是说，你有创造性，有学识或艺术才华，但如果这些创造性不能按照资产阶级的景观规范去表现自我，你的创造性成果不能实现为景观所指认的欲望对象和金钱，那是没有任何用处的。这恐怕是在资产阶级世界中，一切创造性都只能被幽禁在苟生之中的根本原因。你再聪明、再有天赋，**如果你不会变卖自己**，那么将一事无成。所以，这将是一个**诗人必死**的时代！

第二，**消费功能中创造性的异化**。瓦纳格姆认为，资产阶级在生产过程中操控的创造性，从社会层面上看，其实也就是生产力在资本主义的当代发展进程中遭遇到市场的瓶颈，大量的商品被生产出来，如果无人购买，仍然会使这些相对剩余价值无法真正实现。于是，20 世纪的资本主义通过扩大消费刺激生产的花招便得以实施。在《现代世界的日常生活》（1968）中，列斐伏尔最早将这一现象表

① ［法］鲁尔·瓦纳格姆：《日常生活的革命》，张新木等译，南京大学出版社 2008 年版，第 197 页。

述为“消费被控制的官僚社会”，逐渐被简化为**消费社会**。列斐伏尔的学生鲍德里亚以此为名写下著名的《消费社会》。这一次，创造性异化于资产阶级制造出来的虚假消费之中。

> 当资本主义制度及其党羽（甚至敌人）在生产的前线（front de la production）遭受失败时，他们便竭力通过消费来间接地获得补偿。根据他们的指示，人在摆脱了生产者的功能之后，应当陷入一种新功能，即消费者的功能。工作时间的减少，休闲时间的模糊地带最终允许创造性的发挥。人道主义的伪君子（apôtres de l’humanisme）看似为创造性做出了贡献，实际上只不过是征集军队，准备在消费经济的战场上实施机动。①

这是十分深刻的分析。当代资产阶级的用心，是将原先只是在生产过程应用的创造性转移到一个新领域中来，即全部用来制造虚假欲望对象，调动人的虚假消费上来了。看起来，资本家像“人道主义的伪君子”一样提出“让

---

① [法]鲁尔·瓦纳格姆：《日常生活的革命》，张新木等译，南京大学出版社2008年版，第198页。

普通劳动者都能买得起东西”，无微不至地关心消费者，在他们设定的消费者功能中，劳动时间在缩短，休闲时间在增加，他者的欲望驱动着异化的创造性不断翻新，然而，最终的获利者还是资产阶级。在今天的资产阶级世界中，过去所有体现主体创造性的艺术、美学，都实现为景观广告中欲望制造的伪创造性，我们在电视机前、在智能手机上，无数拍摄精美、有极高艺术水准的影视画面，都用在了诱惑人们的虚假欲望上；复杂的信息技术和远程登录技术，使景观获得了可怕的魔鬼般构序能力，直接生成着自动生产人们世界图景的数字化先天综合构架，人的创造性在消费意识形态中异化为资本的创造性，这不能不说是一个巨大的悲剧。

其次，瓦纳格姆更想说的是，当我们通过革命实践排除了被操控的创造性异化，彻底颠倒了资产阶级的景观视角，我们将最终回到体现个人直接生命意志的**真实创造性**。这当然是一个理想。在他看来，“所有创造性的根源(origine)都存在于个体的创造性(créativité individuelle)之中；由此出发，一切生物与事物在极大的诗意自由(grande liberté poétique)中得以安排”①。这也就是说，瓦纳格姆的

① [法]鲁尔·瓦纳格姆：《日常生活的革命》，张新木等译，南京大学出版社2008年版，第199页。

真实创造性的本质是诗意自由。他用以反抗资产阶级景观世界的东西，是基于个人主体性的诗意创造，正是这种诗意的非异化的创造性可以给世界带来全新的面貌。不难看出，瓦纳格姆思考的基础是新人本主义的个人主体性，所以他以赞赏的口气援引新人本主义的始祖克尔凯郭尔，个人“主体性是唯一的真实”（La subjectivité est le seul vrai）。瓦纳格姆认为，“历史的进化将我们引向交叉路口，激进的主体性（subjectivité radicale）将在那里与改变世界的可能性相遇。这一幸运时刻正是视角的颠倒”[①]。在瓦纳格姆的眼里，唯一能改变世界的东西就是真实的个人主体性，坚持了没有被异化的诗意创造，就可以颠倒资产阶级景观的苟生视角。依靠个人主体性就能改变世界，说实话，这可能真是在激进左派中少有的唯心主义者。

依瓦纳格姆的看法，“真正的创造性是权力无法操纵的”。在今天的资产阶级世界中，一切被景观视角控制的创造性都是异化的，而通过革命颠倒了景观的视角，我们就可以获得个体生命独有的创造性，这样，

① ［法］鲁尔·瓦纳格姆：《日常生活的革命》，张新木等译，南京大学出版社 2008 年版，第 199 页。中译文有改动，参见 Raoul Vaneigem, *Traité de savoir-vivre à l'usage des jeunes générations*, Paris, Gallimard, 1992.p.249。

在个体创造性的实验室(laboratoires)里,革命的炼金术将日常中最为劣等的金属转变为黄金。首要的事就是要溶解关于束缚的意识(conscience des contraintes),也就是说要在对创造性具有吸引力的使用中,溶解无力的感觉;将束缚熔化在创造力的冲动和对才华的客观肯定之中。①

你看,瓦纳格姆的革命炼丹术是在"个体创造性的实验室"中玩耍的,恢复个人创造性的首要任务就是要溶解和摆脱一切束缚,彻底消除主体的无力感觉,并且,这种不被权力操纵的创造性是个人内心中的创造性火花,一种源自"本真生活的火花"(l'étincelle de la vraie vie)。那么,到底什么是瓦纳格姆所说的主体创造性呢?我们来看他的具体分析。

3. 个人创造性:自生性和诗意的质性

首先,真正的个人创造性的基础是不受控制的**自发性**(spontanéité)。或者说,"自发性是个人创造性的存在方

---

① [法]鲁尔·瓦纳格姆:《日常生活的革命》,张新木等译,南京大学出版社2008年版,第199页。

式”(La spontanéité est le mode d’être de la créativité individuelle)[①]。这是一种很奇怪的说法。在瓦纳格姆这里，自发性是一个人不受外部干扰、独立自主地发挥自己的主体创造性的过程。实际上，这是一种非常幼稚的想法。因为就算可以通过批判性的反思，拒绝资产阶级景观的支配，可是按拉康的构式逻辑，我们还处于无形的他者阴影之下。作为“在其现实性上一切社会关系总和的”任何个人，都不可能在现实生活中完全自发地生存。然而，在瓦纳格姆看来，这种自发性是完全可能的，但它不是出现在现实生活的物性存在之中，而是在人的主观性构境存在中。瓦纳格姆说，当人摆脱景观支配后，自发性则表现为，

> 它是个人创造性的原初喷发(premier jaillissement)，尚无瑕疵；既未在根源处受到腐蚀，也未受到操纵的威胁。如果说创造性是世界上分割得最为平均的事物，那么自发性(spontanéité)则恰恰相反，它似乎属于一种特权。只有下面这类人持有该特权，他们在对权力的长期抵抗中意识到自己的个人价值：革命瞬间(moments révolutionnaires)中的大多数人，比我

---

① [法]鲁尔·瓦纳格姆:《日常生活的革命》，张新木等译，南京大学出版社 2008 年版，第 200 页。

们想象更多的，是处于每天都在构建革命时代(temps où la révolution se construit)的人。在创造性的光芒尚存的每个地方，自发性还保留着它的机遇。[①]

显然，在瓦纳格姆看来，自发性不是指每个人都可能拥有的一般创造性，因为在景观视角中，绝大部分苟生人的所有创造力都可能受到控制和利用，而自发性是指没有受到腐蚀的创造性，它恰恰是在对权力的抵抗中产生的个人创造性，自发性已经彻底"摆脱了使人异化的抽象的控制，摆脱了景观操纵的控制"，它就是列斐伏尔所说的建构革命的自由瞬间。说到底，这是一种主观创造性和内在诗意体验。瓦纳格姆说，

> 在我看来，自发性构成了一种直接的体验，一种活着的意识(conscience du vécu)，这一活着被团团围住，受到禁令的威胁，不过尚未被异化，还未曾变得不真实。在活着的经验中心(centre de l'expérience vécue)，每个人与自己最为接近。在这个特权的时空中，我明

---

① [法]鲁尔·瓦纳格姆:《日常生活的革命》，张新木等译，南京大学出版社2008年版，第200页。中译文有改动，参见Raoul Vaneigem, *Traité de savoir-vivre à l'usage des jeunes générations*, Paris, Gallimard, 1992.p.250。

确地感觉到，真实使我不再认为必须要做某事，而且总是对必然性的意识(conscience d'une nécessité)引发异化。①

与资产阶级景观意识形态控制下的苟生意识不同，自生性的基础是没有被异化的真实生命的**活着**(vécue)意识，它不会经过景观的伪中介，自发性是离每个个人真实生命发生最近的直接瞬间体验，它就等于情境主义国际主张的**情境建构**，所以，它不会屈从于外部的必然性。其实，瓦纳格姆的这个等号是有问题的，因为情境主义国际的情境建构是一种革命集体诗意瞬间，比如“漂移”活动就不可能是一个人的漫游，而是集体的空间转换体验。

在诗人瓦纳格姆看来，这种源自个人内心的自发性如同人的即兴创作，它是发自生命自身的本己自然冲动。在此，他列举了爵士乐的愉悦(plaisir du jazz)情境，不同于我们通过音乐来感受节奏，爵士乐是通过自发的舞蹈来感受随意发生非连续性的节奏。美国爵士乐演奏大师道尔②曾

---

① [法]鲁尔·瓦纳格姆:《日常生活的革命》，张新木等译，南京大学出版社 2008 年版，第 201 页。中译文有改动，参见 Raoul Vaneigem, *Traité de savoir-vivre à l'usage des jeunes générations*, Paris, Gallimard, 1992.p.251。

② 道尔(Robin Dauer)：美国爵士乐演奏家。

经说，在爵士音乐和舞蹈中，人们恰恰是通过肢体运动来感受自发性的音乐节奏，“这种不连续性产生于不按节奏、令人着迷的重心，产生于符合节奏和音步的重音。不连续性在强加的静止重音和令人着迷的重音之间不断造成张力”[①]。与复杂的西方古典音乐调式和结构不同，来自非洲部族直接生活的爵士乐不受任何规则的支配，身体和动作的自发式摆动和随性节奏，创造了全新的革命性瞬间，也是在这个意义上，人们会将其音乐基础的蓝调(Blues)[②]指认为灵魂音乐，蓝调精神则喻指自由，无约束的自发性精神层次。在瓦纳格姆看来，这里列举的爵士乐中“创造的自发性瞬间是视角颠倒最微不足道的在场(infime présence du renversement de pespective)。这是一个统一的瞬间，也就是说既是单一的，又是多个的。真实乐趣的激发，让我在迷失时重新找回自我；在忘记自己姓甚名谁时清楚认识自我”[③]。这是说，较之于用古典音乐格式化我们的心灵自我来说，爵士乐中的自由摇摆看起来像

---

① ［法］鲁尔·瓦纳格姆：《日常生活的革命》，张新木等译，南京大学出版社2008年版，第201页。

② 蓝调(Blues)，也称布鲁斯音乐，为早期美国黑奴抒发情感时所吟唱的12小节曲式。

③ ［法］鲁尔·瓦纳格姆：《日常生活的革命》，张新木等译，南京大学出版社2008年版，第201页。中译文有改动，参见Raoul Vaneigem, *Traité de savoir-vivre à l'usage des jeunes générations*, Paris, Gallimard, 1992.p.252。

是人的迷失，但却是真实自己在真实乐趣的激发中回归本真性，也像我们在忘记被意识形态质询建构起来的“张三”时重归本真一样。这当然是一个比喻。在这里瓦纳格姆是想说，如果资产阶级的景观恰恰是利用各种规则和套路来规制人的生存，那么颠倒景观视角的自发性创造则是像蓝调音乐的自发摇摆一样，获得自己丢失的真实创造性瞬间。这里不恰当的地方，在于爵士舞蹈的自发性与景观证伪的意识形态斗争真的不是一回事，即使是意识到这种控制和压迫，也未必能真的逃出欲望对象的诱惑。

诗人瓦纳格姆告诉我们，

> 为了能够真正在活着(vécu)中确立思想，那么思想应当是自由的。只需在**相同**(*même*)的看法中想想**他者**(*autre*)。当你塑造自我时，想想他性的你自己(autre toi-même)，终有一日，会轮到你。这样便对我产生了自发性。这是对我与自我及世界不可分离(inséparable)的最高的意识。①

---

① [法]鲁尔·瓦纳格姆:《日常生活的革命》，张新木等译，南京大学出版社 2008 年版，第 202 页。中译文有改动，参见 Raoul Vaneigem, *Traité de savoir-vivre à l'usage des jeunes générations*, Paris, Gallimard, 1992.p.252。

依我的判断，这可能是一段非常深刻的拉康式话语。如果我们想彻底摆脱资产阶级景观中的苟生，真正在生命的活着中确立人的思想，那么就必须坚持个人主体在精神中的自由。在所有同质性观念中，我们透视到那个被认同的**无脸他者**；在自我的塑形中，想到那个被他者反向塑形起来的**伪自我**。当我们真正认识到自己与世界的存在论关联是对资产阶级景观意识形态这个最大他者的无形屈从，看清他者欲望背后资本家贪婪的嘴脸，我们就会获得独立的自发创造性，最终获得个人的真实生命存在瞬间。当然，做到这一点是极不容易的，因为这真的不会是一个主观精神革命的问题。

也是在这里，瓦纳格姆再次援引克尔凯郭尔的话，即意识到人的生命中不可透视的**支撑**(soutenir)问题。瓦纳格姆说，克尔凯郭尔所说的这个支撑就是他所发现的**激进的主体性**(subjectivité radicale)。

> 即意识到所有人都遵从同样的真正实现的意志，意识到在他者(autres)身上觉察出的主体意志(volonté subjective)，会加强他们自身的主体性。这种从自身起步的方法，放射光芒的方法，并非照向他者，而是照向在他们身上发现的自我的特质，这一方法赋予创造的自发性以一种战略地位，类似于发射基

地(base de lancement)的重要性。①

这种激进的主体性就是摆脱了他者支配的个人主体自由意志，就是把认同他者的光芒照回到自己身上，激发出自发性的自我创造，这是人的生命存在中具有战略意义的存在论基地。我们不难看到，这些观点都是唯心主义的主观决定论。

其次，激进的主体性的本质是个体性面向诗意的独特**质性**(*qualitatif*)。相对于资产阶级景观建构起来的无质的量化苟生，瓦纳格姆要建立一种**回到质性**的诗意生活。第一，在他看来，这种质性就是"平均分配在所有个体间的创造性，只有借助于某些特定瞬间(moments privilégiés)才能够直接地、**自发地**表达出来"②。摆脱景观，摆脱他者，我们才有可能从量化的物性世界中回到每个自己独有的创造性，你的生活必须有自己的特殊质性。有质性的特定革命瞬间，都会出现自发的创造性。也是在这个意义上，瓦

---

① [法]鲁尔·瓦纳格姆:《日常生活的革命》，张新木等译，南京大学出版社2008年版，第202页。中译文有改动，参见Raoul Vaneigem, *Traité de savoir-vivre à l'usage des jeunes générations*, Paris, Gallimard, 1992.p.253。

② [法]鲁尔·瓦纳格姆:《日常生活的革命》，张新木等译，南京大学出版社2008年版，第203页。中译文有改动，参见Raoul Vaneigem, *Traité de savoir-vivre à l'usage des jeunes générations*, Paris, Gallimard, 1992.pp.253-254。

纳格姆说，“质是一条捷径，一种浓缩物，一种与本质的直接交流（communication directe de l’essentiel）”。[①] 在量化的苟生中，人家有什么消费品，你也必须追逐什么消费品。在这种夷平化的量化关系中，人无法与存在的本质遭遇，而只有在差异性的质的诗意生活中，你清醒地内居于自我，知道自己的真实需要，绝不为景观制造的虚假欲望对象所诱惑，这样，人才能与自己的本质直接交流。第二，有质性的生活就是**面向诗意**的生命存在。依瓦纳格姆此处的观点，这里的诗意当然不是柔美的诗歌，而是革命性的活动，在一种**反抗状态**（états prérévolutionnaires）中，诗意“改变生活，改造世界（la poésie qui change la vie et transforme le monde）”[②]。显然，这个诗意概念是瓦纳格姆革命浪漫主义观念中最重要的核心范畴，这是需要我们认真对待的。

对于这个可以改变生活、改变世界的特殊的诗意，瓦纳格姆具体解释道，

---

① ［法］鲁尔·瓦纳格姆：《日常生活的革命》，张新木等译，南京大学出版社 2008 年版，第 203 页。中译文有改动，参见 Raoul Vaneigem, *Traité de savoir-vivre à l'usage des jeunes générations*, Paris, Gallimard, 1992.p.254。

② ［法］鲁尔·瓦纳格姆：《日常生活的革命》，张新木等译，南京大学出版社 2008 年版，第 203 页。

诗意——什么是诗意?诗意是对于创造自发性的组织(l'organisation de la spontanéité créative),是按照协调的内在法则对于质的开发利用。就是希腊人所称呼的POIEN,它是被回归到初次迸发时纯净状态的“做事”(faire),总之,是回归到总体性(totalité)。[①]

如果说从资产阶级景观支配下解脱出来,回到个人主体自发的创造性,是一个基本的方向,那么诗意则是对这种自发创造性的有意识地组织。这是一个很有趣的说法。我们可以想一下,前面瓦纳格姆以爵士舞蹈中的随性偶发动作比喻,将自发性界定为一种不受任何规制的创造性,那么诗意要对其进行有意识地组织,自发性如何在场呢?瓦纳格姆并没有想到这种逻辑链接。在他看来,诗意的关键性作用有二:一是消除量化同一,回到个体生命存在中差异性的质,因为“在没有质的地方,就不可能有诗意。诗意留下的空白由其对立物占据:信息,中继的规划,专业化,改革;总之是形式各异的碎片”[②]。当量化的消费信息

① [法]鲁尔·瓦纳格姆:《日常生活的革命》,张新木等译,南京大学出版社2008年版,第206页。中译文有改动,参见Raoul Vaneigem, *Traité de savoir-vivre à l'usage des jeunes générations*, Paris, Gallimard, 1992.p.257。

② [法]鲁尔·瓦纳格姆:《日常生活的革命》,张新木等译,南京大学出版社2008年版,第206页。

和专业化规制的碎片占据人的全部生活时，和人们一大早打开智能手机，被无数诱惑性的消费信息和“抖音”显像包围着，被夺走大部分生命时间一样，此刻的生活则成为没有质性的苟生。在瓦纳格姆这里，诗意的生活只能发生在拒绝了同质性的被景观支配的状态，真正进入有独特质性的差异性个体生命活动中。我遇到过多个欧洲学者，他们自觉拒绝使用彩色电视和手机，目的就是为了直接隔绝景观的浸入。二是让生活从消费性的价值关系中摆脱出来，真正回到“初次迸发时纯净状态的‘做事’”之中，这就是重建总体性生命存在。这也就是从巴塔耶的世俗世界回到干净的圣性世界，回到海德格尔提出的回到苏格拉底之前的“本有”和列斐伏尔所说的总体性的人。其实，海德格尔在黑森林中的小木屋生活就是这种拒斥现代性污染的干净生活。这里，瓦纳格姆以资产阶级世界中艺术的遭遇为例。他说，本来艺术活动的本质是具有独特质性的创造性，艺术的本质往往是批判性和否定性的，然而资产阶级的“消费社会将艺术简化为各种可消费产品（produit consommable）”，这里艺术活动被可大量复制和量化生产的景观所操控，而当艺术失去独特的质性（本雅明所说的“韵味”）时，它也就沦落为没有诗意的可变卖物。所以重新找回诗意，也是艺术复兴的根本。

瓦纳格姆说，**诗意总是在他处**（La poésie est ailleurs）。可是即使受到压制，诗意总会通过各种方式表现出来。

他说，

> 诗意首先存在于行动中，存在于生活的风格(style de vie)和对于这种风格的追寻中。诗意处处受到压制，却又遍地开花。在受到粗暴的压制后，它又在暴力中重新露面。在官僚们将其置于圣徒传记的文化中之前，诗意使骚乱神圣化(consacre les émeutes)，与反抗结党(épouse la révolte)，鼓动社会的伟大庆典。①

显然，瓦纳格姆这里的诗意，是理想中个人生活的独特质性，也是一个人应该显现出来的独有生活风格。虽然在资产阶级世界中，诗意会处处受到交换价值的打压，但它总会不屈地“遍地开花”；越是强暴性地压制诗意，它越是顽强地在暴力中突现出来，会成为反抗一切奴役和压迫的内趋力和武器(arme)。“从今以后，诗意的经验受到高度重视。对于自发性的组织将是自发性本身的事业。”②这真的有可能成为一个全民狂欢的“伟大庆典”，因为不久之后的红色“五月风暴”真的实现了这种预言。

---

① [法]鲁尔·瓦纳格姆：《日常生活的革命》，张新木等译，南京大学出版社2008年版，第209页。

② [法]鲁尔·瓦纳格姆：《日常生活的革命》，张新木等译，南京大学出版社2008年版，第209页。

第十章

新无产阶级：无奴隶的生命主人

在瓦纳格姆看来，不同于传统的封建专制统治和早期资本主义的经济剥削，当代资产阶级的奴役表现为深入日常生活细节的碎片化组织。所以，这也决定了今天无产阶级起来反抗的基本质性和形式：无产阶级今天的反抗不再是旧式的社会革命，而是基于诗意的激情和超越，由此成为没有奴性的主人；必须从根本上消除作为客观异化位置的资产阶级社会角色，以儿童般的纯净返回到真实生命的涌动。显然，这是一种诗人的不切实际的浪漫主义幻想。

1. 比较性的权力奴役史：统治、剥削和控制

瓦纳格姆说，在人类历史上，权力总是表现为对社会的某种组织和构序，一切统治者都是"通过这种组织维持奴隶制的状况"。在他看来，欧洲历史上已经出现过三个权力支配的大写概念：**上帝，国家，组织**（*Dieu*，*l'Etat*， l'Organisation)。上帝象征着中世纪黑暗的封建专制统治,国家象征着资产阶级的暴力机器,而组织象征着今天资产阶级的景观统治。这三种统治虽然都是维系奴役的组织,但本质相异,分别对应于三种统治的原则:"统治原则(Le principe de domination,封建权力),剥削原则(Le principe d'exploitation,资产阶级权力),组织原则(Le principe d'organisation,控制化权力)。"[①]封建宗法权力是可见的暴力统治,在那里,封建统治者是天子的替天行道,暴力是直接的杀戮和强权;而资产阶级的权力已经彻底消除了直接的可见暴力,它的统治建立在形式上平等、自由、博爱之下隐匿起来的剥削。在此,无形的饥饿皮鞭代替了滴血的屠刀;而现代资产阶级对世界的支配,则是更精妙的专家控制、遍地开花的景观和消费意识形态支配。我以为,瓦纳格姆的这个历史性的概括是形象而深刻的。

一方面,在不同时期的被统治者那里,三种统治原则之下的奴隶状态是各异的,

> 根据**统治原则**,倘若奴隶的存在会限制主人的存在,那么主人将予以拒绝。在**剥削原则**中,雇主赋予

---

① [法]鲁尔·瓦纳格姆:《日常生活的革命》,张新木等译,南京大学出版社2008年版,第210页。

劳动者的存在可以维持并壮大其自身的存在。**组织原则**将个人存在当作分数进行分类,并根据个人存在所具有的领导或执行能力的比率来进行。①

这是说,在封建权力之下,奴隶只是会说话的工具,主人不高兴了,则可以随意杀戮;而资产阶级的财富积累,则依托劳动者不断壮大的剩余价值生产和无耻的无偿占有;而在今天的专家控制社会中,所有人都会陷入分而治之的科学管理"分数"之中。

另一方面,如果转换到权力统治的角度,瓦纳格姆认为,这三种支配原则运用权力的方式和功能也会是不一样的:

> 统治是一种权利(droit),剥削是一种契约(contrat),组织是一个物的秩序(ordre de choses)。专制君主按照强权意志(volonté de puissance)实行统治,资本家根据利润法则(lois du profit)进行剥削,组织者进行规划(planifie),并且自我规划。专制君主希望独断专行,资本家追求不偏不倚,组织者力求理性客观。

---

① [法]鲁尔·瓦纳格姆:《日常生活的革命》,张新木等译,南京大学出版社 2008 年版,第 216 页。

封建领主的非人道是一种探索中的人道；剥削者的无人道试图通过诱惑来恢复名誉。这种诱惑由技术进步、安逸、对抗饥饿和疾病的斗争施加于人类。控制论专家的非人性是一种众人接受的非人性(inhumanité qui s'accepte)。①

我觉得诗人瓦纳格姆的优势是明显的，他可以通过生动的对比性关联，深刻地说明一个事物或一种现象的本质。这是诗人独有的透视感。在他这里，三种支配的原则在主奴辩证法的逻辑构式中各有质性。首先是封建统治中高高在上的**神授权利**，几乎中外所有封建主都会被装扮成"真龙天子"，他们从娘胎里带来的权利就是"上帝的奴隶和人群的主人(esclave de Dieu et maître d'hommes)"。这是外显和可以公开渲染的"强权意志"。瓦纳格姆说，"按照神话的要求，他之所以是人群的主人，因为他是上帝的奴隶——他被迫在内心混合了对于上帝的憎恨和敬畏，因为他必须服从于上帝，而又从上帝那里获得统治人群的

---

① [法]鲁尔·瓦纳格姆：《日常生活的革命》，张新木等译，南京大学出版社2008年版，第216页。中译文有改动，参见Raoul Vaneigem, *Traité de savoir-vivre à l'usage des jeunes générations*, Paris, Gallimard, 1992.p.270。

权力"[①]。因为是替天行道，所以他总是"独断专行"。这应该是东西方所有封建统治者的脸谱画像。

其次是资产阶级在"法律面前人人平等"的幌子下，通过**自愿的经济和法律契约**获得隐形经济剥削和政治压迫权力。一是资产阶级从市场交换中把持的权力是碎片式的权力。"资产阶级权力从封建权力的碎片中汲取养料。它是支离破碎的封建权力。"[②]在资产阶级世界中，权力不再集中于固定的有脸君王手中，属于个人的永久性权杖消失了，今天的权杖就是金钱，它不再固定属于个人，它是流动性的支离破碎的资本权力和"利润法则"，所有资本家都不过是资本关系的人格化。在瓦纳格姆看来，"资产阶级的领导者们在碎片般的权力中举止拘束，将这种碎片作为整体（总体别无其他），他们被迫眼睁睁地看着自己的威信在景观解体的腐蚀下支离破碎"[③]。其实，瓦纳格姆的这个判断是不对的，资产阶级拒绝集中的权力是自觉的，也不会因为没有显性的权力而困窘，因为权力的碎片化和分散微观化，正是资产阶级权力发生支配作用的隐秘机制。二

---

① [法]鲁尔·瓦纳格姆：《日常生活的革命》，张新木等译，南京大学出版社2008年版，第211页。

② [法]鲁尔·瓦纳格姆：《日常生活的革命》，张新木等译，南京大学出版社2008年版，第215页。

③ [法]鲁尔·瓦纳格姆：《日常生活的革命》，张新木等译，南京大学出版社2008年版，第215页。

是不同于封建主人可见的皮鞭，剥削中的支配已经是建立在自愿契约基础之上的饥饿的隐形皮鞭，资本家总会在被标榜为公开、公正、平等和不偏不倚的“客观理性”的伪装下，通过财物的诱惑掳获劳动者。这时并非没有了主人，而是主人变成了人自己创造出来的物，“主人并没有消失，而是蜕化变质了。不再有主人，而只有权力的奴隶消费者(esclaves-consommateurs de pouvoir)，他们通过所消费权力的程度和数量而互相区别”①。也是在这里，金钱成了世俗生活中的上帝，而当“商业交易的上帝成了池鱼笼鸟，如同贴现率一般可以测量、毫无生气，他无地自容，销声匿迹了。Deus absconditus②”③。瓦纳格姆在这里改写了帕斯卡“隐匿的上帝”的原初语境，他把不甘心的价值悬设(“打赌”)变成了市场交换和消费狂潮中看不见的手。这是深刻的观点。

三是今天的资产阶级景观控制社会中看不见主人面孔的全新**无形支配权力**。新型的资产阶级组织原则已经不再是有脸的统治者直接奴役人，而控制就是按照科学知

---

① [法]鲁尔·瓦纳格姆:《日常生活的革命》，张新木等译，南京大学出版社2008年版，第214页。

② 拉丁语，意为“隐匿的上帝”。

③ [法]鲁尔·瓦纳格姆:《日常生活的革命》，张新木等译，南京大学出版社2008年版，第218页。

识有效管理社会定在的过程。今天，表面上没有了奴役和压迫，因为资产阶级对自然的控制和对社会的统治就是世界中“物的构序”（ordre de choses）。这是福柯出版的《词与物》（*Les mots et les choses*，*Une archéologie des sciences humaines*，1966）的核心构式逻辑。这里，我们遭遇的最大现实是，科学专家通过科学管理控制社会生活，这是所有被统治者都无法反对的非人为性。弗罗姆曾经说过，今天被压迫者站起来举枪都不知道瞄准谁。你能打知识和法律吗？这恰恰是韦伯所揭示的科层制和**法理型社会**的厉害之处。瓦纳格姆感慨地说，“如今，在人类方面运用的自动化和控制论可以构建古代主人和历代奴隶的梦想，因而现在只有社会的无定形混合物（magma socialement informe），在每个个体身上，这种杂乱使主人与奴隶的微小碎片（parcelles dérisoires）混合在一起”①。这是说，在今天的资产阶级世界中，每个人都生存于一个微小的专业化分工劳作碎片和单一日常生活的消费碎片之中。如果说与剥削原则下市场交换权力的碎片化不同，今天的控制社会中的碎片化是日常生活中个人生存本身的碎片化，而“专家便是这些碎片化的主人”。在今天的每时每刻，我们会

---

① ［法］鲁尔·瓦纳格姆：《日常生活的革命》，张新木等译，南京大学出版社 2008 年版，第 214 页。

在不同的媒体和网络景观中，看到各种专家意见，告诉我们如何科学健康地生活，如何合理化地规划存在的每一瞬间，现在，当代资产阶级的“生产和消费的控制论组织必然会经历对日常生活的控制、规划和合理化”①。

在瓦纳格姆看来，当代资产阶级所制造的这第三种专家控制和景观支配是最可怕的奴役。因为今天资产阶级制造出来的控制社会像一所少年管教所，

> 我们的少年教养院是让人愚笨的机器(machine à décerveler)，它就是景观。现在的主人和奴隶是它忠实的仆人、配角和导演。谁希望审判他们呢？他们将申辩无罪。事实上，他们确实无罪。他们需要的不是厚颜无耻，而是自发的供认；不是恐惧，而是同意的牺牲者(victimes consentantes)；不是力量，而是患受虐狂的群体(troupeaux masochistes)。统治者的托词存在于被统治者的怯懦之中。这下倒好，所有人都是被统治者，像物品一样受到一种抽象权力的摆布，受到自我组织的操纵。自我组织的法则强加于所谓的领

① [法]鲁尔·瓦纳格姆：《日常生活的革命》，张新木等译，南京大学出版社2008年版，第217页。

导者。人们不审判事物，而是阻止它们造成危害。①

说今天的资产阶级世界是一所少年管教所，意指原先天真无邪的孩子，被管教成在平庸的日常生活中麻木苟生的人，处于被景观意识形态脑浆搅拌机粉碎后的无脑状态。科学知识都是对的，我们无须再通过自己的独立思考；无处不在的景观让我们变得愚笨，它让我们既是疯狂消费的仆人，又是参与这场闹剧的配角，而这一切都是建立在把自己变成"同意的牺牲者"和"受虐狂的群体"的基础之上的，所有人都是抽象的资本权力、科技意识形态和景观生产的欲望对象（消费品）的奴隶。瓦纳格姆说，早期资本主义"生产社会所开启的东西，如今由可消费物的独裁（dictature du consommable）完成了。组织原则使无生命的物品对人类的真正控制臻于完善"②。因为，今天的控制社会中起组织支配作用的是客观的物的科学规律，支配我们的主人是自己疯狂追逐的消费物，人们不能审判自己心爱的洗衣机和汽车，无法说科学不对，这让人们无从反抗，即使是怒而奋起端上枪，也不知道向谁开火。这可能

---

① ［法］鲁尔·瓦纳格姆：《日常生活的革命》，张新木等译，南京大学出版社2008年版，第215—216页。

② ［法］鲁尔·瓦纳格姆：《日常生活的革命》，张新木等译，南京大学出版社2008年版，第217页。

是那些失意阴暗的人，跑到学校门口无目的地伤害孩子们的真实内心。他想报复伤害了自己的社会，可是“社会”又在哪儿呢？

在瓦纳格姆看来，今天资产阶级对人的奴役和统治不再表现为可见的暴政渲染，“我只是想说，统治和镇压的低劣乐趣正在逐渐消失。资本主义开启了剥削人的需要，而不需从中获得激情享受。没有虐待，没有让人痛苦的消极存在乐趣，甚至没有人性的倒错，没有反向的人性(l’humain à rebours)。物品的统治(règne des choses)得以实现”①。如同福柯在《规训与惩罚》开始所描述的那样，资产阶级的统治是从消除公开的杀戮开始的，由经济剥削起始的奴役是静悄悄的，法律和科学知识的自我规训把人的直接痛苦和哭泣变成了无怨无悔的服从，虚假欲望对象的疯狂消费对人的支配甚至被装扮成走向幸福生活和丰满人性的实现。人可以在自我焦虑中自杀，那是因为他之外的一切都是对的、合法的，只是你自己无能。资产阶级法权的核心，其实是**活该性**(serve right)。这个活该性，是我对韦伯资本主义精神的通俗表征。这是每个活在资产阶级世界中的人一句不断重复的旁白和心里活。因为与专

① [法]鲁尔·瓦纳格姆：《日常生活的革命》，张新木等译，南京大学出版社2008年版，第217页。

制社会中的强迫性奴役不同，市场交换中的被剥削，法制关系中的政治压迫，景观意识形态中的被支配，表面看起来都是自愿的。今天它最经常出现的地方是证券公司门口贴着的公告："股市有风险，入市需谨慎。"如果你赔光七大姑八大姨那儿借来的全部钱，那么活该！在那些推销低劣保健品的广告最后，都有小声的一句嘟囔："本品不能代替药品！"如果你高价吃了这些东西对身体无益，那么活该！

2. 用诗意推翻资产阶级的统治

瓦纳格姆认为，时至今日，当代资产阶级的新型权力统治应该被推翻了，并且革命的力量只能来自无产阶级。在这一点上，瓦纳格姆并没有改变马克思、恩格斯关于革命主体的基本判断。他说，与资产阶级只是拥有对抗封建专制的武器不同，无产阶级可以"从自身获得可能的超越(dépassement possible)"。这听上去还是可以接受的。然而，具体到无产阶级如何推翻资产阶级的新型统治时，瓦纳格姆给出的答案就令人瞠目了。他说，

> 无产阶级是一种诗意(poésie)，它暂时被统治阶级或技术权威的组织异化了，不过它随时都会爆发出

来。无产阶级是生活意志(volonté de vivre)的唯一拥有者,因为它深刻认识到,如果仅仅是苟生(survie),那实在令人难以容忍。无产阶级将借助意愿的冲击波和创造性的自发暴力(violence spontanée de sa créativité)来摧毁束缚的高墙。所有尽情的欢乐,任何由衷的笑声,它都已经有了。它从自身汲取力量和激情。①

瓦纳格姆对无产阶级革命性的定义,显然已经远离马克思、恩格斯的《共产党宣言》。1923 年,青年卢卡奇在《历史与阶级意识》中将无产阶级描述为一种代表历史总体的主体性时,他已经错认了列宁"十月革命"中表现出来的阶级能动性。而在这里,无产阶级砸碎资产阶级景观和消费意识形态锁链的现实斗争武器,却被虚无缥缈的主观诗意取代,这当然是一个不能容忍的历史倒退。在诗人瓦纳格姆的眼里,资产阶级的现实统治似乎在生活意志中就能摧毁,然后摆脱了日常生活苟生的人们就可以尽情欢乐,发出由衷的笑声。这真是天方夜谭。我前面已经说过,在瓦纳格姆的批判性诗性话语中,他对当代资产阶级景观世界

---

① [法]鲁尔·瓦纳格姆:《日常生活的革命》,张新木等译,南京大学出版社 2008 年版,第 219—220 页。中译文有改动,参见 Raoul Vaneigem, *Traité de savoir-vivre à l'usage des jeunes générations*, Paris, Gallimard, 1992.p.274。

的批判时常会有深刻的表述，然而一旦让他给出革命的现实道路时，却只有可笑的唯心主义空话。然而，还有一个需要我们思考的问题是，1968 年红色“五月风暴”的发生，表面上却真是按照瓦纳格姆的诗意文化革命逻辑践行的。

首先，瓦纳格姆说，在诗意的新型无产阶级革命中，可以区分三种摧毁资产阶级现实统治的**激情**（*passion*）。一是“对物化秩序的破坏（destruction de l'ordre réifïé）中的激情”，即打破景观生产的物化构序的激情。在瓦纳格姆看来，“这种激情施加于对象（objets），即立即能够服务于人的对象；无需人类自身的中介”[①]，而同时“摧毁了抓住物的秩序紧紧不放的人，即拥有碎片化权力的奴隶”[②]。在这种激情革命中，先是物不再经过市场交换的中介，直接服务于人；然后再消除占有碎片化权力的资本家。说真的，瓦纳格姆这里对激情的滥用，让人想起黑格尔在历史哲学中贬斥的作为反讽对象出场的“激情的个人”。我们不知道，不改变资本主义的商品-市场经济制度，如何消灭作为客

---

① ［法］鲁尔・瓦纳格姆：《日常生活的革命》，张新木等译，南京大学出版社 2008 年版，第 220 页。中译文有改动，参见 Raoul Vaneigem, *Traité de savoir-vivre à l'usage des jeunes générations*, Paris, Gallimard, 1992.p.275。

② ［法］鲁尔・瓦纳格姆：《日常生活的革命》，张新木等译，南京大学出版社 2008 年版，第 220 页。中译文有改动，参见 Raoul Vaneigem, *Traité de savoir-vivre à l'usage des jeunes générations*, Paris, Gallimard, 1992.p.275。

观经济活动结果的颠倒物化(事物化)关系和资本关系人格化的资本家?二是"**摧毁束缚**(*détruire les contraintes*)**的激情**,即砸碎锁链的激情"。这一回,瓦纳格姆请出的是萨德。这可以理解。在萨德的疯狂色情激情喷涌中,一切道德边界和文化等级都被打碎了,然而,资产阶级的现实锁链真的不只是伦理和文化束缚。三是"**纠正悲惨的过去的激情**,即回复到落空的希望的激情"①。不要"悲惨的过去",这种没有所指的空洞抒情能指越来越像诗文了。瓦纳格姆说,

> 推翻权力,成为无奴隶的主人(maître sans esclaves),纠正过去。这种乐趣赋予每个人的主体性以优势的地位。在革命的时刻,每个人都应邀自己书写自己的历史。**实现自由的事业**,一下子不再是一项事业,它**始终与主体性相结合**。唯有这样的一种视角才能使各种可能物陶醉,在人人伸手可及的所有享乐中头晕目眩。②

① [法]鲁尔·瓦纳格姆:《日常生活的革命》,张新木等译,南京大学出版社2008年版,第220页。

② [法]鲁尔·瓦纳格姆:《日常生活的革命》,张新木等译,南京大学出版社2008年版,第221页。中译文有改动,参见Raoul Vaneigem, *Traité de savoir-vivre à l'usage des jeunes générations*, Paris, Gallimard, 1992.p.276。

原来,瓦纳格姆的“无产阶级”只是一个外部说法,革命的主体在实质上仍然是他无比喜爱的个人主体性。纠正悲惨的被奴役的过去,推翻资产阶级的统治,是个人书写自己历史的自由事业。也是在这个绝对主观构境的意义上,个人成为自己生活的主人,并且这个主人不再奴役他人,成为“无奴隶的主人”。瓦纳格姆不仔细思考的问题在于,现实地推翻资产阶级的权力统治和景观意识形态支配,仅仅靠诗人的激情和革命情怀是不够的。每个人要能书写自己的历史,他首先是要能够满足自己物性的衣食住行,能够摆脱资产阶级在经济构式中的百般控制,这些现实的改变,离开了历史唯物主义指引下的现实经济政治革命,说到底,不彻底推翻资本主义制度,是绝不可能做到的。

其次,在新型的诗意革命中彻底推翻强加给人们的统治,主要表现为三种**超越**(dépassement):一是“对家族制组织(l'organisation patriarcale)的超越”;二是“对等级化权力(pouvoir hiérarchisé)的超越”;三是“对主观任意性、对专制任性(l'arbitraire subjectif、caprice autoritaire)的超越”①。显然,瓦纳格姆这里提出的三种超越,并没有相应严格的历史性构式背景。一是在瓦纳格姆的眼里,家族制本质是

---

① [法]鲁尔·瓦纳格姆:《日常生活的革命》,张新木等译,南京大学出版社2008年版,第221页。

东陵慈禧墓前的汉白玉石雕上的"凤压龙"

封建宗法关系中"贵族的魔力和世代相传的能量",封建主的所有潜能和孩子般的任性"源自过去"(provenait du passé),世袭的"等级体系将主人固定化"①(maître immobilisé par son système hiérarchique),如果用马克思的话来表述,即封建制的秘密是"动物学",即从娘胎里带来的不合理性的东西。像慈禧太后这样的妇人,想杀谁就

① [法]鲁尔·瓦纳格姆:《日常生活的革命》,张新木等译,南京大学出版社2008年版,第222页。

杀谁，让石雕上的龙压凤的构序颠倒过来[①]，这种儿童般的任性和不讲理，只能源自道成肉身的天授神权。

二是真正超越这种基于血缘关系的家族组织的等级制的，当然是资产阶级。资产阶级用以超越家族制组织的东西是科学技术组织，它释放了被人的组织压抑的力量，因为封建的“等级体系、人对人的权力（pouvoir de l'homme sur l'homme）会阻止我们认清真正的对手，禁止对周围环境中的真正改造，而将此改造局限于适应环境的需要中”[②]。瓦纳格姆没有直接分析资产阶级革命的本质，依上面的讨论可知，景观与技术的组织的确打破了宗法关系，但它仍然生成了新的无脸的等级组织。这也就是说，资产阶级并没有真正消灭权力统治，只是用一种新型的看不见的权力组织代替了可见的强权。

特别有意思的是，瓦纳格姆竟然还赞同马克思和列宁的无产阶级专政理论。这真是出乎我的意料。他说，无产阶级反对资产阶级的统治，依照马克思和列宁的设想，在过渡时期仍然会建构一种无产阶级专政（dictature du

---

① 在东陵慈禧墓前的汉白玉石雕上，出现了凤在龙上的倒序现象。

② ［法］鲁尔·瓦纳格姆：《日常生活的革命》，张新木等译，南京大学出版社 2008 年版，第 222 页。中译文有改动，参见 Raoul Vaneigem，*Traité de savoir-vivre à l'usage des jeunes générations*，Paris，Gallimard，1992.p.278。

prolétariat)，这是因为，对待暴力只能用暴力来打碎。所以，在走向消灭一切统治的实践进程中，无产阶级仍然

> 需要经历一个自我否定的专政(dictature qui se nie elle-même)，如同一个政党，“它的胜利同时也是失败”；如同无产阶级自身一样。无产阶级应当通过专政立即否定现行秩序(négation à l'ordre du jour)。别无他法，只有在极短的时间内消灭那部分人——按照形势需要来决定是血流成河还是兵不血刃——那些阻碍全面解放的计划的人，那些反对无产阶级结束自身作为无产阶级的身份的人。无产阶级应当彻底消灭这些人，正如消灭迅速繁殖的害虫一般。①

这是让我十分吃惊的一段话。因为它像是“脑筋急转弯”，主张个人主观性和诗意革命的瓦纳格姆在政治观点上仍然肯定无产阶级专政，并且他对马克思关于无产阶级专政概念的理解是基本正确的。他说，在打碎资产阶级政治统治的过程中，必须消灭一切反对人的“全面解放的计划的人”。当然，无产阶级最后会消灭作为阶级存在的自

---

① [法]鲁尔·瓦纳格姆:《日常生活的革命》，张新木等译，南京大学出版社2008年版，第222—223页。

己，进而消灭一切统治。这个跳跃有些太大了。因为瓦纳格姆在全部论述中，并没有提出过推翻资产阶级的政治统治和消灭国家的问题。在一定的意义上，在革命实践的具体道路上，一旦遇到资产阶级强大的武装压迫和暴力镇压，先锋艺术家和激进的左翼学生是有可能选择更加激进的革命方式的，比如在红色“五月风暴”之后出现的意大利“红色旅”①和日本的“赤军”②。

---

① “红色旅”(意大利语：Brigate Rosse，常被缩写为“BR”，英文：Red Brigades)，意大利的左翼游击队。成立于1970年，主要创建者为意大利特伦托大学的一名社会学学生雷纳托·库乔(Renato Curcio)，他的女友玛格丽塔·卡戈尔(Margherita Cagol)和阿尔贝托·弗朗切斯基尼(Alberto Franceschini)等人。“红色旅”的宗旨是“武装对抗资产阶级”，它的标志为一挺机关枪和一颗五角星。初期，这些左翼学生们则向工人宣传马克思主义，鼓动他们通过暴力方式推翻资产阶级统治。“红色旅”发动了“使权力机构残废”的活动，他们的成员利用各种机会射击政府官员的膝盖，以此来象征瘫痪的政府机构。该组织最著名的行动之一，是在1978年绑架并杀害了意大利前总理阿尔多·莫罗。“红色旅”后来发展成为“政治-军事共产党”(Partito Comunista Politico-Militare)，仍被意大利政府认定为恐怖组织。

② 1969年，由激进的日本学生组成的“赤军”诞生。赤军的纲领是建立所谓平均主义的工人世界，打倒帝国主义和资本主义。他们相信，实现革命的途径就是进行武装斗争。1970年3月，赤军派为呼唤世界革命，劫日航飞机“淀号”飞往朝鲜，震惊世界。劫机者九人中大多数是一流大学的高才生，年龄最大的田宫高磨只有二十七岁，最小的柴田胜宏只有十六岁，还是高一的学生。1972年5月30日，“赤军”分子在以色列特拉维夫机场劫持两架日本飞机，导致24人死亡、76人受伤；1974年9月，袭击法国驻海牙大使馆；1977年9月28日，5名日本赤军分子劫持了一架由巴黎飞往东京的日本航空公司的飞机，要求日本政府释放被捕

3. 反对资产阶级的角色：儿童般任性的天真

在诗人瓦纳格姆看来，无产阶级用以取代一切统治的东西，除了上述的诗意，还有没有被社会异化玷污的孩子般的纯净。这也是只有诗人才能想出来的主意。在情境主义国际的革命艺术那里，约恩等人早期的“眼镜蛇”运动中，也有类似的观念。为了摆脱资产阶级的表象系统，“眼镜蛇”成员是自觉转而向儿童手绘、涂鸦艺术和原始人的自发性艺术（包括史前艺术与原始主义艺术）创造寻求灵感，同时，也诉诸精神紊乱者的经验。在他们看来，“孩子不知道任何其他的规律，也觉得没有必要表达任何其他的东西。原始文化也是如此，这就是为什么它们对今天被迫生活在一种不真实、谎言和不育的病态氛围中的人类如此有吸引力”①。其实，阿甘本后来也在《幼年与历史：经验的

的赤军成员并勒索巨款；1988 年 4 月，他们攻击了美国在那不勒斯的一家劳军联合组织的俱乐部，造成 5 人死亡。由此，日本赤军被西方国家列为日本第一个国际性的恐怖组织。后来，在日本政府的严厉打击下，赤军逐渐销声匿迹。赤军组织大部分领导成员逃到了中东，隐居在黎巴嫩的贝卡谷地。领导成员之一的丸冈修在 1987 年被捕，最重要的成员重信房子，也在 2000 年 11 月被捕。

① 《眼镜蛇宣言》，参见拙著《烈火吞噬的革命情境建构——情境主义国际思潮构境论映像》，“附录”。此书近期将由南京大学出版社出版。

毁灭》(*Infanzia e storia*: *Distruzione dell'esperienza e origine della storia*[意大利语], Guilio Einaudi, 1978)中将当代资本主义生存中的人类比作成年期的生命体,而回溯式地反举了一种所谓天真的怀抱期冀的**幼-年**(*in-fancy*)①期,并由此反观我们今天的生活中缺失的某种内在方面。因为依瓦纳格姆之见,只有在儿童那里,才会出现没有进入社会角色的真实生命存在。这里需要做一个对比性分析。与传统人本主义的异化逻辑不同,瓦纳格姆这里的"应该"并不是一种抽象的价值悬设,比如费尔巴哈和青年马克思所主张的人应该具有的类本质,而是每个个体生命都已经经历的儿童时代。这不是逻辑上的**应有**,而是现实中的**曾有**。

瓦纳格姆说,角色是现代资产阶级景观意识形态统治的基础。所以,革命除了消灭直接形式上的资产阶级专政之外,还应该自上而下地思考这一问题,即真正消除生成现代资产阶级等级制的生存基础——社会角色。这是一个更根本的问题。他认为,"每个个体身上一丝一毫的威

---

① 在这里,阿甘本将"infancy"(幼年)通过加短线建构为一个别有新意的词"in-fancy",这显然是受到海德格尔短线构词法的影响。在海德格尔那里,往往一个词在经过短线间距化后会重新构境为对旧有词境的解构后的新境,如"Da-sein"已经不再是存在论中的此在(地球的次主人),而是本有论中的**内省此-在**(大地的看护者)。

信愿望(velléités de prestige),最不起眼的等级要求(prétentions hiérarchiques),都应该彻底摧毁,在与这些奢望,即角色的对抗中,从容地激发人们去接近真实的生活”①。在每一个景观分配和指定的社会角色当中,向着无形等级金字塔爬上权力和财富的高位,是苟活人生的目标,要消除一切权力统治和奴役,更重要的是必须摧毁权力存在的角色基础,这样才有可能激励人们走向真实生活。

瓦纳格姆认为,资产阶级所制造的社会角色,是一种客观等级结构中的苟生位置,人们通过社会教化,走进社会体制已经先在的不同社会角色——工人、农民、工程师、老师和政客,在瓦纳格姆看来,这些角色位置都不是人们应该具有的“真实的生活”,不过是远离真实生命活动的谋生手段。资产阶级社会角色存在的前提,是从客体出发的被动性,流水线和科层制中的谋生活动里是绝不能出现个人主体性的。恐怕,这也是瓦纳格姆坚决反对资产阶级社会角色的根本缘由。他说,奴役性“角色的终结将导致主体性的胜利(triomphe de la subjectivité)。人们最终认清

① [法]鲁尔·瓦纳格姆:《日常生活的革命》,张新木等译,南京大学出版社2008年版,第223页。

了这种主体性，将其置于考虑的中心”[①]。如果角色存在是屈从于等级结构，那么消除角色就会重新回到生命的主体性。瓦纳格姆认为，破除社会异化中角色苟生，回到主体性生存，会让我们重新唤醒已经丢失的儿童般的纯净主体性，从中可以“按照个人主体性的要求重新构建”起“新的客体性”(nouvelle objectivité)和“新的自然”(nouvelle nature)。而这一切个人主体**应该具有**的本真性存在，在资产阶级世界的成人角色里都统统沦丧和异化了。

在诗人瓦纳格姆的眼里，只是没有异化的儿童的孤独世界才会向“原始的无限性(immensités primitives)敞开大门，一切棍棒都是魔棒”。这里的棍棒是拉康意义上的他者关系，伸向孩子的规训魔杖，开始会是想象域中的小他者，即身边的亲人，然后是幼儿园和学校中的老师；再往后，会是语言符码建构起来的象征域中的大他者认同，孩子成人走上社会后，就是关系性的伦理规范、工作纪律、法律规则和意识形态质询。瓦纳格姆说，正因为孩子还处在复杂的社会异化关系之外，没有角色的客观强制，所以原始的无限性在断裂的孤独主体的任性中自由地展开。

① [法]鲁尔·瓦纳格姆:《日常生活的革命》，张新木等译，南京大学出版社2008年版，第223页。中译文有改动，参见Raoul Vaneigem, *Traité de savoir-vivre à l'usage des jeunes générations*, Paris, Gallimard, 1992.p.279。

康斯坦特的*After Us, Liberty*,1949 年

瓦纳格姆充满激情地说,“儿童和他至高无上的主体性,儿童和如自发性窸窣作响般的欢笑,儿童和与自己对接以照亮世界的方式,这种方式以异常亲切的光芒照亮所有的客体”①。这是对的。小时候的我们躺在草地上,可以在云朵里看到奔马,能够在星星的光亮中看到小精灵,那是一个充满诗意的主体性世界。可不幸的是,

① [法]鲁尔・瓦纳格姆:《日常生活的革命》,张新木等译,南京大学出版社 2008 年版,第 224 页。中译文有改动,参见 Raoul Vaneigem, *Traité de savoir-vivre à l'usage des jeunes générations*, Paris, Gallimard, 1992.p.280。

> 随后，儿童自我适应，变成社会化的和可社会化(social et sociable)的人。孤独逐渐消失，儿童不由自主地选择了衰老，无限性像童话故事书一样重新合上。世界上没有人最终会走出青春期的污浊之地。童年本身逐渐被消费社会所殖民(colonisée par la société de consommation)。①

这里，瓦纳格姆显然异轨了德波"资本对日常生活的殖民"一语，不过它变成了孩子们的天真生命"被消费社会所殖民"。用弗洛伊德的话来解释，就是儿童时代属于真实生命的本我(原欲)，在遭遇外部的超我(先在的社会关系)之后，教化(压抑)成为社会异化的成人自我，文明和社会化的代价就是童年的无限世界在进入社会角色之后的关闭。瓦纳格姆将这一本我向超我的投降，看成是今天消费社会对儿童世界的全面入侵，最终，孩子成人即社会化为景观角色。

在今天资产阶级的日常生活中，所有"长大了"的成人都被消费社会所殖民和景观角色赋型。在这里，我们不再

① [法]鲁尔·瓦纳格姆：《日常生活的革命》，张新木等译，南京大学出版社2008年版，第223页。

从孩子独有的任性主体性出发，一切现象都会成为客观的**有用的功效性**向我们呈现，于是，一切物都处于“囚禁事物的社会异化”(d'aliénation sociale qui emprisonne les choses)之中，其结果必然满眼都是可消费和可炫耀的商品，“我们失去了物的美丽(beauté des choses)和它们的存在方式(façon d'exister)”。瓦纳格姆认为，在这里，“没有生命的事物控制着主体性”，也就是我们创造出来的物质力量反过来奴役我们，即**物役性**现象①。“从权力的角度看，石块、树木、食品搅拌器、回旋加速器都是没有生命的客体，是一个个十字架(croix)，竖立于他者之看和改变的意志(volonté de les voir autres et de les changer)当中”②。这里的石块不是自然的物，而是原始人开始从事劳动生产的石器；树木也非原生的森林，而是筑起房屋的栋梁；食品搅拌器已经是小玩意，而加速器则是我们拷问自然的刑具。显然，这里发生的对自然存在的观察(“看”)，已经不是儿童的天真之眼，而是作为欲望对象的有用的财物之**他者之看**，它基于那种**改变世界**的深深的占有意志。海德格尔正

---

① 关于物役性概念的讨论，可参见拙著：《马克思历史辩证法的主体向度》，武汉大学出版社 2010 年第三版，第三章。

② [法]鲁尔·瓦纳格姆：《日常生活的革命》，张新木等译，南京大学出版社 2008 年版，第 224 页。中译文有改动，参见 Raoul Vaneigem, *Traité de savoir-vivre à l'usage des jeunes générations*, Paris, Gallimard, 1992.pp.280-281。

是在这个构境层中批评马克思的实践逻辑。这样，我们才能理解瓦纳格姆的深刻透视，即在这些人造客体的背后，是一个个死去的自然本有，所以**人造客体的在场**就是真实存在死亡的"一个个十字架"。应该说，瓦纳格姆这里的分析是深刻的。

瓦纳格姆说，今天"无产阶级的问题不再是夺取权力，而是要最终结束权力。在等级化世界的另外一面，各种可能性在向我们走来。与苟生相比，生活的至上将是拆除历史的历史性运动（le mouvement historique qui défera l'histoire）"①。准确地说，无产阶级推翻资产阶级的统治，并不是要重新建立一种永久的权力，而为了最终消除一切权力和压迫。他提出，如果要超越日常生活的苟生，就必须拆除强加给人类生活的社会异化的历史性，重返儿童般的纯净主体性。乍听上去，这真是天真的话语。我理解，这种消除了社会异化苟生的主体性，当然不是让我们真的再回到孩子的懵懂情境，人不可能不长大，但人可以在摆脱景观意识形态的角色之后，在马斯洛所说的"第二次天

① ［法］鲁尔·瓦纳格姆：《日常生活的革命》，张新木等译，南京大学出版社2008年版，第225页。中译文有改动，参见 Raoul Vaneigem, *Traité de savoir-vivre à l'usage des jeunes générations*, Paris, Gallimard, 1992.p.281。

真”(second naivete)[①]中重新创造一种新型的人类与宇宙的对话(dialogue)。这是一种新自然观。瓦纳格姆提出,“这一对话十分近似于地球上最早的居民与宇宙之间的对话,不过这一次是在一个更高的等级上,高于史前史(préhistoire),类似手无寸铁的原始居民在奥秘面前那种敬畏的战栗(respectueux tremblement)”[②]。这也不是回到还是自然的奴隶时的原始人类的生存状态,而是让人彻底摆脱功效性的他性客体的控制,用海德格尔本有论哲学话语来说,就是弃绝存在地“泰然让之”,友好地站在自然宇宙面前,成为“真正的人”(l'homme réel)。当然,瓦纳格姆也意识到,光凭个人自己是无法实现人的主体性的,这就需要一种非权力的人类组织(organisation humaine)。这倒是对他自己的个人主体性构式的一个否定。他认为,在这种社会组织之中,“个人创造性尽情发挥其能量”(créativité individuelle va laisser libre cours à son énergie)。

① 在马斯洛那里,他提出一种存在性认知,即用**第一次**看到对象的本真境界来认知对象,常常将此比喻为儿童“天真的眼睛”,儿童是睁大了眼睛,用毫不挑剔和纯真无邪的眼光来看待世界的,他们只是注意和观察事实是什么,对它并无争论或者要求。对于成年人来说,存在性认知就是“第二次天真”。[美] 马斯洛:《人性能达的境界》,林方译,云南人民出版社,1987 年版,第 250 页。

② [法] 鲁尔·瓦纳格姆:《日常生活的革命》,张新木等译,南京大学出版社 2008 年版,第 225 页。

瓦纳格姆说，

> 我不知道有谁像抓住自己的珍宝那样，紧紧抓住这个世界。毫无疑问，许多人松手以后，任由绝望的激情坠入深渊，其激情不亚于他们紧抓这些激情的时候。人人都希望自己的主观性获得胜利：因此，应当在志同道合的基础上建立人类的联盟(l'union des hommes)。没有他人的帮助，没有团体的帮助，任何人都无法加强自身的主观性。团体自身已成为主观性的中心，一个反射其成员主观性的忠实镜像(reflet fidèle)。直到现在，情境主义国际(Internationale Situationniste)是唯一一个坚决捍卫根本主观性的团体。①

人们往往是在用手去抓虚假的欲望对象时，放弃了自己最珍贵的东西，即个人主观性，从而坠入景观意识形态的深渊。此时，瓦纳格姆突然想起来，自己是情境主义国际的一员，那么，它也就成为可以协助个人实现自己的主

---

① [法] 瓦纳格姆:《日常生活的革命》，张新木等译，南京大学出版社 2008 年版，第 226 页。中译文有改动，参见 Raoul Vaneigem, *Traité de savoir-vivre à l'usage des jeunes générations*, Paris, Gallimard, 1992. pp.282-283。

体性的"人类联盟"。情境主义,成了"唯一一个坚决捍卫根本主观性的团体"[①]。德波他们,是不是同意瓦纳格姆的这一断言,我们不得而知。

① [法]瓦纳格姆:《日常生活的革命》,张新木等译,南京大学出版社 2008 年版,第 226 页。中译文有改动,参见 Raoul Vaneigem, *Traité de savoir-vivre à l'usage des jeunes générations*, Paris, Gallimard, 1992. p.283。

第十一章
本真时-空中的失去与重新获得

在瓦纳格姆那里，对于每一个人的生命原初状态来说，儿童的时间与空间是纯净的本真生命存在样态，在成人化的过程中，这种本真性的时空逐渐在进入社会角色的过程中丧失和异化了。日常生活革命的本质，就是要恢复在资产阶级景观意识形态制造的虚假消费幻象中丧失的真实激情和儿童般本己的欲望，然后，这才有可能在"第二次天真"(马斯洛语)中重新建构出生命存在真实时空中的活着和人的在场。由此，我们的历史才会成为本真生命存在的历史，而不是物性的疯狂占有的时空往事。这当然是诗人的浪漫主义喻境。

1. 儿童本真时间的丧失

瓦纳格姆认为，"与苟生相比，生活的至上(Le primat de la vie)将是拆除历史的历史性运动"。"构建日常生活，实现历史，这两个口号从此合二为一”[①]。这是说，反对平庸的资产阶级日常生活苟生，就是要将人在成人化过程中丢失的生命存在的真实生活重新放到至上的地位，消除强加给历史的功利化，建构日常生活的革命就是让生活成为艺术，这也是真正实现历史的儿童般绩效的本有。所以，这不是两个分离的革命口号，它们有着共同的目标。当然，此时他更关心“生活和全新社会的联合建构(construction conjuguée)将会如何？日常生活的革命(révolution de la vie quotidienne)将会是什么？”[②]这里多次出现的 révolution de la vie quotidienne 正是此书英译者所选取的意译书名。

瓦纳格姆告诉我们，假若要理解他所说的超越苟生的日常生活的革命，就必须经过一种认真细致的批判性历史分析。

> 不管怎样追溯历史，如今超越的尝试进入了视角颠倒的诗意(poésie du renversement de perspective)。通过越过时间和空间的障碍，甚至打碎这些障碍，超

---

① [法]鲁尔·瓦纳格姆：《日常生活的革命》，张新木等译，南京大学出版社 2008 年版，第 228 页。

② [法]鲁尔·瓦纳格姆：《日常生活的革命》，张新木等译，南京大学出版社 2008 年版，第 228 页。

> 越的种种尝试立即进入了这一诗意。各种分离的终结必然以一种分离的终结为发端，即空间和时间的分离。由此可见，这一原始统一体的重建(reconstitution de cette unité primordiale)需要经历对儿童、集权社会(sociétés unitaires)和碎片社会(sociétés parcellaires)的时-空(l'espace-temps)所做的批判分析，这些碎片社会会带来解体，最终可能带来超越。①

这是我们已经熟悉的诗意情境，它就是对景观视角重新颠倒后的结果。不过，这里瓦纳格姆的讨论更加具体了。他指出，景观的本质即表象与真实存在本身的各种分离。这是德波在景观批判中最重要的概念。颠倒景观也就是要终结分离，但此处，他格外强调的是时间与空间的景观分离的终结。瓦纳格姆说，要深入理解这一点，就需要对儿童时间的丧失，以及封建集权社会和资产阶级碎片社会对儿童时-空的侵占状况做一种历史性分析，以寻求"越过时间和空间的障碍，甚至打碎这些障碍"，彻底终结分离的真实超越点。

① [法]鲁尔·瓦纳格姆:《日常生活的革命》，张新木等译，南京大学出版社2008年版，第228页。中译文有改动，参见Raoul Vaneigem, *Traité de savoir-vivre à l'usage des jeunes générations*, Paris, Gallimard, 1992.pp.285-286。

第一个方面，**本真性的儿童时间的丧失**是瓦纳格姆在时空问题上的逻辑起点。显然，他所说的儿童的时间是隐喻了没有与生命分离的本真时间，这是一种“被主观性、激情和包含事实的梦想膨胀了的时间”，在这种没有被异化的时间里，儿童拥有“诗意、自由、童年的主观性财富”(la poésie, la liberté, la richesse subjective de l'enfance)①。通俗地说，这是孩子们在长大之前自然生成的“本我”。瓦纳格姆没有想到的是，如果按拉康的观点，孩子个体心理“本我”的生成是一个镜像式的伪我，如果镜像之我有某种时间性的延续，那也是**小他者**(*autre*)塑形的伪我的时间。这是瓦纳格姆并没有涉及的一个复杂的“自我”发生学问题域。瓦纳格姆认为，从早期的蒙学和今天的幼儿园起，孩子们的本真时间就开始被从生命本身的自由绵延剥离开来，“教育者在看守着，手中拿着钟表，等待着儿童加入钟点的圆舞圈(ronde des heures)”②。在拉康那里，“教育者”已经是语言符码系统**大他者**(*Autre*)的代言人了。**算计中的钟表**框定的不是自由时间，钟点的圆舞曲节奏不是生命活动自身本有的节奏，而已经是**构序的力量**(forces de

① [法]鲁尔·瓦纳格姆:《日常生活的革命》，张新木等译，南京大学出版社2008年版，第229页。

② [法]鲁尔·瓦纳格姆:《日常生活的革命》，张新木等译，南京大学出版社2008年版，第229页。

l'ordre)在时间中的体现。这是儿童时间从内在生命绵延中分离出来的开始，分离意味着生命对外部劳作时间节奏的屈从。瓦纳格姆有些伤感地说，

> 儿童感觉大人像外族入侵般将他们的时间强加于儿童；接着儿童终于屈服，同意衰老(veillir)。儿童对条件制约的方法一无所知，任凭自己如幼小的动物那样坠入陷阱。当他成为批判武器的持有者，想要瞄准时间时，岁月早已带着他远离了靶子。他会将童年放在心中，仿佛一个开着口的伤疤(plaie ouverte)。①

儿童在长大成人的过程中，总是被大人的社会时间节奏所强暴，所以，孩子们本真的不规则时间被剥夺，他在本己的生命绵延中未老先衰。在这个意义上，我们能体会到瓦纳格姆内心里那种浪漫主义的“不想长大”的幻想。这一点也是情境主义国际的整个先锋艺术家团体拒斥资产阶级现代性的情绪，在弗洛伊德“文明即压抑”观点和莫斯关于原始部族生活研究的影响下，他们开始反思启蒙的线性进步观，超越使用价值链的“冬宴”旗帜就是一个明证。

---

① [法] 鲁尔·瓦纳格姆:《日常生活的革命》，张新木等译，南京大学出版社 2008 年版，第 229 页。

这与本雅明"文明即野蛮"的批判构式也是同向的。依瓦纳格姆指认,在过去的专制社会中,这种对儿童时间的野蛮分离和生命占位是"四书五经"一类的纲常构序,那里的孩子从小就摇头晃脑地背诵《三字经》了。在今天,成人手中拥有的时间与空间就是景观的时间和市场消费的空间,当孩子知道没有钱就不能吃麦当劳,没有钱就不能买比其他小朋友漂亮的铅笔盒时,资产阶级的"时间就是金钱"的日常生活意识形态,就会无形地深深赋型他的生命存在,长大之后,"他进入了粗俗平庸的市场,接受用诗意、自由、童年的主观性财富进行交换以获得景观社会中的一席之地"①。这是一个当代苟生人时间与空间被侵入和异化的发生。可以注意到,瓦纳格姆这里作为颠倒景观视角,复归本有生命状态原点的儿童时代,并非像阿甘本在《幼年与历史:经验的毁灭》(*Infanzia e storia: Distruzione dell'esperienza e origine della storia*[意大利语], Guilio Einaudi, 1978)中,想象一个人类社会总体的本真性的"幼年"(infancy)时期,而就是实指每个个人自己被夺走的童年。

第二个方面,重返童年的革命性超越。在瓦纳格姆看

---

① [法]鲁尔·瓦纳格姆:《日常生活的革命》,张新木等译,南京大学出版社2008年版,第229页。

来，他与情境主义国际的同志们所主张的日常生活的革命目标，也就是“在成人世界中实现童年”[①](La réalisation de l'enfance dans le monde adulte)，具体地说，就是从资产阶级消费意识形态的景观占位中解放出来，重新回到我们迷失很久的儿童时代，或者用马斯洛的话来说，叫实现“第二次天真”。这一革命性的超越，就是要在打碎了的资产阶级景观意识形态控制的苟生日常生活中，“我们重新发现的童年欲望(désirs d'enfance)，又再次发现了我们欲望的童年”，这就是要重新找回**没有被景观虚假编码的本真需要**。瓦纳格姆说，作为新型的无产阶级的“我们是一个全新世界的发现者”，但这并非是寻找一个作为价值悬设的他性世界，而是重新在童年的往事中唤醒自己的生命原欲。“往事(passé)与我们如此接近，又似乎尚未结束。从往事的荒芜深渊中呈现出一门全新的激情地理学(nouvelle géographie des passions)”[②]。这里的“往事”，就是专门说日常生活革命的目标不是抽象的价值悬设，而是我们每一个人直接的过去经历：现实中的**曾有**。这与人本主义的抽象“应该”和逻辑在先的本真性保持了一定的间

① [法]鲁尔·瓦纳格姆：《日常生活的革命》，张新木等译，南京大学出版社2008年版，第230页。

② [法]鲁尔·瓦纳格姆：《日常生活的革命》，张新木等译，南京大学出版社2008年版，第230页。

距性，日常生活革命不是回到空洞虚无的本真性，而是回到我们自己曾经拥有的童真。没有人没有童年往事，它比假大空的“类本质”要更容易理解和接近。可是，瓦纳格姆认为，要做到这一点，还必须回到社会生活层面，历史性地看清封建式的统一社会和资产阶级的碎片社会中的时间赋型方式和本质，以及它们从孩子那里夺走了什么。

2．封建的统一时-空与资产阶级碎片的时-空

首先，封建集权社会中的**神性时间与空间**。显然，瓦纳格姆此处所说的集权社会，也就是欧洲中世纪的封建宗法社会。在他看来，集权社会的时间和空间，即神学的时间和空间构序。这有一定的道理，但不够准确。因为资本主义现代发展中也出现过法西斯主义那样的集权统治。依瓦纳格姆之见，

> 集权社会的时间是循环的(cyclique)，在不动中移动(mobile dans l’immobile)。生灵和事物沿着以上帝为中心的圆周发生位移，正常地运行。这个中枢上帝，尽管无迹可寻又无处不在，但他是永恒不变的、衡量永恒权力(pouvoir éternel)的时间。他有自己的标准，生灵和事物在距上帝相等距离的地方移动位置，

运行后折返回来，最终并未消逝，实际上从未结束。[1]

在欧洲漫长的黑暗中世纪，封建宗法式的集权社会的时间是循环的时间。这是德波在《景观社会》中讨论过的主题。在那里，德波将传统农耕社会指认为“静态社会”，他说，“静态的社会(société statique)根据其自然的即时经验去组织时间，参照的是**循环**时间(temps *cyclique*)的模式”[2]。瓦纳格姆说，集权的时间轴来自上帝，他的时间是一种循环不动中的运动。这种不动与现实中封建统治者永恒不变的权力相一致。同样，“集权社会的空间按照时间进行组织。正如除上帝的时间之外不存在其他时间，除上帝控制的空间外似乎也没有其他空间”[3]。集权社会中的空间虽然是人的感性在场，但这种空间结构仍然是不变的封建等级结构中的循环，以及更大尺度中不可见的天堂

① [法]鲁尔·瓦纳格姆：《日常生活的革命》，张新木等译，南京大学出版社2008年版，第230页。中译文有改动，参见Raoul Vaneigem，*Traité de savoir-vivre à l'usage des jeunes générations*，Paris，Gallimard，1992.p.288。

② [法]德波：《景观社会》，张新木译，南京大学出版社2016年版，第81页。

③ [法]鲁尔·瓦纳格姆：《日常生活的革命》，张新木等译，南京大学出版社2008年版，第231页。中译文有改动，参见Raoul Vaneigem，*Traité de savoir-vivre à l'usage des jeunes générations*，Paris，Gallimard，1992.p.288。

-地狱、光明-黑暗的神性二元分隔。与德波在《景观社会》中对循环时间的分析相比，瓦纳格姆这里的讨论是浮在表面的。因为，封建专制下的时间观看起来是神性时间规制，但从根本上看，它是农耕时代自然经济的特定历史产物。在德波看来，早先人类的狩猎和畜牧活动都由特定的条件(如动物分布和草地)决定，人们只是在一定的环境中依相同的方式完成自己的生产与再生产。德波认为，一旦人类社会从游牧生活走向相对固定的农业耕作，就进一步强化了这种"循环时间"的定式。因为"由四季节奏支配的农业生产方式是构成充分循环时间的基础，不朽与来生内在于此，它是人们今世重返之处"①。相比之下，德波的观点要深刻得多。

瓦纳格姆说，集权社会的时-空本质有二：一是集权社会的结构是**分离**。"与资产阶级社会一样，封建社会也是诸种分离的社会(sociétés de séparations)，因为分离取决于剥夺性强占(l'appropriation privative)。但是与前者相比，封建社会更具优势，拥有令人惊异的掩饰力量"②。这是将德波用于说明当代资产阶级世界的特设规定——分

---

① [法]德波：《景观社会》，张新木译，南京大学出版社2016年版，第81页。

② [法]鲁尔·瓦纳格姆：《日常生活的革命》，张新木等译，南京大学出版社2008年版，第231页。

离，简单前移到封建社会。这说明，瓦纳格姆根本没有理解德波用分离取代异化概念的故意性。在瓦纳格姆看来，集权社会的分离是建立在人对人与生俱来的“剥夺性强占”之上的，王子是天生的人上人，我们是娘胎里带来的“贱民”，所以，孩子们从小就会被这种天定的时间与空间分离关系强暴，即所谓“龙生龙，凤生凤，老鼠生儿打地洞”。这种动物学式的分离，也铸就了不变权力的时间循环和上下空间分隔的持续性。二是这种封建压迫关系中的**臣服性**。由于皇权是神授的，王子与平民的分隔天生注定，于是，所有人都会在“君君臣臣民民”的分离结构中归顺认命，“大多数人立即加入其中，也就是说他们在日常生活的空间中顺从于（conforment）正式等级化（hiérarchisé）空间的组织者，从普通的凡人到上帝，顺从于教士或首领。他们用顺从换来的，是永恒时间的馈赠，一个无空间的时间延续的许诺，一个纯粹的上帝时间性的保障”①。顺从是集权社会时间与空间本质的重要构序。这当然也是儿童从蒙学教化中开始的最根本的内容，从私塾时娃娃们摇头晃脑地背诵到最终参加殿试入选官品，一切都是以交出自己的本真时间和空间为代价。

① ［法］鲁尔·瓦纳格姆：《日常生活的革命》，张新木等译，南京大学出版社2008年版，第231页。

其次,资产阶级日常生活苟生中的**碎片式的时间与空间**。瓦纳格姆说,封建社会的循环时间和强制性空间分离终结于资本主义,然而,资产阶级并没有真正终结分离,就像统治者易主一样,资本主义制度只是以另一种方式延续了时间与空间中的社会分离。这个判断是深刻的。他说,"诸种分离的历史渐渐冰消瓦解了。封建的统一幻象逐渐体现于待建生活的极端自由主义统一体(l'unité libertaire)中,体现于拥有物质保障的苟生的冥土(au-delà de la survie matériellement garantie)之中"①。资产阶级世界中的分离,是建立在一种矛盾性的时间与空间关系之中的。在资产阶级革命中,封建专制的等级结构的确被真实地打碎了,集权的循环时间和分离空间终结了,这是实实在在的历史进步。可是,从土地上解放出来的个人并没有获得自己独立的时间和空间,他的生命存在恰恰是在资产阶级革命所获得的解放中,被分离成为原子化碎片的自由存在,他没有自己的生命绵延,因为在资本主义体制中,生命时间成了谋生的手段。在空间关系中,新的统一体是通过市场交换中介,由"看不见的手"重新建构起来,并且在丰

---

① [法]鲁尔·瓦纳格姆:《日常生活的革命》,张新木等译,南京大学出版社 2008 年版,第 232 页。中译文有改动,参见 Raoul Vaneigem, *Traité de savoir-vivre à l'usage des jeunes générations*, Paris, Gallimard, 1992.p.232。

裕的物质生活背后生成现代日常生活“苟生的冥土”，因为你不复存在，你就是每天不断获得和推动的消费品，这是一种不是死亡的死亡。这一切，也是资产阶级从孩子手中夺走本真存在后的替代品。其实，瓦纳格姆缺少历史分析的地方，是他的这一判断混淆了资本主义历史发展的两个不同时段，商品-市场的自由主义无序过程中的矛盾统一体是早期资本主义经济过程的特征，而“拥有物质保障的苟生”是西方资本主义在二战之后才出现的现象。

在瓦纳格姆看来，打碎了封建集权统治的资本主义，仍然保留了“权力的时间(temps du pouvoir)，碎片权力(pouvoir parcellaire)的时间”。这里的碎片的权力，是相对于封建集权的统一权力而言，

> 支离破碎(miettes)的时间，其衡量单位是**即刻**(*l'instant*)——此即刻试图回忆循环时间。也不是一个圆周，而是一根有限和无限的直线(ligne droite finie et infinie)；也不是按照上帝的时间支配每个人的同时性(synchronisme)，而是状态的连续，其中每个人互相追逐却无法赶上，仿佛大写的改变(Devenir)的诅咒注定，人们永远只能抓住别人的项背，而面孔始终是陌生而又无法企及的，永远都处于将来；也不是万能的主(Tout-Puissant)的中心视线环抱的圆形空间，而是

> 一系列小点(série de petits points),它们看来各自独立,实际上按照某种承接节律,融合于它们每次互相累加时所划出的线条中。①

这段表述过于形而上学了。大意是,在资产阶级时代,中世纪那个照亮黑暗的"万能的主"的永恒不变的循环时间和圆形的总体天穹消失了,资产阶级世界的时间和空间都是瞬间变化和碎片式的。依我的理解,原因是马克思所说的,在资本主义工业生产的基础上,资产阶级如果有一刻不改变自身的生产关系,它就会灭亡,所以封建宗法中循环不变的时间和空间都被解构了,"一切凝固化的东西都烟消云散了"。现在,资产阶级的时间存在状态总是当下不断更新的"即刻",这种永不停止的"大写的改变",就是资产阶级"一根直线"的进步时间观的本质。请一定注意,这里的"instant"不是列斐伏尔和瓦纳格姆所说的让日常生活成为艺术的革命"瞬间"(moments),而是作为资产阶级时尚逐新的**碎片即刻**,这种不断翻新的碎片化时间,正是平庸日常生活苟生的基础。瓦纳格姆认为,在资产阶级的世界里,奴役性的劳动分工使所有人的生存都变

① [法]鲁尔·瓦纳格姆:《日常生活的革命》,张新木等译,南京大学出版社2008年版,第232—233页。中译文有改动,参见Raoul Vaneigem, *Traité de savoir-vivre à l'usage des jeunes générations*, Paris, Gallimard, 1992.p.291。

成一个个碎片化的时-空节点，在市场和公民社会中对财富和权力的疯狂追逐里，“每个人互相追逐却无法赶上”，所有人的“面孔始终是陌生而又无法企及的”，每个人都以为自己是自由独立的，却无意识地被强制构序于资本主义的交换关系和形式法权关系之中。这里，不再是“万能的主”的统一意志，而是市场无形的看不见的手，将碎片化的时-空再揉捏为金钱空间的“连续的状态”和线性进步时间（“时间就是金钱”）。

瓦纳格姆形象地说，封建的时间有如反复颠倒、循环往复的沙漏，资产阶级的时间恰如无法停下脚步、开放向前的钟表。这是一个形象而生动的比喻。

> 中世纪的沙漏中，时间在**流逝**（*s'écoule*），不过在两个球体中来回游动的却是同样的沙粒。钟表的**圆形**（*circulaire*）表面上，时间像脱谷粒般散开，它从不回归（revient jamais）。真是形式的讽刺：新思想从死亡的现实（réalité morte）中获得形式，这就是资产阶级的时间的消亡，从手表到人道主义空想的劣等品，资产阶级给时间包装上一层环状的外表。①

---

① ［法］鲁尔·瓦纳格姆：《日常生活的革命》，张新木等译，南京大学出版社 2008 年版，第 233 页。中译文有改动，参见 Raoul Vaneigem, *Traité de savoir-vivre à l'usage des jeunes générations*, Paris, Gallimard, 1992.p.291。

这是一个生动的象征构式：在中世纪的沙漏中，颠来倒去，循环往复，“贱民”的生命总是如同一堆无价值的沙子；而现代性的钟表嘀嗒声，则意味着物性异化不归途上的永不回头。司汤达《红与黑》中的玛特尔小姐说，我的今天绝不会是昨天简单的重复。资本主义社会中的商品和异化苟生者每一年、每一天、每一个即刻都在死去，“如今是工作、发展、效率、生产、消费、计划的时间；景观的时间，一次接吻的时间，一句口头禅的时间，每个事物的时间（时间就是金钱，*time is money*）。商品时间。苟生的时间”①。**时间就是金钱**，是资产阶级时间观典型的意识形态口号，不断死去的时间，就是为了追逐金钱，资产阶级的时间就是故意死亡的时间，这里所有的人和物存在都是为了尽快消失的“劣等品”，为的是给新的剩余价值实现（赚钱）留出增殖的时间与空间。

瓦纳格姆告诉我们，资产阶级正是在这种碎片化的死亡时间中确立自身的统治，“通过摧毁和取而代之，权力以这种方式确保其**时间延续**”②。与封建集权式的凝固化权

---

① ［法］鲁尔·瓦纳格姆：《日常生活的革命》，张新木等译，南京大学出版社 2008 年版，第 233 页。中译文有改动，参见 Raoul Vaneigem，*Traité de savoir-vivre à l'usage des jeunes générations*，Paris，Gallimard，1992.p.291。

② ［法］鲁尔·瓦纳格姆：《日常生活的革命》，张新木等译，南京大学出版社 2008 年版，第 233 页。

力不同，资产阶级恰恰是通过不断被打碎的权力来实现其统治的。货币不会停留在一个资本家手里，它会不断地转到更能赚钱的大资本家手里，钱的易手建构了没有质的量化时间；权力不会停留在一个总统手里，而会不断地在这个人到那个人的手上流逝，每一次选举，都会是一次权力的打碎，由此恰恰建立了打不破的永久统治。

与上述的碎片化时间一致，资产阶级世界的空间也是**碎片化的点状**(point)存在。在这里，资本主义那种不断更新的生产-消费时间控制着空间，“空间是时间线上的一点，是变将来为过去的机器上的一点”，商品-消费品与人的苟生，都不过是一个**将要被超越的点**。或者说，“它只不过是承接一个点的另一个点；它沿着明确的方向消逝，即毁灭的方向”[①]。苟生是一种碎片化社会角色的时-空连续系统，它的目标就是麻木地走向死亡，苟生人的日常生活不再是创造性的生命涌动，而是景观支配下的消费者。在瓦纳格姆看来，

> 客体时间(temps objectif)不但通过将点状空间推向过去，从而奋力摧毁点状空间，而且引入加速节

① [法]鲁尔·瓦纳格姆：《日常生活的革命》，张新木等译，南京大学出版社2008年版，第233页。

奏(rythme accéléré),从内部吞噬点状空间。这一加速节奏创造了角色的厚度(l'épaisseur du rôle,事实上,角色的虚幻空间是由姿态的快速重复产生的,正如电影影像的重复提供了生命活动的表象)。角色将流动、衰老、死亡的时间安置于主观性意识中。①

这是一个异化逻辑中的苟生辩证法。在社会角色的苟生中,碎片化的时间通过商品和暂时性的功用职能,摧毁所有人的总体性存在。点状空间的不断消失,使物与人都成为时尚(虚假的欲望对象)的奴隶,异化了的景观时空加速着一切存在的消亡节奏。在这里,速度就是一切。维利里奥后来专门研究过资产阶级世界中速度存在论的问题。速度(vitesse)概念是维利里奥哲学的核心关键词。这里的速度不是一个物理学的科学概念,而是一个重要的**存在论**范畴。这一点在人类进入工业化的运输时代时,我们就已经在日常生活中通过车船飞机的速度开始改变着领土的空间结构,也已经利用电报、电话等电磁技术改变着领土上的时间和空间关系。但在维利里奥看来,今天由网

① [法]鲁尔·瓦纳格姆:《日常生活的革命》,张新木等译,南京大学出版社 2008 年版,第 235 页。中译文有改动,参见 Raoul Vaneigem, *Traité de savoir-vivre à l'usage des jeunes générations*, Paris, Gallimard, 1992.p.294。

络信息化技术建立起来的接近光速(30万公里/秒)的远程在场方式,已经不仅仅是一个日常生活中的普遍现象,而是用接近光速的网络信息技术直接**塑形现象的构序关系**。瓦纳格姆说,在资产阶级的世界中,人的"主体性在外部受到线性时间的控制,在内部受到角色时间的控制,它只会变成一样事物,一件可贵的商品(marchandise précieuse)。这一进程按照历史规律不断加快。实际上,角色从此是社会中的一种时间消费"①。在外部,资本主义永不停止的线性时间,永不停止的加速,强迫所有主体性成为欲望对象的奴仆,"变成一样事物,一件可贵的商品",而在自身内部,苟生人只是一个追逐景观消费物的社会角色。其实讲到这里,瓦纳格姆似乎已经完全忘记自己应该讨论的主题,即儿童的本真时间如何被资产阶级的景观时空毒化了。如果我做一点补充说明,即不同于封建时期的外部意识形态强制和灌输,今天的资产阶级意识形态同化,更多的不是从小的古训背诵和训诫,而是生活本身的塑形,金钱至上和景观的诱惑是不需要教学的,有钱能使鬼推磨,光鲜时尚的聚光灯魅力,会从小自动赋形于每一个活在市场交换和景观内外爆的儿童身心的。苟生人不受精神观

---

① [法]鲁尔·瓦纳格姆:《日常生活的革命》,张新木等译,南京大学出版社2008年版,第235页。中译文有改动,参见Raoul Vaneigem, *Traité de savoir-vivre à l'usage des jeunes générations*, Paris, Gallimard, 1992.pp.294-295。

念败坏所害，而是社会生活决定意识的结果。一些中国贪官入狱时痛哭流涕道，“我放松了学习和思想改造”，这是一句唯心主义的假话，真相是他的观念抵抗不了每天发生在自己身上的市场经济（事物化）关系赋形的客观场境作用。拜物教只是物化错认的主观构境。

3．建构活着的瞬间、消除景观幻象、纠正苟生往事

瓦纳格姆认为，在时间轴上，如果有过去、当下和未来三个维度，那么资产阶级世界中的时间三维都是虚假的景观时间。所以，在资本主义景观社会中长大的苟生人，对未来没有了儿童般真实的欲望和希望，只有景观制造出来的明天、后天、大后天贪恋的消费品；对过去没有孩子一样真实经历的生命体验，只有买进、扔掉、再买进、再扔掉的疯狂消费的往事；对当下，没有人的本己生命涌动的当下**活着的瞬间**（moments vécus），只有不断更新的物欲宣泄的疯狂即刻。在我写下这段文字的时候（2019 年 6 月 3 日），电脑上弹出的推送新闻是：“全国疯抢 XXXT 恤！钻门打架扒衣服！”视频上，青年人和老年人从还没有升起的商店铁栅门下爬进去，发疯一样地抢拿货架上的 T 恤，甚至连模特身上的展示品也被扒下，一幅惨不忍睹的画面。造成这种非人情景的景观事件是，日本 XXX 品牌联名美国著名街头艺术大师，推出纪念 T 恤。

疯抢联名T恤的场景

瓦纳格姆指出,资产阶级的碎片化权力统治,正是建立在否定当下真实时间中的生命存在——**活着**中个人的创造性之上的。在个人的日常生活苟生中,“从权力的角度来看,不存在活着的瞬间(moments vécus,活着没有名称),而只有前后相承的即刻(instants),这些即刻在往事线(ligne du passé)上都是均等的”①。瓦纳格姆这是自觉地在将异化的景观即刻(instants)与活着的瞬间(moments)

① [法]鲁尔·瓦纳格姆:《日常生活的革命》,张新木等译,南京大学出版社2008年版,第236页。中译文有改动,参见Raoul Vaneigem, *Traité de savoir-vivre à l'usage des jeunes générations*, Paris, Gallimard, 1992.p.296。

区分开来。在资产阶级景观控制的消费世界中，个人的日常生活没有了自己真实需要的欲望，因为一切都是景观精心制造和策划出来的消费事件。在资产阶级世界中，“通过将活着（vécu）转变为商品，通过将角色和刻板模式（rôles et des stéréotypes）的供需要求投入景观市场（marché du spectacle）”[1]，苟生人的希望和明天，都是景观制造出来的疯狂占有消费品的他者式的未来。明天要买苹果最新发布的手机、要换新款的豪车、要有独幢的别墅等，这些消费并非人们真的需要，而是作为社会角色被景观市场设定和制造出来的“刻板模式”。这样，所有苟生人的往事也成了一个社会角色不断占有与抛弃消费品的过去。也是在这个意义上，瓦纳格姆说，景观制造的“过去和将来的联合引力，这会毁灭在场（présent）”。当景观消费品不断在场时，作为人的生命存在必然是缺席。从根子上还是如拉康所说，我们总是欲望着他者的欲望，我们无意识中的每一个欲念都是景观意志。“每当**我**是他者（autre）时，他便在过去和未来之间来回穿梭。角色从来没有在场

---

① [法]鲁尔·瓦纳格姆:《日常生活的革命》，张新木等译，南京大学出版社 2008 年版，第 236 页。中译文有改动，参见 Raoul Vaneigem, *Traité de savoir-vivre à l'usage des jeunes générations*, Paris, Gallimard, 1992.p.295。

(Les rôles n'ont jamais de présent)"[①]。这是拉康式的深刻。瓦纳格姆说，

> 在权力的望远镜(lunette)中，没有未来，只有不断重复的过去。一种众所周知的非真实的剂量，被我们所说的展望式想象(l'imagination prospective)推动着。展望式想象事先用它完美的空洞填充了时间。仅有的回忆就是我们所占据的角色的回忆，唯一的未来便是永恒的复制(remarke)。人类的记忆应当只遵循权力意志，即在时间中自我确认意志，就像对其在场的不断存储。[②]

在瓦纳格姆看来，资产阶级世界中的景观时间本质，就是用消费品的"展望式想象"建构了未来的希望，这是一个用完美的空洞填充起来的伪时间，就像那些疯狂抢购品牌T恤的苟生人一样，他们的生命时间中只有不断翻新的时尚消费品，苟生人不知道，各种一线品牌奢侈品、数码相

---

① [法]鲁尔·瓦纳格姆:《日常生活的革命》，张新木等译，南京大学出版社2008年版，第237页。中译文有改动，参见Raoul Vaneigem, *Traité de savoir-vivre à l'usage des jeunes générations*, Paris, Gallimard, 1992. p.297。

② [法]鲁尔·瓦纳格姆:《日常生活的革命》，张新木等译，南京大学出版社2008年版，第237页。

机、智能手机和高档汽车的更新换代，是资本增值的必然需求，资产阶级操控的景观权力的望远镜让你看到的“展望式远景”其实都是即刻死亡的东西，你一旦占有，它就死亡，因为抬它尸体的更新的消费品已经在门口了。在消费意识形态的景观世界中，抬尸者就是下一个死者，而**新的抬尸者（死者）永远在门口！**

正是针对资产阶级景观世界中苟生人身上发生的这一切，激进的瓦纳格姆提出，要解构资产阶级的消费意识形态景观幻象，重新在**建构活着的情境**（construire des situations à vivre）中找回失去的个人创造性。显然，他是在将情境主义国际的“建构情境”解读为自己的唯心主义的“活着”。在他看来，先锋艺术家最早地敏锐感知到这一点，因为“艺术的创造性更好地表达对于全新活着空间的激动人心的不断追寻”，在这里，瓦纳格姆“想到了印象派的开端，点画法、野兽派、立体派、达达派的粘贴画，最早的抽象派艺术”，在这些先锋艺术创作中，景观构序被艺术家个人的主体创造性彻底打破，超越平庸日常生活的活着瞬间和艺术情境突现出来。列斐伏尔那个“让日常生活成为艺术”的口号再现了，这也是情境主义国际“建构情境”的本质。但瓦纳格姆的例子都是艺术家的个人主观创造性，这种革命瞬间和情境建构如何转换为普通苟生人日常生活的革命问题，似乎并没有被具体涉及。瓦纳格姆只是抽象地指认，“构建在场(construire le présent)，就是纠正往事(corriger le passé)，改变景致的符号(signes du paysage)，从脉石中解放出梦想和未满足的欲望，使个人激情在集体中协调一致”①。这是说，先是真正去除景观幻象对我们的控制，恢复在虚假消费幻象中丧失的真实激情和本己的欲望，然后，这才有可能建构出生命存在真实的活着和人的在场，我们的历史都会成为生命存在的历史，而不是物性的疯狂占有往事。事情真的如此简单？苟生人内心对欲望对象的欲念，在生活中对消费品的疯狂追逐是否通过观念反思和解构就能彻底地摆脱出来？可能不会这么容易。

诗人瓦纳格姆激动地说，“唯一令我感兴趣的，是在场的鲜活性(vif du présent)”。这是作为个人第一人称的“我”，在摆脱了景观和消费意识形态幻象之后，重新**像人一样活着的当下在场**。他说，

> 我仍旧希望把今天聚集在自己周围，如同把耀眼的光芒聚集在自己周围；将他者的时间和他者的空间

---

① [法]鲁尔·瓦纳格姆：《日常生活的革命》，张新木等译，南京大学出版社2008年版，第241页。中译文有改动，参见Raoul Vaneigem, *Traité de savoir-vivre à l'usage des jeunes générations*, Paris, Gallimard, 1992.p.301。

> (le temps autre et l'espace des autres)引向日常经验的直接性。将卡特琳娜修女[①]的格言具体化,就是"内在于我的一切在我内部,内在于我的一切在我外部,内在于我的一切在我周围的任何地方,内在于我的一切属于我,我在任何地方都只能看到内在于我的事物"。因为理所当然,在那儿只有主体性的胜利(triomphe de la subjectivité)。[②]

还是那个唯一者的主体性个人。我已经说过,瓦纳格姆在批判资产阶级景观社会上是深刻和机智的,一旦让他拿出日常生活革命的具体方案和可能性道路,他每每都是艺术情境中那个苍白的诗人,带着不堪一击的激情。你再将"耀眼的光芒聚集在自己周围",资产阶级消费意识形态建构起来的他者欲望也不会消失,资产阶级强大的景观意识形态,绝不可能在你念几句"我自己"和"主体性的胜利"的咒语后就土崩瓦解。瓦纳格姆改变日常生活的"革命"总是令人失望的。

---

① 卡特琳娜修女(Schwester Katrei):14 世纪德国的一位修女。

② [法] 鲁尔·瓦纳格姆:《日常生活的革命》,张新木等译,南京大学出版社 2008 年版,第 241 页。中译文有改动,参见 Raoul Vaneigem, *Traité de savoir-vivre à l'usage des jeunes générations*, Paris, Gallimard, 1992.p.302。

第十二章
激情与计划的革命辩证法

瓦纳格姆认为，在资产阶级的景观社会中，人应该具有的创造性实现、基于真情的交流和人与人共在的参与活动都发生了病变，创造性异化为强暴式的占有，交流畸变为景观中介了的伪欲望，游戏的参与倒错为麻木的旁观，这是支撑苟生人平庸日常生活的根本。因此，日常生活革命的任务，就是要通过革命性的异轨，彻底打碎资产阶级景观的控制，使人重新获得主体创造性实现、爱的激情中的交流和游戏的本真参与，这也是让日常生活成为艺术瞬间的情境建构。

1. 实现、交流和参与三者统一的辩证法

瓦纳格姆认为，长久以来，人对人的奴役主要基于三种方式，即**束缚**、**中介**、**诱惑**（contrainte，médiation，séduction）。这三者构成了强权意志对象化中的“镇压的统一体

(*L'unité répressive*)"。在此，他只是抽象地提及这种三位一体，依我的解读，除去强制性束缚具有奴役的普遍性之外，市场交换中介和景观拜物教之下的诱惑，都只是在资产阶级世界中才出现的支配方式。准确地讲，这个奴役的三位一体，其实是当代资产阶级平庸日常生活的奴役构架。这是瓦纳格姆缺少历史分析的地方。也是在这里，瓦纳格姆再一次提及自己打破资产阶级平庸苟生，让日常生活成为艺术的革命机制，即三种激情和三个革命实践，可以说，这是瓦纳格姆对"日常生活革命"最直接的表述。

在瓦纳格姆看来，针对资产阶级意识形态强权意志下的束缚、中介和诱惑的反动三位一体，如果想在打破立在分离基础之上的平庸日常生活苟生，就必须重新建构起日常生活革命的**生活意志**(volonté de vivre)。如前所述，瓦纳格姆心中的生活意志由三种革命的激情，即**创造的激情、爱的激情、游戏的激情**(La passion de la création, la passion de l'amour, la passion du jeu)构成，这三种激情在平庸的、分离的日常生活中重现一个新的革命三位一体，即**实现-交流-参与**(la réalisation, la communication, la participation)的三重计划，从而，在资产阶级的景观幻象拜物教中重新建构活着的统一生命情境。在前面的讨论中，三位一体逻辑顺序为**参与，交流，实现**(la *participation*, la *communicat ion*，la *réalisation*)，现在正好颠倒了一下。

瓦纳格姆分析道，“与人类统治人时基本依靠压迫的三重模式相同，即束缚、使人异化的中介(médiation aliénante)和妖术般的诱惑(séduction magique)，生活的意志也同样从不可分离的三项计划的统一(l'unité de trois projets indissociables)中汲取力量和一致性，即实现，交流，参与”①。正好与资产阶级景观意识形态的束缚、中介和诱惑的三重压迫模式相对，创造的激情打破强制性的束缚，缔造了实现的计划；爱情的激情打破了异化中介，缔造了交流的计划；游戏的激情透视了妖术般的诱惑，缔造了参与的计划。喜欢辩证法的瓦纳格姆说，这正是日常生活革命方案中的“三重计划的辩证法”(dialectique de ce triple projet)，它与客观的“生产力的辩证法相结合”，就能够彻底打碎资产阶级对日常生活的统治。亏了他还想着要与“生产力的辩证法相结合”，否则，这真的会是一个诗人的观念游戏节目。

我们一定要注意，在瓦纳格姆这里，实现、交流和参与**三者统一**计划的辩证法，并不是突然从天上掉下来的东

① [法]鲁尔·瓦纳格姆：《日常生活的革命》，张新木等译，南京大学出版社2008年版，第243页。中译文有改动，参见Raoul Vaneigem，*Traité de savoir-vivre à l'usage des jeunes générations*，Paris，Gallimard，1992.pp.304-305。

西，它就是被资产阶级世界分离和孤立出去的我们曾经拥有的生命活动。这是很有意思的一个看法。我觉得瓦纳格姆是知道辩证法要义的。这个世界里的坏东西也不简单就是绝对的恶和魔鬼，它恰恰是我们自己生命碎片化和自我分离的结果。所以，日常生活革命的秘密绝不会出现在生活之外，而是在我们把被分离的生命活动重新统一起来的进程之中，这是他格外强调实现、交流和参与**不可分离的三项计划的统一**的深层意味。也是在这个构境层中，瓦纳格姆说："分离是权力的封地，统一是革命的领地。"①所以日常生活革命的统一计划，必须认真分析资产阶级分离生命存在的深层原因。

首先，生命意志中三种激情和三个计划**自我畸变的可能**。人的生命进程中的好东西，如果把握不好度，就会向相反的方向变化。这是上帝与魔鬼的辩证法。依瓦纳格姆的分析，

> 实现的计划产生于创造(créer)的激情，产生在主体性膨胀(gonfle)并希望统治一切之时。交流的计划产生于爱情的激情，产生于人们在自己身上发现了同

① [法]鲁尔·瓦纳格姆：《日常生活的革命》，张新木等译，南京大学出版社2008年版，第244页。

一的征服意志(volonté identique de conquêtes)之时。参与的计划产生于游戏的激情,产生于团体协助个人完成实现之时。①

你看,实现的计划来自创造的激情,但如果它不能控制想统治一切的主体性膨胀,它就有可能成为人对人的奴役关系中的束缚;交流的计划基于爱的激情,但如果它不能放弃爱的征服欲望,它就可能变成满足私欲的占有;参与的计划缘起于游戏的激情,这是人类独有的生命样态,然而如果不能真的成为一种协力,即会导致虚假的社会关联。资产阶级意识形态并不是凭空捏造出生命的分离,而是利用了人性中积极正面的努力冲动,当主体性、创造性、征服欲望和游戏中的英雄精神被不受控制地释放出来时,它们就会成为分离于生命的魔鬼力量。我觉得,这个排比句式的辩证法分析是有一定道理的,然而,当这种分析脱离资本主义的商品-市场交换关系时,它就会显得苍白和单薄。

其次,三种激情和三个计划的**分离与隔绝**。在瓦纳格

① [法]鲁尔·瓦纳格姆:《日常生活的革命》,张新木等译,南京大学出版社2008年版,第244页。中译文有改动,参见Raoul Vaneigem, *Traité de savoir-vivre à l'usage des jeunes générations*, Paris, Gallimard, 1992, p.306。

姆看来，这正是资产阶级世界中束缚和幻象的成因。所以他说，

> 若将这三种激情孤立开来，它们会堕落变质。若将三项计划分解，它们将受到歪曲。实现的意志变为强权的意志（volonté de puissance）；它迎合威信和角色，在束缚和幻觉的世界中实施统治。交流的意志转变为客观假象（mensonge objectif）；它建立在客体关系的基础之上，它将符号分配给符号学家，并给符号披上一件人性的外衣。参与的意志在人群中组织所有人的孤立，它创建群体幻觉的专制（tyrannie de l'illusion communautaire）。①

在这一点上，瓦纳格姆是深刻的。特别是在资产阶级推翻封建统治之后，平庸日常生活中的奴役就不再是简单粗暴的压迫，资产阶级统治的秘密，就在于将人的生命存在中合理活动的努力片面地分离和孤立为新的不可直观的异化。资产阶级世界中的束缚、中介和诱惑，恰恰是从生命本己的实现、交流和参与活动的畸变性分离而来的。

---

① ［法］鲁尔·瓦纳格姆：《日常生活的革命》，张新木等译，南京大学出版社2008年版，第244—245页。

在这里，每一种原本合理的活动“与其他激情分隔开后，每种激情都自我融合于超验的幻觉中”①：当创造的激情驱动的实现计划被孤立起来的时候，它就会迎合资产阶级景观控制中的“威信和角色”，这是说，创造的激情如果用于社会角色中追逐金钱和权力的实现，那原来可贵的生命活动就可能畸变为在“束缚和幻觉的世界中实施统治”的强权意志。当爱的激情落入对象性的占有关系中，交流就会变成虚假的中介，话语和符码都成了欺骗的外衣，遮蔽住人与人之间真实的交往。当游戏的激情被孤立起来，成为资产阶级市场生存的法则时，看不见的手就会在无形中支配处于群体幻象的个人。这是一个肯定与否定的生命政治的辩证法。

以下，瓦纳格姆对人的生命活动中的每一种激情、计划的畸变和革命可能，都进行了具体的分析。

2. 打破景观他者：主体性的自我拯救

第一方面是**实现计划的革命性重建**。在瓦纳格姆看来，每一个时代生成的强权意志，并非天外传来的恶，而是

① ［法］鲁尔·瓦纳格姆：《日常生活的革命》，张新木等译，南京大学出版社 2008 年版，第 245 页。

人自身创造激情和现实计划的畸变。这是对的。在传统的宗教神学故事中,神创造世界,于是,在每一个人的内心里都会存在一种隐性的造物主情结。这是个人生命存在中主体性的根本体现:你模仿神。瓦纳格姆说,“成为上帝的欲望(Le désir d’être Dieu)存在于每个人的心中,不过直到现在,这一欲望都被用来对抗人类自身”①。想成为造物主,这是那个畸变的主体创造性的激情,魔鬼有时候并没有传递恶,而只是诱发了这种人内心中本来就存在的可能。瓦纳格姆认为,这种畸变的激情,正是脱离了交流和参与的伪实现力量——**强权的意志**(*volonté de puissance*)。瓦纳格姆说,

> 强权的意志是经过做假的实现计划(le projet de réalisation falsifié),它与参与和交流分割了开来。这是创造和自我创造的激情,束缚于等级体系中,被迫旋转施行压迫和制造表象的砂轮。屈辱的威望,权威和屈从,这便是强权意志的操作步调。主角是为角色与肌肉的晋级(promotion du rôle et du muscle)而牺

① [法]鲁尔·瓦纳格姆:《日常生活的革命》,张新木等译,南京大学出版社2008年版,第245页。

牲的主角。[①]

当人的创造性和自我创造能力束缚于专制或者资产阶级的等级体系中时，这种能动的激情就会转换为虚假的实现计划，原本合理的人的实现活动，就会成为一种转换为物的秩序的野性的创造性(créativité sauvage)，即制造权力统治和屈从的异化力量。在这种物的秩序中，个人的创造和牺牲都是为了在等级制结构中的角色晋升，为了地位和金钱而爬上去。特别是在资产阶级景观意识形态所制造出来的飞速旋转的"表象的砂轮"中，这种野性的创造性和异化存在的实现使苟生的人"不能成为自己，而被人们强加他的照片、他的姓名，各种尊敬的色泽"[②]的他者的欲望而拼搏和奋斗，从而牺牲生命存在本身。依瓦纳格姆的看法，在现代资产阶级景观世界中，

> 孤立的个人的要求(revendications)总是与官方景观(spectacle officiel)中扮演的杰出的角色相对应。强权的意志是景观的意志(volonté spectaculaire)。单

---

① [法] 鲁尔·瓦纳格姆：《日常生活的革命》，张新木等译，南京大学出版社2008年版，第246—247页。

② [法] 鲁尔·瓦纳格姆：《日常生活的革命》，张新木等译，南京大学出版社2008年版，第247页。

独的个人厌恶他人，蔑视人类，而其自身正是茫茫人海中的一员，是尤其令人蔑视的人。他的攻击性乐于依靠最为明显的共同体幻觉（l'illusion communautaire），他的斗志表现为对于晋级（promotions）的追逐。①

孤立的个人内心中想要得到的东西，不是他自己本真的需要，而是“官方景观”制造出来的角色，比如一个 CEO、一个部长、一个教授等“杰出的”社会角色之伪欲望，苟生之中的人的奋斗和拼搏、蔑视和攻击他人，都是为了景观“共同体幻觉”等级结构中的上一级角色之位。

当然，瓦纳格姆认为，今天已经出现了日常生活革命所需要的个人自我的觉醒迹象，因为人们已经“意识到了自我拯救（sauver）的必要性，选择自己作为中心，从主体性出发（départ du subjectif）构建一个世界”②。这个**从主体性出发**，是与景观角色存在中的**从他者出发**对立的。我们知道，马克思在《关于费尔巴哈的提纲》中在实践的构序中

① ［法］鲁尔·瓦纳格姆：《日常生活的革命》，张新木等译，南京大学出版社 2008 年版，第 248 页。中译文有改动，参见 Raoul Vaneigem, *Traité de savoir-vivre à l'usage des jeunes générations*, Paris, Gallimard, 1992. p. 310。

② ［法］鲁尔·瓦纳格姆：《日常生活的革命》，张新木等译，南京大学出版社 2008 年版，第 250 页。中译文有改动，参见 Raoul Vaneigem, *Traité de savoir-vivre à l'usage des jeunes générations*, Paris, Gallimard, 1992. p. 313。

也提及“从主体出发”，可瓦纳格姆此处的“从主体性出发”，却是个人主体性的自我。这当然是唯心主义的逻辑起点。瓦纳格姆对比性地说，不同于官方景观制造出来的角色存在，在那里，“从他者出发（départ des autres），人们不断互相追逐，却从未到达自身。人们重复着相同的被剥夺了意义的举动。相反，从自我出发，这些举动并非被重复，而是被重新采用、修正，而后得以理想地实现”①。瓦纳格姆斗争的目标非常清楚，就是要打破景观幻象中他者对个人的支配，消除欲望对象对虚假消费的控制，让生活回到个人自我的真实本真状态。

可是，如何才能彻底打破景观他者对我们的控制，真正回归主体性的自我呢？首先，诗人瓦纳格姆的绝招是浪漫主义的**主观想象**。这是说，每个人都应该用独立的精神性主观想象力来打破景观，以生成全新的个人主体性创造。这并非瓦纳格姆个人的想法，而是整个情境主义国际的革命策略。这是“让想象力夺权”那个著名口号的缘起。在他看来，“主观想象中纯粹的精神的步骤（démarche purement spirituelle de l'imagination subjective），始终在寻求着实践

① ［法］鲁尔·瓦纳格姆：《日常生活的革命》，张新木等译，南京大学出版社 2008 年版，第 251 页。

中的实现”[①]。个人的主体性观念改变物化的景观实践，革命的想象让平庸日常生活成为艺术，这正是从列斐伏尔开始的人本主义构境中的革命浪漫主义。这里的核心策略是让“主观性的自我实现倾向”(tendance de la subjectivité à se réaliser)发挥作用，彻底打破景观“被动认同(l'identification passive)的涡轮机”。景观支配的秘密在于生产被动观察和无思接受的受众，革命想象力的作用就是让人们恢复自实现的能动性。其次，重建革命的想象力，诗人手中的武器就是掉转枪口的**艺术景观**(spectacle artistique)。这又是一个革命的辩证法实例。瓦纳格姆明确提出，“应当分解(dissoudre)艺术景观的力量，使其装备成为主观梦想的武器(l'armement des rêves subjectifs)。当它们武装起来后，就不会再把它们看作幻影”[②]。我无法确定，“艺术景观”本身是不是一个贬义词，但它经过分解，可以成为革命的“主观梦想的武器”，分解过的艺术景观可以用来打破景观的固有控制。这种艺术移位也就是情境主义的**异轨**策略。瓦纳格姆自己说，“某一天，我应当成为我希望在别人眼中的自己的形象；在景观中，被我的期望赋予特

---

① [法]鲁尔·瓦纳格姆：《日常生活的革命》，张新木等译，南京大学出版社2008年版，第252页。

② [法]鲁尔·瓦纳格姆：《日常生活的革命》，张新木等译，南京大学出版社2008年版，第252页。

权的形象应当进入真实。这样，主观性便为己所用，使角色和景观假象（le rôle et le mensonge spectaculaire）发生异轨（détourne），它重新将表象投入现实"[①]。景观生产的机制是让虚假的表象替代真实的存在，而异轨后的艺术景观则会让表象复归其位，通过想象力让主体在积极参与活动中重新获得创造性。

也是在这里，瓦纳格姆大段援引了德波：

> 这正是德波在他的风潮电影《分离的批判》（*Critique de la séparation*）中所强调的："一般来说，进入如此组织的个人存在中的事件，确实与我们密切相关，需要我们的参与。通常这些事件恰恰有助于我们发现自己是冷淡的旁观者，充满烦恼却又无动于衷。相反，通过某种艺术位移（transposition artistique）所看到的情境（situation），常常是具有吸引力的，它需要人们成为演员和参与者。这便是应当推翻的或置于脚下的悖论。"[②]

---

① [法]鲁尔·瓦纳格姆：《日常生活的革命》，张新木等译，南京大学出版社2008年版，第252页。

② [法]鲁尔·瓦纳格姆：《日常生活的革命》，张新木等译，南京大学出版社2008年版，第252页。

德波的观点似乎更清楚一些。针对作为日常生活中景观的“冷淡的旁观者”，异轨所生成的艺术移位，会让我们重新成为主动的“演员和参与者”。这是我们通过让日常生活成为艺术的情境建构。正是在这种革命性的情境中，主体的创造性才得以回归。在瓦纳格姆的转述中，德波的观点多少有些变形。

当然，瓦纳格姆此时也意识到，光凭个人的力量想要回归主体性，显然是单薄的。“人们不会孤独地自我拯救，也不会独自一人自我实现。会不会发生这样的情况：在对自己和世界有了清楚的认识后，一个人会不会在周围的那些人身上，发现一种与他的意志相同的意志，看到从同一支撑点出发的同样的追寻？”[①]这是说，主体性的回归，除去自身的努力，也可以是一种集体协同的努力。他说每个人的主体性都是不同的，但是“在全面实现的意志中却呈现出同一性”，所以，不可能强求所有人重建主体性的同质性，只能去把握在所有人身上都存在的“激进的主体性”(subjectivité radicale)。这里，瓦纳格姆已经想到，重建激进的主体性，需要日常生活革命的“共同战线”(front commun)。他直接列举了情境主义革命活动的同盟。在那

① [法]鲁尔·瓦纳格姆：《日常生活的革命》，张新木等译，南京大学出版社 2008 年版，第 253 页。

里,“我的每个朋友都是一个集体,集体也不会忽略自己;我们每个人都知道,通过为自己采取行动,从而为他者采取行动。只有在这些具有透明度的条件下,真正的参与才会得到加强”[①]。相对于瓦纳格姆的个人主观性,这应该是正确的判断。

3. 爱的激情:交流计划的革命重建

第二方面是**交流计划的革命性重建**。在诗人瓦纳格姆这里,人与人交流的真正动因是爱情(amour)。这种观点显然是狭隘的。爱情固然是人的生命存在中最美好的东西,但将它指认为人与人交流的真正动因是片面的。况且,这也不是什么新观点,早先在费尔巴哈的情爱类本质那里,晚一些在弗洛伊德的力比多本体论中,都是将自然性的情爱或者性欲视作人的本质。而且,爱情关系也无法说明人与人之间出现的一切复杂社会关系。从社会历史进程来看,虽然人与人的自然血亲关系始终是现实生活的基础,但人与人的社会交往关系缘起于劳动生产之间的协作交流,之后才会逐步生成更加复杂的其他社会关系。人

① [法]鲁尔·瓦纳格姆:《日常生活的革命》,张新木等译,南京大学出版社2008年版,第253页。

类的情爱生活从一开始就不同于动物的生理关系，它会是不同历史文化构式的结果。

瓦纳格姆说，“爱情的激情本身具有一种完美的交流模式”。或者说，爱情代表了人与人之间真正的交流。这一判断同样是片面的。首先，“真正的恋人用梦想和搂抱建立的世界，是一个具有透明度的世界；恋人们希望进入对方心中的每一个角落”[①]。这似乎是说，在非占有性的真正的爱情中，恋人之间是完全透明的，这为进入相互心中的每一个角落创造了条件。其实，在现实生活中出现的青春爱恋中，真正透明的非占有关系会是罕见的。因为爱情总是处于一定的现实社会关系场境存在之中。其次，不同于创造和游戏，爱情往往通过一种私密性，它可以摆脱“白昼(用于工作和消费)，压抑在黑夜的隐蔽角落，退居于柔和的光线中。因此，在某种程度上，它避开了昼间活动的广泛操纵”[②]。这是说，爱情总是发生在隐私层面，这样会使它不像创造和游戏那样更容易受到景观的支配。这基本是对的。但是，从爱情关系的实际发生和最后结果来看，每一个时代的社会结构多少都会对黑暗中的爱情产生

① [法]鲁尔·瓦纳格姆:《日常生活的革命》，张新木等译，南京大学出版社 2008 年版，第 256 页。

② [法]鲁尔·瓦纳格姆:《日常生活的革命》，张新木等译，南京大学出版社 2008 年版，第 256 页。

一定的影响，特别是在前资本主义的阶级社会中，对立阶级成员之间是很难发生爱恋关系的，鲁迅先生就说过，“焦大是不会爱林妹妹的”①。

然而，在瓦纳格姆看来，当代资产阶级的景观世界中，“爱情的激情火花在虚假交流的灰烬中熄灭了”，人与人之间真正的交流被异化了，一切关系都颠倒为物与物的关系。这是对马克思事物化理论的错误挪用。

> 在一个由物神(fétiches)主宰大多数行为的世界中，不存在真正的交流。在生灵与事物之间，空间受到异化中介(médiations aliénantes)的控制。随着权力成为一种抽象功能(fonction abstraite)，这些符号不断激增、互相混淆，需要记录员、语义学家和神话学家，充当它们的翻译官。经过训练，所有者在自身周围只看见客体，他需要客体化的和客观的仆人。交流的专家们组织谎言，为死尸的保管者谋利益。②

---

① 参见鲁迅先生的杂文《二心集·“硬译”与“文学的阶级性”》：“自然‘喜怒哀乐，人之情也’，然而穷人绝无开交易所折本的懊恼，煤油大王那会知道北京捡煤渣老婆子身受的酸辛，饥区的灾民，大约总不去种兰花，像阔的人老太爷一样，贾府上的焦大，也不爱林妹妹的。”

② [法]鲁尔·瓦纳格姆：《日常生活的革命》，张新木等译，南京大学出版社2008年版，第257页。

这段表述本身的关系异化批判思想是深刻的。他说明了在资产阶级景观意识形态控制下，出现了一个由“物神主宰大多数行为的世界”，人与物的关系和人与人的交往关系都颠倒地表现为商品-市场交换关系的异化中介关系。其实，从瓦纳格姆的爱情关系真的很难过渡到这里的社会关系异化。因为，将一切存在都变成有用对象的物化关系、抽象的权力关系、科学专家支配自然的关系和语言符码中的话语关系，都不可能是爱情关系的简单断裂或异化。除非在弗洛伊德的情爱转移升华论的基础上，将人类生活中的所有劳作和活动都视作力比多的移情，这才有可能成立。显然，瓦纳格姆根本不管这些可能出现的内里悖论，他从本真的爱情关系直接跳到对资产阶级物化世界中的虚假交流现象的批判：

> 在只存在事物关系(rapports de choses)的时候谈论交流的人们，他们散布着谎言和误解，使之进一步物化(réifient davantage)。谅解、理解、同意……这些词语意味着什么？我在周围只看到剥削者与被剥削者、领导者与执行者、演员与观众，所有人都像弹丸一般受到权力机器(machines du pouvoir)的操纵。①

---

① ［法］鲁尔·瓦纳格姆：《日常生活的革命》，张新木等译，南京大学出版社 2008 年版，第 256 页。

在一个只存在颠倒的物的关系的世界里，苟生人之间只存在对生活的谎言和进一步加深的相互误解，于是，所有交流之间的同意、理解和谅解之类的词语，都会成为权力机器射出的意识形态弹丸。我觉得从资产阶级的物化关系来看人们之间交流关系的异化，这是没有问题的，可是在何种意义上，被权力机器支配的“剥削者与被剥削者、领导者与执行者、演员与观众”之间出现的虚假交流，会是爱情激情的变异？

显然，瓦纳格姆并不想讨论上述这种缺失的关联性。他开始直接批评资产阶级世界中变异的情爱关系。爱情对于浪漫主义的诗人是至关重要的。瓦纳格姆认为，“将爱情自由限制于一纸婚约的卑劣占有中，在特定时刻将其释放出来，用以满足通奸的需要，这对于资产阶级而言是不够的；资产阶级并不满足于束缚激情的嫉妒与谎言；它已经成功地在恋人行为的纠葛中分裂了恋人”①。意思是说，在资产阶级制造的婚姻关系中，本真的爱情关系已经堕落为相互占有的利用关系，恋人之间那种透明的交心已经不存在了：“爱情的绝望并非来自恋人无法互相拥有，而更确切地说，正因为恋人处于拥抱之中，结果很可能是永

---

① [法] 鲁尔·瓦纳格姆：《日常生活的革命》，张新木等译，南京大学出版社 2008 年版，第 257 页。

远不能相遇,他们如物品一般互相紧紧抓住。”[①]瓦纳格姆说,当你从景观幻象出发去接触一个“谈对象”的人,“这从一开始就注定是客体的关系(rapports d'objets)”。在今天我们看到的“相亲”对话中,通常是以“有房吗?”“有车吗?”“存款有六位数吗?”开始的。恋人之间的爱情关系,现在颠倒为物品之间的占有关系,所以,虽然他(她)们会拥抱,但真实发生的只是物质利益的勾连,作为人却“永远不能相遇”。在辩证法大师瓦纳格姆这里,“爱情的辩证法(dialectique de l'amour)凝固起来,只剩下并排而卧的死者。只剩下客体的关系(rapports d'objets)”[②]。这又是辩证法,在资产阶级景观世界中的爱情和婚姻仪式,可以是非常隆重和奢华的排场,可是,越在景观商品中炫耀发光,越会只剩下物化中已经死去的“并排而卧”的纵欲对象。

当然,瓦纳格姆要恢复爱情的激情,要使交流从虚假的关系中摆脱出来。他说,“应当使爱情摆脱神话、意象和景观范畴(ses mythes, de ses images, de ses catégories

---

① [法]鲁尔·瓦纳格姆:《日常生活的革命》,张新木等译,南京大学出版社2008年版,第257页。

② [法]鲁尔·瓦纳格姆:《日常生活的革命》,张新木等译,南京大学出版社2008年版,第258页。

spectaculaires)；加强其真实性，使之恢复自发性(spontanéité)"①。这又是一个理想。

——将爱情的瞬间(moment de l'amour)扩展到所有的后续延伸阶段，换句话说，即不要将其与其他激情和其他计划分离开来，将爱情的时刻从瞬间状态(l'état de moment)提高到真正的情境建构(construction de situation)。

——促进个人实现的集体经验(expériences collectives)，从而集合各种有资格的伙伴，增加爱情的相遇。

——始终坚持快乐的原则，保持实现、交流、参与计划的激情特征。快乐是统一的原则。爱情是共同**瞬间**(*moment* commun)中的统一激情；友情是共同**计划**(*projet* commun)中的统一激情。②

---

① ［法］鲁尔·瓦纳格姆：《日常生活的革命》，张新木等译，南京大学出版社2008年版，第260页。

② ［法］鲁尔·瓦纳格姆：《日常生活的革命》，张新木等译，南京大学出版社2008年版，第260页。中译文有改动，参见Raoul Vaneigem，*Traité de savoir-vivre à l'usage des jeunes générations*，Paris，Gallimard，1992.pp.326-327。

当然,这里的爱情已经是摆脱了“神话、意象和景观”控制的真正的交流关系了。这种真正的交流,会把爱情从激情的幸福瞬间提升为革命的情境建构。这种自觉的打破平庸日常生活的情境建构,将是一种快乐的集体的经验,并且是与另外的共同实现瞬间和共同参与计划相统一的激情。从爱情到革命,就那么简单的一步。这也让我们可以进一步理解,为什么“五月风暴”中会出现“我越是谈恋爱,就越是想造反”这样的口号。

4. 革命的异轨:恢复游戏的参与本性

第三方面是人的**参与计划的革命性重建**。在瓦纳格姆看来,生命中自发性的游戏构成了人的参与和协同的本性,这是长期以来人类社会得以生存下去的重要层面,他甚至认为,即使到了中世纪,封建经济仍旧包含着游戏的成分,因为“田园诗般的关系使得乡村领土组织在纯粹经济上的迫切需要转向了某种自由;游戏性常常支配劳役、审判和账目结算”[①]。显然,这都是瓦纳格姆的随意推断。他说,游戏是到了今天资产阶级世界才出现了问题,因为

① [法]鲁尔·瓦纳格姆:《日常生活的革命》,张新木等译,南京大学出版社2008年版,第264—265页。

> 经济需要(nécessités de l'économie)与游戏性(ludique)很难相适应。在资金转移中,一切都是严肃认真的:人们不拿金钱开玩笑。封建经济仍旧包含的游戏部分,将逐步被货币交换的合理性(rationalité des échanges monétaires)所清除。实际上,贸易方面的游戏能够交换产品,这些产品倘若不是没有共同的度量单位,那至少没有经过严格的校准。然而,一旦资本主义规定了唯利是图的关系(rapports mercantiles),就无法容忍任何的反复无常。目前可消费物的专政足以证明,资本主义擅长将这些关系强加于各个地方,强加于生活的所有层次。①

资产阶级的商品-市场经济规则对金钱的态度是非游戏性的,钱比命重要。所以在法理性的经济交换中,客观发生的一切都不能反复无常和开玩笑,唯利是图关系背后将会是法律的制裁和监狱的阴影,并且资产阶级已经成功地将这种"可消费物的专政"渗透到日常生活的所有层次,也就是说,清除了一切游戏性的生命细节,以至于在心跳

① [法]鲁尔·瓦纳格姆:《日常生活的革命》,张新木等译,南京大学出版社2008年版,第264页。

之前也要拿出来变卖一下再跳(赫斯语)。在瓦纳格姆看来,“资本主义使几乎全部的日常生活陷入生产和消费的战斗,抑制了游戏性倾向”,这是因为游戏的本质是**主体性的参与**,而资产阶级的景观只需要等待接受虚假欲望的旁观消费者。为了防止人们在经济关系中“开玩笑”,“资产阶级权力孤立游戏,将它隔离在一个特殊区域中”①。于是,主动自发的参与性游戏,仅仅成了没有进入社会的孩子们的事情,或者资产阶级也为成人准备了一些“经过歪曲并被操纵的形式:竞赛、电视游戏、选举、游乐场”,这是让人们的参与计划虚化为空洞的假戏。今天,就是令人沉迷其中的网络电子游戏。

瓦纳格姆明确说,日常生活的革命就是要打破资产阶级的经济法理性统治,恢复生命存在的游戏本质。这一观点也是情境主义国际革命游戏观的基本精神。在《“游戏”的情境主义定义》中,德波分析说,革命的游戏正是为了摆脱资产阶级那种“为了占有所有物的紧张关系”。游戏情境中没有任何不变的所有关系,不像商业活动的功利目的,在对象化的资本构式中,人在占有物性财富的同时,也被物所占有,游戏的可贵之处之一就在于它没有任何粘黏

① [法]鲁尔·瓦纳格姆:《日常生活的革命》,张新木等译,南京大学出版社2008年版,第265页。

物，没有刚性的外部资本逻辑筑模，它只是临时发生的非及物性的场境活动，游戏开心地发生了，这种富有神性的场境存在也会瞬间消失得干干净净。情境主义国际建构的"'游戏'的新阶段，应该是以竞争的所有元素的消失为标志(La nouvelle phase d'affirmation du jeu semble devoir être caractérisée par la disparition de tout élément de compétition)"①。这是说，情境主义国际关于游戏的新定义，明确是以消除资产阶级商业竞争构式，建设一种临时性的、自由的流动式生命状态为目标。瓦纳格姆完全赞同德波的观点，但是他认为，在资产阶级的经济王国中，参与性游戏的唯一残存处可能就是艺术领域。也因此，以游戏为本性的"艺术构成了这一非赢利的享有特权的领域，并且受到一些蔑视"。人们常说，在资产阶级的科学和金钱的时代，诗人是必死的。应该就是这个意思。虽然艺术不可能真正逃出资产阶级金钱的魔爪，在绝大多数情况下，"经济的帝国主义"(l'impérialisme économique)也的确把艺术转变为"消费的工场"(usine de consommation)，但是，"四面受到围捕的游戏激情"总是在真正的艺术活动的断层中重新突现出来。他认为，在这一点上，"断层的爆发以

---

① Guy Debord, *Œuvres*, Paris, Gallimard, 2006. p.976. 中译文参见刘冰菁译稿。

达达为名"(L'éruption a nom Dada)①。瓦纳格姆总是忘不了达达主义。在他看来,达达主义先锋艺术的革命性之一,就在于它恢复了人的生命生活中**爱玩的游戏天性**。他感慨地说,"在戏言与玩笑的致命斜坡上,艺术将导致认真的精神(l'esprit de sérieux)在资产阶级的光圈下建立的大厦轰然倒塌。因此,游戏如今具有了暴动的面貌(visage de l'insurrection)。从此,全面的游戏和日常生活的革命(jeu total et la révolution de la vie quotidienne)混同起来"②。这是给达达主义最高的革命性评价了。这是说,达达的革命性在于游戏人生,让资产阶级那种视金钱为命的严肃认真的法理型大厦轰然倒塌,所以,全面的游戏态度就是让日常生活成为艺术的过程,就是日常生活最重要的革命。这应该也是情境主义国际从达达主义那里继承下来的东西。也是在这里,我们去体会整个红色"五月风暴"的革命意味,蔷薇花革命就是以游戏人生弃绝资产阶级的经济必然性铁笼。

首先,**主体性的游戏造就是革命性的异轨**。瓦纳格姆提出,"在日常生活的每时每刻中,人们都或多或少有意识地

---

① [法]鲁尔·瓦纳格姆:《日常生活的革命》,张新木等译,南京大学出版社2008年版,第265页。

② [法]鲁尔·瓦纳格姆:《日常生活的革命》,张新木等译,南京大学出版社2008年版,第265页。

追求游戏的自由”。人的本性是喜爱游戏的，在没有进入社会生活的规训之前，孩子通过游戏来体验生命的快乐，所以，面对已经被彻底规制化的资产阶级景观世界来说，“只有游戏能够非神圣化(désacralise)，面向无限制的自由。这种游戏便是异轨的原则(principe du détournement)，是改变一切为权力服务(sert le pouvoir)的事物意义的自由”。[①]这里，瓦纳格姆突然将游戏与情境主义国际的异轨策略链接起来，或者说游戏也是革命异轨的本质，因为只有游戏才会让神圣化的等级结构成为笑柄，而异轨则是直接改变权力统治的策略。所以，瓦纳格姆说，“**异轨**——从术语的广义上来看，异轨是从整体上**恢复游戏**(*remise en jeu* globale)。通过这一行动，游戏性统一体控制了固定于等级化局部范畴中的生灵和事物”[②]。可以看到，这可能是这本书中，瓦纳格姆比较集中地讨论异轨问题的地方。应该说，这是瓦纳格姆自己对异轨独有的见解。瓦纳格姆分析道，“异轨是创造性最基本的表现(la manifestation la plus élémentaire de la créativité)。主观的沉思(rêverie

① [法]鲁尔·瓦纳格姆:《日常生活的革命》，张新木等译，南京大学出版社2008年版，第267页。

② [法]鲁尔·瓦纳格姆:《日常生活的革命》，张新木等译，南京大学出版社2008年版，第272页。

subjective)使世界异轨。人们改变世界,如同儒尔丹[①]先生创作诗歌、詹姆斯·乔伊斯创作《尤利西斯》一样;也就是说具有自发性,并且经过了深思熟虑"[②]。异轨使旧世界不再在原先的固定轨道上行驶,这是主体创造性最根本的表现,然而,在瓦纳格姆的心中,革命的异轨是一个如同诗歌和小说创作一样的主观事件。为此,瓦纳格姆还列举了他和同伴在布鲁塞尔司法宫[③]进行漂移的异轨行为。

瓦纳格姆说,"异轨在艺术中创造了自己最初的武器,它现在已经成为所有武器的一门使用艺术(l'art du maniement)。异轨最早出现于1910—1925年文化危机的动荡不安中,逐渐扩展到解体所触及的所有领域"[④]。异轨最初是先锋艺术家反抗旧世界的手法,但是它逐渐成为反对资产阶级景观世界的普遍性的斗争武器。具体地说,这一转

① 儒尔丹(Frantz Jourdain, 1847—1935),法国建筑师、作家和文艺批评家。

② [法]鲁尔·瓦纳格姆:《日常生活的革命》,张新木等译,南京大学出版社2008年版,第272页。中译文有改动,参见Raoul Vaneigem, *Traité de savoir-vivre à l'usage des jeunes générations*, Paris, Gallimard, 1992.p.342。

③ 布鲁塞尔司法宫(Brussels Palace of Justice)是比利时最重要的法院建筑,也是布鲁塞尔的知名地标。它建于1866—1883年,是19世纪最大的世俗建筑。建筑师为约瑟夫·波拉尔(Joseph Poelaert)。

④ [法]鲁尔·瓦纳格姆:《日常生活的革命》,张新木等译,南京大学出版社2008年版,第273—274页。

变发生在 1955 年,“德波惊叹于洛特雷阿蒙在作品中对于异轨的系统使用(l'emploi systématique)”,之后,在情境主义国际的语境中,异轨有了自己新的革命含义:

> 关于这一技术,乔恩[①]在 1960 年写道:“异轨是归功于贬值能力(dévalorisation)的一种游戏。文化往事(passé culturel)的所有因素都应当重新进行投资或者消失不见。”最后,在《情境主义国际》杂志(第 3 期)中,德波重新提及这个问题,他说道:“异轨的两条根本法则是重要性的丧失,甚至于最初意义(sens premier)的消失,被异轨的独立因素的消失;同时,还有对有意指作用的另一个整体的组织,它赋予每个因素以新的意义。”[②]

瓦纳格姆评论了乔恩和德波在异轨问题上的贡献。在情境主义国际这里,原先只是诗人“旧瓶换新酒”的异轨成了一种革命性的夺回游戏,这种游戏将使资产阶级景观(“文化往事”)构序起来的一切旧有投资无效,异轨会让平

① 乔恩(Asger Jorn,1914—1973),丹麦哲学家,20 世纪最重要的艺术革新家之一。情境主义国际组织成员。

② [法] 鲁尔·瓦纳格姆:《日常生活的革命》,张新木等译,南京大学出版社 2008 年版,第 272 页。中译文有改动,参见 Raoul Vaneigem, *Traité de savoir-vivre à l'usage des jeunes générations*, Paris, Gallimard, 1992.p.343。

庸日常生活中所有苟生存在都在解构性的游戏中具有新的意义。瓦纳格姆说,“应当将异轨的方法作为消费者的基本知识推广开来,这些消费者不愿再保持他们作为消费者的身份”①。这是说,在资产阶级消费社会中的人,可以用异轨的方式,来消解“被售出的、用来对抗自己的商品”魔力。把景观-消费意识形态对我们的控制反转为游戏般的活动,异轨是一种“调转武器对准敌人的艺术”,应该把资产阶级消费社会的景观武器调转枪口对准资产阶级。于是,“创造性没有界限,异轨没有终结”(La créativité n'a pas de limite, le détournement n'a pas de fin)。②

> 从今往后:
>
> ——在解体的沼泽延伸到的所有地方,异轨自发地扩散开来。可消费价值(valeurs consommables)的时代特别加强了组织有意指作用的新整体的可能性;
>
> ——文化领域不再是享有特权的领域。异轨的艺术扩展到经过日常生活证实的所有拒绝(tous les refus)中;
>
> ——局部物的专政使异轨成为服务于总体性

---

① [法]鲁尔·瓦纳格姆:《日常生活的革命》,张新木等译,南京大学出版社2008年版,第273页。

② [法]鲁尔·瓦纳格姆:《日常生活的革命》,张新木等译,南京大学出版社2008年版,第274页。

(service de la totalité)的唯一技术。异轨是最为协调的和最大众化的革命姿势(geste révolutionnaire),最适合暴动的实践(pratique insurrectionnelle)。通过一种自然运动——游戏的激情——它走向极端的激进化。①

异轨的革命作用:一是消除资产阶级的消费价值统治,让经济算计重新异轨成游戏关系;二是在文化领域中,让艺术在异轨中复归于自己对现实的拒绝姿态;三是异轨通过释放游戏的激情,在等级化的意识形态文化专政中暴动,在大众化的革命姿势里让生命存在回到总体性。

其次,**革命性游戏创造对一切统治的彻底拒绝**。在瓦纳格姆看来,游戏的激情在日常生活革命中的再喷发,意味着人对整个奴役统治制度的反抗,这主要是对资产阶级制造的无脸奴役和看不见的等级结构的拒绝。

在被逐出等级化的社会组织后,游戏的激情通过摧毁这种组织,建立一种新型的社会,即真正参与的社会(société de la participation)。即便无法推测人类关系的组织是什么,即这种毫不保留地向游戏的激情

---

① [法]鲁尔·瓦纳格姆:《日常生活的革命》,张新木等译,南京大学出版社 2008 年版,第 273 页。中译文有改动,参见 Raoul Vaneigem, *Traité de savoir-vivre à l'usage des jeunes générations*, Paris, Gallimard, 1992.p.343。

开放着的组织，我们可以预计它会呈现出以下特征：

——对于首领(chef)和一切等级的拒绝；

——对于牺牲的拒绝；

——对于角色的拒绝；

——真正实现的自由；

——社会关系的透明度(transparence des rapports sociaux)。①

日常生活革命后的社会，是拒绝了一切有形无形统治的非等级化社会。在这一点上，瓦纳格姆明确指认，“参与的计划导致一种协调性，例如每个人的决定是所有人的决定”：一是新社会将是一个长官必死的时代，在这里，一切等级制和奴役关系都将被彻底废除；二是“游戏的激情排斥对于牺牲的依靠”，人们不再为疯狂赚钱和“事业的逻辑”(logique du sacrifice)而牺牲自己的生命；三是在游戏的策略性角色中，人们不再为了景观角色而追名逐利，个人将成为他自己而真实地“活着”；四是一个人人参与其中、有着透明社会关系的新生活，“获得根本主观性的意识后，参与计划增加了人类关系的透明度”②。最后，在这里，

① ［法］鲁尔·瓦纳格姆：《日常生活的革命》，张新木等译，南京大学出版社 2008 年版，第 265—266 页。

② ［法］鲁尔·瓦纳格姆：《日常生活的革命》，张新木等译，南京大学出版社 2008 年版，第 268 页。

人类所梦想的自由真正得到实现。这真的是诗人的美好梦想。

当然，打碎平庸日常生活的革命战术并非个人的事情，也会是一个革命战术家的联盟，这是瓦纳格姆已经意识到的事情。他很有信心地说，“摧毁旧社会的意志包含日常生活战术家的联盟（fédération de tacticiens de la vie quotidienne）。从现在起，情境主义国际（Internationale Situationniste）企图从技术上进行装备的正是这种联盟。战略集体地构建了革命的斜面（incliné de la révolution），建立在个人日常生活的战术的层面上”①。“革命的斜面”象征着向上的复杂斗争策略，它打破了日常生活苟生的平面，也不是简单的垂直上升，而是有战术的联盟作战。这是瓦纳格姆再一次将自己的诗性浪漫主义与情境主义国际的革命实践统一起来，在日常生活革命的斜面上共同奋进。

5．走出世界缝隙的蔷薇革命

当然，瓦纳格姆也意识到，打破资产阶级景观控制的日常生活革命，并不是一帆风顺的，“革命的斜面”易滑且

---

① ［法］鲁尔·瓦纳格姆：《日常生活的革命》，张新木等译，南京大学出版社2008年版，第271页。中译文有改动，参见 Raoul Vaneigem, *Traité de savoir-vivre à l'usage des jeunes générations*, Paris, Gallimard, 1992.pp.340-341。

可能遭遇歧路。景观的权力和诱惑,终会被识破,反抗旧世界的怒火随时随地都会迸发出来。可是,当愤怒的人们没有找到走向新世界的入口时,就会掉入一种盲目的破坏性垂直冲动中。在这一点上,我们看到了瓦纳格姆的一份奇特的冷静。我不能确定,这算不算是对之后红色"五月风暴"中的破坏性冲动的预言。瓦纳格姆说,在新旧世界之间也存在着一种缝隙,它会使革命者迷失在一种模糊的激愤和暴力之中。他用诗性的话语说,

> 世界缝隙(L'intermonde)是主观性的模糊空地(terrain vague),在这一场所中,权力的残余和它的侵蚀与生活的意志混合起来。——新型天真(nouvelle innocence)解放了内在性的魔鬼,它投射出世界缝隙的模糊暴力,对抗作为其始作俑者的事物旧秩序(vieil ordre de choses)。①

这是很难进入的构境层。意思是说,人们对平庸的日常生活不满,但由于他们并没有看清新的世界是什么,所以,对旧世界的愤怒也会以旧世界本身的旧有方式表现出

---

① [法]鲁尔·瓦纳格姆:《日常生活的革命》,张新木等译,南京大学出版社2008年版,第275页。中译文有改动,参见Raoul Vaneigem, *Traité de savoir-vivre à l'usage des jeunes générations*, Paris, Gallimard, 1992.p.346。

来,这就是一个两个世界之间的模糊地带。瓦纳格姆认为,新旧世界之间,“存在一种主观性的混乱边缘,它受到权力罪恶的侵蚀。在那里,起伏不定的是持久不灭的仇恨、复仇的诸神、嫉妒的专制、受挫意志的不满。这是威胁到各个部分的边缘腐化;一种世界缝隙”①。在这里,人们用来对抗旧世界物的构序的暴力,只是“内在性的魔鬼”,有的只是无穷的仇恨,所以,“它包含了本质上的残酷,警察和起义者的残酷、压迫和反抗的诗意的残酷。在景观性操纵和暴动的使用的中途,幻想者的超级时空按照个人意志的标准,在权力的视角中异常地设想着”②。这种反抗既不是旧的世界的延续,也不是新的世界的开始,它只是无望的反抗和残酷的撕裂。在他看来,这是一种逃脱了支配构架的新型的天真。正是这种“新型天真导致对于物的构序的摧毁(destruction d'un ordre de choses)”,它一味执着于破坏和否定,“在新型天真中,世界缝隙突然涌出,吞没了压迫机制。纯暴力的游戏包含于革命游戏的纯暴力中”。③

---

① [法] 鲁尔・瓦纳格姆:《日常生活的革命》,张新木等译,南京大学出版社 2008 年版,第 275 页。

② [法] 鲁尔・瓦纳格姆:《日常生活的革命》,张新木等译,南京大学出版社 2008 年版,第 275 页。

③ [法] 鲁尔・瓦纳格姆:《日常生活的革命》,张新木等译,南京大学出版社 2008 年版,第 277 页。中译文有改动,参见 Raoul Vaneigem, *Traité de savoir-vivre à l'usage des jeunes générations*, Paris, Gallimard, 1992.p.349。

对此，瓦纳格姆举了一个现实先锋艺术实践中已经显现的例子，即残酷戏剧大师阿尔托(Artaud)[①]。在他看来，“阿尔托迷失于唯我论者的狂热和神奇的思想(délire solipsiste et dans la pensée magique)中”，因为，后者让“仙人球”把他带到对景观社会的批判中，这里发生的批判只是用尖尖的刺戳向罪恶。真是有趣，瓦纳格姆竟然还批评别人是“唯我论”。瓦纳格姆说，这种在摧毁旧世界的暴力中突然爆发出来的新型天真

> 带着烦恼、顽念、仇恨的熊熊烈火和暴虐，世界缝隙似乎是猛兽的藏匿处。这些猛兽由于被囚禁而变得狂躁不安。借助梦境、毒品、酒精和感官的极度兴奋，每个人都可以自由进入世界缝隙。那里有只求被释放的暴力，有适合浸没其中的气氛，哪怕只是为了

① 安托南·阿尔托(Antonin Artaud，1896—1948)：法国著名演员、诗人、戏剧理论家。法国反戏剧理论的创始人。1896 年 9 月 4 日生于马赛，1916 年入伍参加第一次世界大战，1920 年，想当演员的阿尔托来到巴黎，师从杜兰等人。曾一度受到超现实主义思潮影响，1926 年和人合办阿尔费雷德·雅里剧院，上演他的独幕剧《燃烧的腹部或疯狂的母亲》。1931 年，发表《论巴厘戏剧》《导演和形而上学》等文章。后来，由于受到象征主义和东方戏剧中非语言成分的影响，提出了“残酷戏剧”的理论，试图借助戏剧粉碎所有现存舞台形式，主张把戏剧比作瘟疫，观众在戏剧中经受残酷折磨，但正由此而得以超越现实生活。曾自导自演《钦契一家》。1937 年，患精神分裂症。1948 年 3 月 4 日逝世。主要代表作有《残酷戏剧宣言》(1932)、《剧场及其复象》(1936)等。

达到这种跳跃的和杀人的意识。[①]

在资产阶级景观社会的压迫下，人人烦恼焦虑，即便满腔都是“仇恨的熊熊烈火”，也不知道向什么地方倾泻。所以，意识到景观统治和支配的反抗者，通常都是通过“梦境、毒品、酒精和感官的极度兴奋”来无目的地释放心中的不满，这就像“酒神狄俄尼索斯的意识”，用儿童一样盲目的暴力到处破坏。在这里，“骚乱的红色黎明没有分解黑夜的畸形创造物。它为这些创造物披上光与火，散布于城市和乡村之中。新型天真，是变成现实的不祥之梦”[②]。显而易见，瓦纳格姆这里的表述，都不是传统的革命分析，而是浪漫的诗句。

瓦纳格姆提出，必须坚持日常生活革命的正确道路，不同于简单的仇恨和盲目的残酷暴力，打碎旧世界的武器是引导出主体创造性的**想象力**。可什么是这种革命的想象力呢？他具体解释说，“想象之物(L’imaginaire)是关于可能的解决方法的精确科学(science exacte)。这并不是留给精神的一个平行世界，用以补偿精神在外部现实中的失

① ［法］鲁尔·瓦纳格姆:《日常生活的革命》，张新木等译，南京大学出版社 2008 年版，第 277 页。

② ［法］鲁尔·瓦纳格姆:《日常生活的革命》，张新木等译，南京大学出版社 2008 年版，第 277 页。

败。它是一种力量，用以填平分隔内在性和外在性的鸿沟”①。这并不是什么科学的解释。然而不久之后，在“五月风暴”中就响起了“让想象力夺权”的口号。

在瓦纳格姆的眼里，日常生活的革命之火已经开始向全世界蔓延，“在洛杉矶、布拉格、斯德哥尔摩、斯坦利城、都灵、米耶雷斯、圣多明各、阿姆斯特丹，拒绝的姿态和意识(le geste et la conscience du refus)在集体幻觉的工厂中激起激情罢工的任何地方，日常生活的革命都在进步发展”②。在瓦纳格姆写书的时候，并没有在全世界燃起他所说的革命之火，但在红色“五月风暴”之后，它却以左派青年运动燃烧于整个世界。现在，人们对现状的不满不断加深，暴动的火焰照亮了世界的阴暗面，资产阶级所制造的等级化世界正在崩塌。瓦纳格姆认为，现在，是革命团体认真地提出实质性问题的时候了，比如，

> 如何具体地超越工作(dépasser concrètement le travail)，超越它的分工，以及工作与休闲的对立(通过

---

① [法]鲁尔·瓦纳格姆:《日常生活的革命》，张新木等译，南京大学出版社2008年版，第276—277页。

② [法]鲁尔·瓦纳格姆:《日常生活的革命》，张新木等译，南京大学出版社2008年版，第280页。中译文有改动，参见Raoul Vaneigem, *Traité de savoir-vivre à l'usage des jeunes générations*, Paris, Gallimard, 1992.p.352。

触及社会生活方方面面的有意识的激情实践来重新构建人类关系的问题等等)? 如何具体地超越交换(dépasser concrètement l'échange)(金钱的贬值问题,包括伪币的破坏,摧毁旧经济的关系,寄生领域的清算等等)? 如何具体地超越国家和异化团体(communauté aliénante)的一切形式(情境构建的问题,工人自治大会的问题,担保一切自由并同意取消落后领域的人为法问题等等)? 如何从关键领域出发,组织运动的扩展以使各处的所有条件都发生巨大变革(自卫,与未解放地区的关系,武器的使用和制造的普及等等)?[①]

这倒都真是非诗化的严肃问题了。三个"具体超越"加一个"所有重要任务的巨大变革",这有些像一个革命的纲领了。一是要超越劳作与分工,并且夷平劳作与休闲的对立,这当然是浪漫主义的想法,因为准确地说,只能改变作为谋生手段的劳作,超越奴役化的劳动分工,没有了生产过程中的劳作和分工,我们这个周围的感性世界都将不再存在,如何通过激情重建人类的关系呢? 二是超越交换,其实也就是马克思曾经设想的取消商品-市场经济,但是消除了旧经济的新型物质转换关系是什么? 我们却不

① [法]鲁尔·瓦纳格姆:《日常生活的革命》,张新木等译,南京大学出版社 2008 年版,第 281 页。

得而知。已经进入现代性生存的人类社会，是不可能绝对失去满足人们物质和精神需求的社会活动和交往的。三是超越国家和一切异化团体，用工人自治大会取而代之，说起来是容易的，没有了国家的社会生活靠什么维系共同体运转？工人能够理解先锋艺术家制造的情境建构吗？几个人的情境主义国际，三天两头吵架闹分裂，列斐伏尔用了共同创作的文字，都会激烈地受到攻击，人们如何指望他们引领着闹革命，走向“所有条件都发生巨大变革”的日常生活革命？

瓦纳格姆并没有打算进一步认真思考这些问题，他对自己所属的情境主义国际充满自信。在他看来，

> 在正在解体的旧社会和有待组织的新社会之间，情境国际主义提供了一个团体典范，即追求革命协调性(cohérence révolutionnaire)的团体。和所有承载诗意的团体(groupe porteur de la poésie)一样，它的重要性在于，它将作为新的社会组织的范例。因此，应当阻止外部压迫(等级、官僚主义化……)在运动内部再次产生。①

---

① [法]鲁尔·瓦纳格姆：《日常生活的革命》，张新木等译，南京大学出版社2008年版，第281页。中译文有改动，参见 Raoul Vaneigem, *Traité de savoir-vivre à l'usage des jeunes générations*, Paris, Gallimard, 1992.p.354。

新社会到底是什么？这是瓦纳格姆总是遮遮掩掩的事情。反对官僚主义和等级制都是对的，情境主义国际为什么是革命的协调者？一群疯疯癫癫的艺术家真能够提出新的社会组织的典范？对此我是持严重怀疑态度的。此时，充满激情的瓦纳格姆还是在想着要发动民众的动乱。他说，"情境主义国际的功能是一种轴心功能(fonction axiale)：在任何地方都作为一条轴线，民众的动乱(agitation)使这条轴线发生转动，而该轴线通过增加动乱，来推广一开始就被认可的运动"[①]。这场动乱就是不久之后发生的红色"五月风暴"。瓦纳格姆最后承认，情境主义国际只是一个制造动乱的精神轴心，面对旧世界，"情境主义者没有带着一种新社会而来：说这便是理想的组织，臣服吧！他们仅仅通过为自己而战斗，并带着这场战斗的最高意识，指明人们真正的战斗是为了什么，为何应当获得这种战斗的意识"[②]。情境主义手中并没有新社会，他们只是战斗，战斗是为什么？就是为了让旧世界不好过的战斗。从五十年前发生的红色"五月风暴"，到后来的"占领

---

① [法]鲁尔·瓦纳格姆：《日常生活的革命》，张新木等译，南京大学出版社2008年版，第282页。中译文有改动，参见 Raoul Vaneigem, *Traité de savoir-vivre à l'usage des jeunes générations*, Paris, Gallimard, 1992.p.355。

② [法]鲁尔·瓦纳格姆：《日常生活的革命》，张新木等译，南京大学出版社2008年版，第282页。

华盛顿运动”，再到今天的“黄马甲动乱”，当代资本主义社会中的激进运动，不再触动资本主义经济政治制度本身，而只是发泄个人心中的不满，以缓解无法去除的莫名焦虑。

结束语

红色“五月风暴”发生四年后的1972年10月，瓦纳格姆在再版的《日常生活的革命》的最后，加上了一个“给革命工人们的祝酒词”（*Toast aux ouvriers révolutionnaires*）。在这篇小文中，亲身经历了红色“五月风暴”的瓦纳格姆似乎少了一些诗意，多了一份现实的清醒。此时他承认，“激进的批判只是分析了旧世界和否定旧世界的事物”，

> 情境主义计划的主观表达在1968年5月的准备工作中，以及对于新的剥削形式的意识中所提供的最佳的信息，在随后的理智化阅读（lecture intellectualisée）中变成了最糟糕的信息。许多人听任这种理智化阅读。他们无力摧毁只有负责生产和消费的关键领域的劳动者能够摧毁的事物。此外，他们并非通过占领，而是通过破坏和异轨去摧毁（occupation que par

sabotage et détournement)。[①]

"五月风暴"中发生的事情,并非让情境主义者如愿,诗意的话语变成了糟糕的信息。并且,瓦纳格姆意识到,自己的这本书也可能"付诸暴动实践的滞后可能会使其遭到歪曲"。这让我们想起,阿多诺面对德国左翼造反学生时的无奈,"当我建立我的理论模型时,万万没有想到人们会用燃烧弹来实现它"。瓦纳格姆显然不满于大学生们制造的"动乱",他还是寄希望于工人阶级,诗人期望着新的日常生活的革命发生,

> 不再是在大学生的动乱中,而是在整体的革命中。在存在暴力的地方,理论应当带有暴力性。阿斯图里亚斯、林堡、波兹南、里昂、底特律、切贝尔(Csepel)、列宁格勒、广州、布宜诺斯艾利斯、约翰内斯堡、利物浦、基律纳、可因不拉的工人们,这是属于你们的任务:使整个无产阶级拥有延伸快乐的权力,能够将每天从爱情、对束缚的摧毁和激情的享乐中获得

① [法]鲁尔·瓦纳格姆:《日常生活的革命》,张新木等译,南京大学出版社 2008 年版,第 284 页。

的快乐,延伸至为自己和所有人创造的革命的快乐。①

一个有趣的细节是,瓦纳格姆不再提已经被左翼学生燃烧起来的西方发达资本主义国家的大城市,即“洛杉矶、布拉格、斯德哥尔摩、斯坦利城、都灵、米耶雷斯、圣多明各、阿姆斯特丹”,他新的期待变成了中小城市的“阿斯图里亚斯、林堡、波兹南、里昂、底特律、却贝尔(Csepel)、列宁格勒、广州、布宜诺斯艾利斯、约翰内斯堡、利物浦、基律纳、可因不拉”。瓦纳格姆希望那里的工人起来,践行让日常生活成为艺术的快乐事业,但是他忘记了,只有受过教育的大学生才会读懂和沉浸于情境主义国际的艺术情境建构,只有大学生才会相信“让想象力夺权”的革命梦想,在大街上的革命烈火中燃烧诗句、放飞激情和享受精神快乐。工人不是艺术家,也不可能理解瓦纳格姆和情境主义国际“让日常生活成为艺术”的情境建构。

应该是在1972年《日常生活的革命》再版重印时,瓦纳格姆自己十分尴尬地在书末加了一个注释,里面只有一句极其简单的话:“1970年11月,我离开了情境国际主义,离开了那个人数增加意义为零的组织。”不久前他对情境

① [法]鲁尔·瓦纳格姆:《日常生活的革命》,张新木等译,南京大学出版社2008年版,第284—285页。

主义地位的乐观幻想，显然已经破灭了。他悲痛地看到，“情境国际主义[①]只掌握了排斥和决裂的方法，以阻止团体内统治世界的不断复制。情境国际主义通过唯意志论和唯实论之间的矛盾(contradiction du volontarisme et du réalisme)表明其局限性，并显示它无法协调主体间(inter-subjectifs)的一致和不一致”[②]。也不知道，瓦纳格姆是不是自认唯意志论，那唯实论又是指谁？但真相是，1968 年

忧郁的诗人瓦纳格姆，2003 年

① 1970 年 11 月，我离开了情境国际，离开了那个人数增加意义为零的组织。——瓦纳格姆原注。

② [法] 鲁尔·瓦纳格姆：《日常生活的革命》，张新木等译，南京大学出版社 2008 年版，第 285 页。

“五月风暴”之后，情境主义国际已经破产。其实，同时破产的，还有整个西方马克思主义的理论逻辑。于是，一切都非诗意地结束了。

虽然瓦纳格姆还在说，“本书是个人主观性在众人创造的历史中自我实现的最快途径”，“在夺取一个享乐世界的斗争中，我们失去的只能是烦恼”①。恐怕现在，沮丧的诗人的内心已经只剩下烦恼。

---

① [法]鲁尔·瓦纳格姆：《日常生活的革命》，张新木等译，南京大学出版社2008年版，第286页。

参考文献

[1] DEBORD G. Œuvres[M]. Paris: Gallimard, 2006.

[2] DEBORD G. La Société du Spectacle[M]. Paris: Gallimard, 1992.

[3] DEBORD G. Correspondance volume 3[M]. Paris: Fayard, 2003.

[4] DEBORD. G Potlatch (1954—1957) [M]. Paris: Gallimard, 1996.

[5] BERRÉBY G. Textes et Documents Situationnistes (1957—1960) [M]. Paris: Allia, 2004.

[6] DEBORD GE. Internationale Situationniste (1958—1969) [M]. Paris: Fayard, 1997.

[7] VANEIGEM R. Traité de savoir-vivre à l'usage des jeunes générations[M]. Paris: Gallimard, 1992.

[8] VANEIGEM R. Banalité de Base. Internationale

Situationniste[M]. No.7. Paris: Internationale Situationniste, 1962.

[9] VANEIGEM R. Banalité de Base Ⅱ. Internationale Situationniste[M]. No.8. Paris: Internationale Situationniste, 1963.

[10] BERRÉBY G, VANEIGEM R. Rien n'est fini, tout commence[M]. Paris: Allia, 2014.

[11] MARCOLINI P. Le Mouvement Situationniste: une histoire intellectuelle[M]. Montreuil: L'échappée, 2012.

[12] 瓦纳格姆.日常生活的革命[M].张新木,等译.南京:南京大学出版社,2008.

[13] 德波.景观社会[M].王昭风,译.南京:南京大学出版社,2003.

[14] 德波.景观社会[M].张新木,译.南京:南京大学出版社,2016.

[15] 考夫曼.居伊·德波——诗歌革命[M].史利平,译.南京:南京大学出版社,2014.

[16] 德塞托.日常生活实践:(1)实践的艺术[M].方琳琳,译.南京:南京大学出版社,2009.

[17] 德塞托.日常生活实践:(2)居住与烹饪[M].冷碧莹,译.南京:南京大学出版社,2014.

[18] 张一兵.社会理论批判纪事:(第7辑)[M].南京:南京大学出版社,2014.

[19] 中共中央马克思恩格斯列宁斯大林著作编译局.马克斯恩格斯全集(第二版):(第44卷)[M].北京:人民出版社,2001.

[20] 赫斯.论货币的本质[M]//赫斯精粹.邓习议,编译.南京:南京大学出版社,2010.

[21] 拉康.拉康选集[M].褚孝泉,译.上海:上海三联书店,2001.

[22] 列菲伏尔.日常生活批判:三卷[M].叶齐茂,等译.北京:社会科学文献出版社,2018.

[23] 列菲伏尔.都市革命[M].刘怀玉,等译.北京:首都师范大学出版社,2018.

[24] 列菲伏尔.空间与政治[M].李春,译.上海:上海人民出版社,2008.

[25] 列菲伏尔.辩证唯物主义[M]//西方学者论《1844年经济学哲学手稿》.乔桂云,译.上海:复旦大学出版社,1983.

[26] 布莱希特.戏剧小工具篇[M].张黎,等译.北京:北京师范大学出版社,2015.

[27] 布莱希特.论史诗剧[M].孙萌,译.北京:北京师范大学出版社,2015.

[28] 胡伊青加.人:游戏者[M].成穷,译.贵阳:贵州人民出版社,1998.

[29] 洛特雷阿蒙.洛特雷阿蒙作品全集[M].车槿山,译.北京:东方出版社,2001.

[30] 阿尔都塞.黑格尔的幽灵——政治哲学论文集:1[M].唐正东,译.南京:南京大学出版社,2005.

[31] 阿尔都塞.论再生产[M].吴子枫,译.西安:西北大学出版社,2019.

[32] 弗罗姆.健全的社会[M].欧阳谦,译.北京:中国文联出版公司,1983.

[33] 马尔库塞.单向度的人[M].张峰,等译.重庆:重庆出版社,1993.

[34] 马斯洛.人性能达的境界[M].林方,译.昆明:云南人民出版社,1987.

[35] 鲍德里亚.物体系[M].林志明,译.上海:上海人民出版社,2001.

[36] 鲍德里亚.消费社会[M].刘成富,等译.南京:南京大学出版社,2000.

[37] 鲍德里亚.符号政治经济学批判[M].夏莹,译.南京:南京大学出版社,2009.

[38] 福柯.词与物——人文科学考古学[M].莫伟民,译.上海:上海三联书店,2001.

[39] 福柯.疯狂与文明[M].孙淑强，等译.杭州：浙江人民出版社，1991.

[40] 阿甘本.幼年与历史：经验的毁灭[M].尹星，译.郑州：河南大学出版社，2011.

[41] 布莱希特.布莱希特论戏剧[M].丁扬忠，等译.北京：中国戏剧出版社，1990.

[42] 波斯特.战后法国的存在主义马克思主义：从萨特到阿尔都塞[M].张金鹏，译.南京：南京大学出版社，2015.

[43] 洛特雷阿蒙.马尔多罗之歌[M].车槿山，译.成都：四川文艺出版社，2018.

[44] 韦伯.新教伦理与资本主义精神[M].于晓、陈维纲，译.北京：生活·读书·新知三联书店，1987.

[45] 张一兵.回到马克思——经济学语境中的哲学话语(第四版)[M].南京：江苏人民出版社，2020.

[46] 张一兵.回到列宁——对“哲学笔记”的一种后文本学解读[M].南京：江苏人民出版社，2008.

[47] 张一兵.马克思历史辩证法的主体向度[M].武汉：武汉大学出版社，2010.

[48] 张一兵.不可能的存在之真——拉康哲学映像(修订版)[M].上海：上海人民出版社，2020.

[49] 张一兵.反鲍德里亚——一个后现代学术神话的

祛序[M].北京:商务印书馆,2008.

[50] 张一兵.回到福柯——暴力性构序与生命治安的话语构境[M].上海:上海人民出版社,2016.

[51] 张一兵,哈维,等.照亮世界的马克思[M].上海:上海人民出版社,2018.

[52] 张一兵.文本的深度耕犁——当代西方激进哲学的文本学解读:第 1—3 卷[M].北京:中国人民大学出版社,2019.

[53] 张一兵.遭遇阿甘本——赤裸生命的例外悬临[M].南京:南京大学出版社,2019.

[54] 张一兵.物象化图景与事的世界观——广松涉哲学的构境论研究[M].天津:天津人民出版社,2020.

[55] 王昭风.《景观社会》解读与批判[D].南京:南京大学哲学系,2006.

[56] 刘冰菁.景观社会中的异轨与突围——居伊·德波的激进哲学研究[D].南京:南京大学哲学系,2018.

[57] 张一兵.劳动塑形、关系构式、生产构序与结构筑模[J].哲学研究,2009(2):3—10.

[58] 张一兵.西方马克思主义之后:理论逻辑和现实嬗变——西方马克思主义、后(现代)马克思思潮和晚期马克思主义[J].福建论坛,2000(4):31—34.

[59] 张一兵.景观意识形态及其颠覆——德波景观社

会的文本学解读[J].学海，2005(5)：67—72.

[60] 张一兵.颠倒再颠倒的景观世界——德波景观社会的文本学解读[J].南京大学学报，2006(1)：5—17.

[61] 张一兵.虚假存在与景观时间——德波景观社会的文本学解读[J].江苏社会科学，2005(6)：36—41.

[62] 张一兵.孤离的神姿：阿甘本与德波的景观社会[J].马克思主义与现实，2013(6)：1—9.

[63] 王昭风.影像消费的时间和时间消费的影像——试析德波的"景观时间"观[J].南京社会科学，2004(4)：4—9.

[64] 王昭风.居伊·德波的景观概念及其在西方批判理论史上的意义[J].南京社会科学，2008(2)：20—26.

[65] 仰海峰.德波与景观社会批判[J].南京社会科学，2008(10)：9—16.

[66] 刘怀玉，伍丹.消费主义批判：从大众神话到景观社会——以巴尔特、列斐伏尔、德波为线索[J].江西社会科学，2009(7)：47—55.

[67] 朱橙.建构情境与反资本主义文化体制：情境主义国际的前卫艺术实践[J].艺术探索，2017(4)：50—57.

[68] 刘悦笛.从日常生活"革命"到日常生活"实践"——从情境主义国际失败看"生活美学"未来[J].文艺理论研究，2016(3)：110—119.

[69] 张颢曦.情境主义国际:尚未结束的乌托邦[J].新美术,2013(2):111—118.

[70] 张颢曦.情境主义国际的城市批判与实践[J].新美术,2013(2):70—75.

后　记

关于这本小册子的写作动机，说起来，似乎有些意气用事。瓦纳格姆的《日常生活的革命》，是十多年前我在介绍情境主义国际时，与德波的《景观社会》一起，第一批译过来的书。每一年在南京大学文科博士生的大课上，我通常都会推荐此书，原因很简单：写得真好。可是，时隔十载，国内学术界对这本书竟然完全没有“应有”的学术反应，似乎没有什么像样的研究性论文。我气不过，只好自己再写一本解读性的小册子，希望能让瓦纳格姆诗性话语背后的那些深刻的透视呈现于世。就这么简单。

写这本小册子，完全没有什么障碍。喜欢瓦纳格姆的地方和他自己无力辨别的唯心主义错误，都一目了然。诗人写理论著作，本身就是一个悖论，感性的激情与逻各斯构序总是向着不同的方向撕裂。不过，我只是将瓦纳格姆诗句中对当代资产阶级日常生活苟生现象的透视集中地展示出来。这种复构本身，当然已经是我的思想重构。多少年来，我的文本解读大多掺和了自己原创性的思考，放弃对原初语境的逼近幻象已经成为自觉。所以，别信以为真，倒成了存在论的构境。请一定记住。

文本解读的内容写完之后，我总觉得缺少些什么。首先，在我十多年前向国内译介情境主义国际之后，也有一些美术或艺术研究的学者开始评介德波的电影和艺术活动，可是这些讨论大多受到美国学界重构情境主义的资产阶级意识形态话语影响。[①] 美国学界对德波和情境主义的重新生产和发明，主要是故意阉割了情境主义运动的马克思主义特质和革命批判精神。其次，《日常生活的革命》一书的构境意向过于复杂和异端，读者即便看了我的文本解读，也不一定能够理解其意。想想，还是需要写一本介绍作为这本书背景的关于情境主义国际的小册子。这时，我手上有了两本不错的德波和情境主义的传记，一本是我们

---

① 这主要是指麻省理工学院出版社出版的美国艺术期刊《十月》(*Octobre*)，威斯康星大学出版社出版的美国艺术期刊《主旨》(*Substance*)，分别于 1997 年和 1999 年刊登了德波和情境主义国际的专刊。这两个期刊，早在 20 世纪六七十年代就开始介绍法国思想和理论。当然，也有一些马克思主义学者正确地理解了情境主义国际的革命地位，有安迪·梅里菲尔德(Andy Merrifield)、弗雷德里克·詹姆逊(Fredric Jameson)、斯蒂芬·贝斯特(Steven Best)、道格拉斯·凯尔纳(Douglas Kellner)等。参见 Andy Merrifield, *Guy Debord*, Reaktion Books, 2005。[美] 弗雷德里克·詹姆逊:《文化转向》，胡亚敏，等译，中国社会科学出版社，2000 年版。[美] 斯蒂芬·贝斯特，道格拉斯·凯尔纳:《后现代转向》，陈刚译，南京大学出版社，2002 年版。

已经译成中文的考夫曼的《居伊·德波——诗歌革命》，这本书聚焦于德波和情境主义国际的艺术活动，但在许多思想质性的判断上，常常是肤浅的；另一本是刘冰菁译了一些关键内容的马克里尼的《情境主义学术史》，这是我到目前为止所看到的写得最好的一本思想学术传记。再加上我们已经购回的全部情境主义文献，经过十分艰难的努力之后，我还是在完全陌生的领域中写出一本令自己基本满意的小书。[①] 真的希望这种努力，能够对国内了解情境主义国际的思想本质有一定的帮助。

刘冰菁博士在本书相关法文文献上提供了很大帮助，她的博士论文就是关于情境主义一号人物德波的研究，可能，这也是我近年来指导的比较满意的论文之一。付可桢参与了本书的校订工作，南京大学出版社的领导和谭天老师为此书的出版所付出的辛劳，在此一并致谢。

张一兵
2019 年 6 月 24 日于赴上海的 G1915 次高铁上
2020 年 2 月 1 日于抗击新型冠状病毒而封闭的仙林和园
2020 年 5 月 2 日于和园

① 这是我写下的国内第一本关于情境主义国际思潮的研究性论著：《烈火吞噬的革命情境建构》，此书将由南京大学出版社出版。

图书在版编目(CIP)数据

革命的诗性：浪漫主义的话语风暴：瓦纳格姆《日常生活的革命》的构境论解读 / 张一兵著. —南京：南京大学出版社，2021.9（2022.1 重印）

ISBN 978 - 7 - 305 - 24266 - 3

Ⅰ. ①革…　Ⅱ. ①张…　Ⅲ. ①政治思想史-研究-法国-现代　Ⅳ. ①D095.65

中国版本图书馆 CIP 数据核字(2021)第 052994 号

出版发行　南京大学出版社
社　　址　南京市汉口路 22 号　　　邮　编 210093
出 版 人　金鑫荣

书　　名　革命的诗性：浪漫主义的话语风暴
——瓦纳格姆《日常生活的革命》的构境论解读
著　　者　张一兵
责任编辑　谭　天

照　　排　南京紫藤制版印务中心
印　　刷　南京爱德印刷有限公司
开　　本　880×1230　1/32　印张 15.375　字数 287 千
版　　次　2021 年 9 月第 1 版　2022 年 1 月第 2 次印刷
ISBN　978 - 7 - 305 - 24266 - 3
定　　价　85.00 元

网　　址　http://www.njupco.com
官方微博　http://weibo.com/njupco
官方微信　njupress
销售热线　(025)83594756